本专著系"贵州财经大学与商务部国际贸易经济合作研究院联合基金"项目系列研究成果之一。项目名称"蒙代尔不可能三角下的转型经济体国际资本流动研究",项目编号:2017SWBZD07。

SHIJIE GEJU YU XIFANG ZHUYAO GUOJIA DE
FAZHAN LUOJI

世界格局与西方主要国家的发展逻辑

邱蓉 何律琴 著

人民出版社

目　　录

绪　　论

在实现两个一百年奋斗目标的交汇时期,在实现中华民族伟大复兴的关键时期,更需坚定目标、稳步前行。大国的前行之路,从来都不是全盘复制,但回顾和分析西方主要国家的发展逻辑,仍然具有重要的借鉴意义。

相比曼瑟尔·奥尔森从组织力量的角度解释第二次世界大战之后美国、德国、日本等西方发达国家经济迅速增长的原因,历史学家保罗·肯尼迪的论述更像一个多面体。他强调经济和科技在各国均势转换中的重要作用,而经济和军事相互倚重并需要保持一定平衡。显然,肯尼迪已经将经济、科技、军事纳入了其研究视野。回顾亚当·斯密和大卫·李嘉图在英国率先开始工业革命时主张自由贸易,为摆脱大危机,德国和日本选择发展军事经济,从而走向了法西斯道路。我们认为,除了肯尼迪所论述的三大因素之外,国家实力积累还有思想理论、政治组织和外部因素。源于此,本书在前人研究的基础上,提出了世界格局和秩序演变的逻辑,即理论意识、组织基础、技术革新、经济实力、军事力量、外部环境六个要素。首先是意识的觉醒,表现为意识的思想理论获得新兴阶层的接纳、传播,从而出现新的组织来推广和实践新意识、新理论。在此过程中,技术革新出现,推动生产力的发展。新技术带来新产能,新组织获得强大的经济实力,以经济实力为基础的军事力量也将获得长足进步。外部环境可能是通过组织获得的,也可能是获取经济实力之后争取的。上述六个要素共同构成了一个国家的综合实力。实力是指行为主体所拥有的维系其生存和发展的物质和非物质力量。尽管汉斯·摩根索、莱伊·克莱因、塞缪尔·亨廷顿等研究者对实力的具体内容有不同的界定,但学术界通常把实力分为有形实力和无形实力。前者包括地理条件、人口、自然资源、经济、科技和军事能力,后者包括政治体制、社会制度、与外部世界的关系等。各国不同时期相对力量的变动,是世界格局和秩序演变的根本原因。

本书共分为五章,按照时间先后,分别是荷兰、英国、德国、日本和美国的发展逻辑。英国的生产文明取代荷兰的商业文明,日本和德国崛起之后在接近主位时滑落,美国以贸易、金融、技术、人才等方面的优势在第二次世界大战之后问鼎世界霸主。本书依据历史线索来考察世界格局和秩序变迁中关键经济体的实力变化,希望能够为对国际政治经济学、世界经济感兴趣的研究者提供一个新的研究视角,为非研究类读者提供一份新的阅读资料。本书内容丰富,需要驾驭的资料多,工作量很大。在专著的写作和修改过程中,除了贵州大学的何律琴副教授之外,还有几个科研能力较好的研究生参与进来。他们分别是贵州财经大学的梁永坚(第一章)、刘美娟(第二章)、陈霜霜(第三章、第四章)、刘玄玄(第五章)。

第二次世界大战之后,从冷战格局、一超多强到多极格局,各国绝对实力和相对实力的变动推动世界格局和秩序在稳定中变化、在变化中稳定,逻辑仍可继续演绎。

第一章　世界格局与荷兰的发展逻辑

公元 476 年到 1453 年,欧洲处于中世纪时期,这段时期的欧洲常常与蒙昧、黑暗、纷乱联系在一起,直到中世纪后期兴起的文艺复兴运动和地理大发现,才将欧洲从愚昧、封闭、落后的泥潭中解脱出来,开始了近现代之旅。14—16 世纪进行的这场旷日持久的文艺复兴运动,是历史上第一次资产阶级思想解放运动,促进了欧洲意识形态领域的改革,冲破了封建专制和宗教神学思想的禁锢,为欧洲资产阶级的产生和发展奠定了思想基础。地理大发现,又名探索时代或发现时代、新航路的开辟。① 这是 15—17 世纪欧洲国家在经济利益和政治利益的驱使下进行的一场远洋冒险运动,地理大发现使原本割裂的世界通过海上航行联系在一起,突破了陆地和海洋的阻隔,给欧洲带来了新的贸易路线和贸易伙伴,这给其他国家和地区带来的却是侵略、占领甚至屠杀,为欧洲新生的资本主义却带来了极大的发展机遇。位于伊比利亚半岛的葡萄牙和西班牙正是利用了地理大发现给它们带来的巨大收益而率先崛起的两个世界性大国。

15 世纪的欧洲,已经处于扩张的前夜,它的序幕却是由不起眼的葡萄牙王国拉开的。② 在当时落后、封闭的欧洲人眼中,遥远的东方是一个有着数不尽的黄金和白银、大量的香料的地方,甚至地下都能冒出牛奶和蜂蜜。而黄金、白银和香料正是欧洲人梦寐以求的东西。由于从陆地上无法突破,怀着对神秘东方的极度向往,欧洲人开始了从海洋突破的探索与尝试,试图找到一条从海上到达东方的航线。葡萄牙是首先把航海作为国家计划的国家,唐·阿

---

① 人民教育出版社历史室:《世界近代现代史》,人民教育出版社 2000 年版,第 4 页。
② 唐晋主编:《大国崛起》,人民出版社 2006 年版,第 22 页。

方索·恩里克王子开创了欧洲航海探险的伟大时代,他为此还专门创办了世界上第一所国立航海学校,将一生中大部分时间都奉献给了航海事业。经过多年的探索,葡萄牙发现了马德拉群岛、亚速尔群岛等,并最终绕过了非洲的好望角到达印度。在远洋探险的过程中,葡萄牙通过殖民、掠夺和贸易,甚至是罪恶的奴隶贸易,把自己的势力范围扩展到亚洲和南美洲等地方,16世纪,成为欧洲率先崛起的世界性大国。

随着葡萄牙进行远洋探险和崛起,一个强劲的对手——西班牙也从葡萄牙身上看到了远洋探险所获得的巨大收益。当葡萄牙开始进行远洋探险时,西班牙还在为光复国家而努力,但到1492年,当伊利贝拉女王结束了长达七个世纪的收复失地运动的时候,她资助了一位被葡萄牙冷落的水手——克里斯托弗·哥伦布横渡大西洋的探险活动,而就是在这一年,哥伦布和他的船员们发现了美洲新大陆。紧接着,1519年9月20日,在西班牙的资助下,另一位被葡萄牙冷落的航海家斐迪南·麦哲伦率领由5艘船、256人组成的船队开始了探险之旅,麦哲伦在菲律宾部落冲突中死去,当1522年9月6日他们回到西班牙时,只剩下了一艘船和18名船员,但他们却完成了人类历史上的第一次环球航行。通过哥伦布的地理大发现和麦哲伦的环球航行,西班牙发现了大量的无主地,西班牙开始了他们残暴的殖民统治。他们相继征服了西印度群岛、墨西哥、秘鲁和菲律宾等,进行了野蛮贪婪的财富掠夺,建立了遍布世界的殖民统治。

葡萄牙和西班牙通过远洋探险获得了巨大成功,成为率先崛起的两个世界性大国,从远洋贸易、殖民统治和侵略掠夺中获得的财富就好像潮水一般大量涌入这两个国家。但强大和富裕起来的葡萄牙和西班牙,并没有将财富投资于能让国家富强起来的工商业上,而是用在享乐和扩张等的消耗上,因此它们没有建立起像样的产业,这给了其他国家崛起的机会。在这种背景下,"海上马车夫"荷兰成为继葡萄牙和西班牙之后崛起的又一个世界性强国,以一个"小国"的身份创造了一个奇迹。

荷兰是一个地地道道的欧洲小国,其4.15万平方千米的国土面积,仅相当于今天两个半北京市的大小,略大于我国的台湾省。① 它位于欧洲的西北

---

① 王加丰等:《强国之鉴》,人民出版社2007年版,第35页。

部,东临德国,南接比利时,西边和北边都是北海,与英国隔海相望,地处莱茵河、马斯河和斯凯尔特河三角洲。八百多年前,这里还是一片没有人烟、只有海潮出没的低洼地带,直到12—14世纪才形成人类居住的土地。荷兰人口少,自然资源稀缺,水患频繁,几乎不具备支撑其成为一个强国的条件。然而,就是这样一个不起眼的小国家,在17世纪仅靠200万人口建立起一个势力范围几乎延伸到全球每一个角落的霸权国。荷兰人把17世纪称为自己的"黄金时代",许多历史学家认为荷兰贫穷、孱弱的国家的成功崛起是一个奇迹。

陆地面积狭小、自然资源贫乏、土地贫瘠的自然条件,决定了荷兰单纯依靠陆地资源无法获得大的发展,这样,荷兰人不得不把眼光投向海洋,而地处欧洲三大河流入海处、两面靠海的地理条件优势,使海洋在荷兰人经济、军事中扮演了重要的角色,荷兰获得独立、进行扩张和成功崛起正是从他们一步步征服海洋开始的。[①] 这样的自然地理条件使荷兰在夺取海权的过程中具有天然的优势。

但仅仅是靠海的优势并不一定能转化为崛起的有利条件,世界上靠海的国家有很多。而荷兰能够创造这样的奇迹除了在地理条件上有一定的优势之外,离不开它政治、文化、技术、经济、军事等方面的发展和成就和所处的有利外部环境,它的逐渐衰落也与这六个方面密切相关。本章也将从这几个方面分析荷兰的崛起和衰落。

第一节　政治基础的奠定

一、城市自治

荷兰在历史上原属于尼德兰,尼德兰本意为低地国家,包括今天的荷兰、比利时、卢森堡和法国东北部地区,由17个省组成,人口约有300万。[②] 尼德兰并不是一个国家,它是各王国竞相争夺的土地,因此,一开始的时候荷兰并

---

① 邱妍:《浅析海洋与荷兰崛起》,《商》2015年第24期。
② 唐晋主编:《大国崛起》,人民出版社2006年版,第105页。

不是一个独立的国家,荷兰国家是经过了长时间的摸索和斗争之后建立的。

伴随着贸易的发展和商业的繁荣,城市在荷兰逐渐兴旺起来。城市作为交易的市场,储存货物的仓库和修理船只的工厂,具有极其重要的功能,随着经济的发展聚集了越来越多的人们。但是城市应该由谁来管理和怎样管理呢?这是摆在荷兰人面前的一个问题。一开始的时候,和欧洲其他地方一样,城市总是建立在某个贵族的领土之上,所以城市的主人是这些贵族们。这些贵族会以保护城市的名义建立军队,实际上是依靠武力取得统治,以向有钱的商人收取税收。但是,商人们出于对利润的追逐,产生了对经济自由的向往,他们不想受城市的贵族统治。令人惊讶的是,日渐富有的市民们竟然像购买商品一样从贵族手中购买到了城市的自治权。这意味着,市民们不再受贵族的统治,可以自行立法,贵族无权向他们收税,实现了市民自治。

市民自治为城市的发展注入了强大的动力,城市实际上由有钱的商人统治,由他们决定城市应该怎样管理,而商人总是想方设法地获取更多的财富,因此荷兰的每个城市都在努力地获取更多的贸易机会,荷兰的城市发展也越来越快。15 世纪末,已经有将近一半的人生活在城市中。尽管此时欧洲一些具有雄才大略的君主已经建立起了葡萄牙、西班牙、英国和法国这样一些君主集权制的国家,并且显现出可以动员整个民族的力量这些独立城邦无法比拟的优势,但荷兰人对于联合起来建立一个国家并没什么兴趣,他们的城市是彼此独立的,是一些割据的贵族领地和独立的商业城邦,只关心怎么获取更多的利润而非政治权力。

二、尼德兰革命与国家的建立

但是,随着外部势力的介入,当时还属于尼德兰的荷兰不得不面对国家这个问题。16 世纪初,尼德兰受到了西班牙的统治。西班牙在尼德兰设立的最高统治者是总督,总督下面设有由大贵族组成的国会会议,省有省长和省议会,全国还有三级会议。[①] 1535 年,西班牙的势力范围越来越大,已经确立了对美洲大部分地区的殖民统治,成为一个地跨欧洲、美洲、非洲的殖民地大帝

---

① 唐晋主编:《大国崛起》,人民出版社 2006 年版,第 105 页。

国。而 16 世纪的尼德兰,当时是欧洲资本主义经济最发达的地区之一,尤其是商业,有着众多的城市,数量达 303 个。由于尼德兰的富有,西班牙国王查理一世把尼德兰看作"王冠上的一颗珍珠",将其视为财富的来源地之一,每年从荷兰搜刮的佛洛林是从美洲搜刮的佛洛林的三倍还多。为了让尼德兰人臣服,政治上,查理一世设立宗教裁判所,压制一切自由思想,对新教徒进行残酷迫害,甚至是与新教徒有过来往的人也要被治罪。据估计,查理时代死于宗教迫害的尼德兰人就有 5000 人甚至达 10000 人之多。经济上的剥夺和政治上的迫害,使尼德兰人和西班牙统治者之间的民族矛盾日益尖锐。因此,虽然荷兰人更热忠于商业,不关心政治,但此时不管荷兰商人愿意与否,他们都不得不面对民族独立的问题。

1556 年,查理一世退位,由儿子菲利普二世继承西班牙王位,为了弥补争霸、扩张计划导致的开支不足,菲利普二世疯狂地对尼德兰进行压榨,把尼德兰彻底地变为自己的殖民地。菲利普二世任命自己的姐姐玛格丽特公爵为尼德兰的总督,再由亲信格兰维尔辅政,对尼德兰的残暴统治变本加厉。玛格丽特剥夺了尼德兰 17 个省的自治权,并且拒绝召开三级会议,宗教迫害也日益残酷。更重要的是,菲利普二世采取了一系列措施打压尼德兰商人,严重侵犯了利润至上的尼德兰商人的利益。菲利普二世限制尼德兰商人进入西班牙港口,禁止他们与西班牙的美洲殖民地进行直接贸易。军事上,菲利普二世增加在尼德兰的驻军,实行野蛮的军事占领。

西班牙残暴的统治激化了民族矛盾,尼德兰人决定推翻西班牙对尼德兰的统治,争取民族独立。1566 年,尼德兰爆发了反对西班牙统治的人民起义,历史上称作"尼德兰革命"。尼德兰革命的序幕是由"破坏圣象运动"拉开的。1566 年 8 月 11 日,尼德兰南方地区爆发了自发的群众起义,起义的群众将矛头直接对准西班牙统治的精神支柱天主教会,捣毁了圣象、十字架和祭器,焚毁教会的债券和地契,并没收了教会的财产。运动得到了积怨已久的尼德兰人的积极响应,运动很快席卷了荷兰、不拉奔、弗里斯兰等 12 个省区,起义者有数万人之众。

革命者遭到了菲利普二世的血腥镇压,他派遣新总督阿尔法公爵率领 18000 名军队前往尼德兰。阿尔法设立了史称"血腥委员会"的"除暴委员会",将尼德兰人笼罩在一片恐怖之中。他将已经倒向他的贵族如埃格蒙伯爵、莱恩大将等二十多名贵族处死,被杀害的有1万人之多,还有成千上万的人被逮捕。反对派"贵族联盟"的首领威廉·奥兰治被迫逃到他的德国领地拿骚。除了军事上的镇压,阿尔法还制定高额税收政策从经济上打压尼德兰。高额税收使尼德兰的经济受到致命打击,贸易停顿,工商业破产。

但是以威廉·奥兰治为首的流亡海外的贵族并没有向西班牙统治阶级屈服,他们不断组织军队反攻尼德兰,屡败屡战。1572年4月1日,由24只船只组成的海上游击队攻占西兰岛布里尔城,这次胜利使海上游击队在尼德兰本土有了坚强的据点,鼓舞了尼德兰人民的斗志,掀起了民族独立运动的高潮。1572年7月中旬,12个城市的代表在荷兰省的多德雷赫特城召开荷兰省的议会,选举威廉·奥兰治为荷兰、泽兰两省的最高统治者,北方各省实际上已经成为一个独立的国家。

但是,菲利普二世绝不能容忍尼德兰有独立国家的存在,他任命了一个新的尼德兰总督列克森,但此时新总督竭尽所能也没法阻止北方的胜利。北方革命胜利鼓舞和推动了南方地区对于西班牙的反抗运动,南北方通过缔结协定共同对抗西班牙。这也标志着为了民族的独立,南北各城邦之间由独立走向了团结,但是由于南北方在国王和宗教问题上存在严重分歧,南方贵族最终背叛了革命,于1579年成立了向西班牙妥协的"阿拉斯联盟"。但北方各省坚决反对倒向西班牙"阿拉斯联盟",1579年1月23日,北方七省宣布成立"乌特勒支同盟",继续巩固胜利果实,坚决同西班牙殖民统治者作斗争。1581年,威廉·奥兰治公开发表了具有重大意义《取消宣誓法案》,该法案将尼德兰的最高权力归属于"大议会",而领主必须在"大议会"赋予的权力下进行统治,最为关键的是,"大议会"有权废黜损害尼德兰利益的领主。该法案的颁布,实际上意味着掌握了"大议会"的威廉·奥兰治成为尼德兰的无冕之王。

此时,西班牙又派了法恩斯任尼德兰总督,在这位总督的镇压下,西班牙反革命取得了重大的军事胜利,他派人暗杀了尼德兰革命的领导核心威廉·奥兰治,一度让尼德兰革命陷入被动。但北方联军在威廉·奥兰治儿子奥兰治·摩里斯的率领下继续顽强地抵抗敌军。而西班牙肆无忌惮的扩张使他们树立了过多的敌人。1588年,试图进攻英国的号称无敌舰队的西班牙舰队被英国人击败,西班牙实力大大损伤,虽然此后西班牙一直不肯承认失败,但还是没能扭转败势。1648年10月24日,荷兰与西班牙签署了《威斯特伐利亚和约》,一系列的和平条约结束了两国的对立状态,西班牙也正式承认了荷兰的独立。由于从1568年荷兰独立战争爆发正好过去了八十年,因此荷兰独立战争又称为"八十年战争"。

尼德兰革命意义重大,革命胜利后,荷兰人第一次拥有了自己的国家。这次革命是历史上第一次成功的资产阶级革命,成立了历史上第一个由资产阶级掌权的国家,即荷兰共和国,而欧洲其他国家此时还普遍处于封建专制时期。因此,资产阶级掌权的荷兰共和国的出现无疑具有重大的历史意义。尼德兰革命使荷兰脱离了贵族领地割据、城邦独立的状态,荷兰人在政治上拥有了自己的国家机器,这为他们之后经济的进一步发展和称霸世界奠定了坚实的政治基础。①

第二节 成就"小国大业"的荷兰文化

一、爱国精神和进取精神

荷兰人在恶劣的自然环境和国土面积狭小、自然资源匮乏、曾经被殖民奴役的不利条件下,建立了一个称霸海上的世界性霸权国,靠的是强烈的爱国精神和顽强拼搏的进取精神。

强烈的爱国精神使荷兰取得了独立,在政治上站稳了脚跟。面对强大的西班牙的残暴殖民统治,他们没有屈服,进行了长期的英勇斗争,最终取得了民族的独立。荷兰崛起的过程中还遭到了英国、法国等国家的侵扰和挑战,但荷兰人凭借自己的爱国精神与这些列强周旋,使自己成功崛起。

积极的进取精神使荷兰不断取得进步并成功崛起。虽然陆地面积狭小,

---

① 宋慧国:《近代荷兰贸易霸权的兴衰》,《黑龙江教育学院学报》2008年第8期。

但荷兰人因地制宜,充分利用两面靠海的优势,大力发展捕鱼业,他们富有冒险精神,开展远洋贸易,征服了海洋。为了找到通往东方和美洲的航线,荷兰人进行了多次冒险尝试。荷兰航海家、探险家威廉·巴伦支虽然没有找到从北冰洋通往中国和印度的航线,但他的三次探险是人类征服北极的一次勇敢尝试,在1596年5月10日开始的第三次航行中,巴伦支所率领的船队最后几乎到达了北极圈,是第一个完成这一壮举的欧洲人。在今天俄罗斯的新地岛和挪威的斯匹次卑尔根群岛以及熊岛之间的汪洋上,有一片面积约140.5万平方千米的海域,被后人命名为巴伦支海。荷兰人富有冒险精神还体现在他们为了降低造船的成本,不顾遭遇海盗袭击的风险,冒险设计出不架设火炮的商船。

积极的进取精神使荷兰人不断开拓创新。为了将所生产的鲱鱼能够销往欧洲其他国家,他们设计出了只需要一刀就可以去除鲱鱼内脏的方法。而为了降低税负、提高利润,他们又设计出了船身大、甲板小的"大肚子船"。为了扩大市场,他们一改之前欧洲人只注重单件商品利润从而注重奢侈品贸易的行为,开始关注大众消费品的贸易,薄利多销,抢占市场。为了筹集公司发展所需要的资金,荷兰人成立了世界上第一家股份公司——东印度公司,以及世界上第一个证券交易所——阿姆斯特丹交易所,而阿姆斯特丹银行的成立要比英国的银行早一百年。而荷兰东印度公司虽然恶贯满盈,但它是第一个可以自组佣兵、发行货币的公司,将国家的意志与公司的经营目标相结合,单从提高公司竞争力的角度来讲具有开创性。

二、狂热的商业文化与传之后世的商业法宝

荷兰的崛起离不开对于海洋的征服和商业的大繁荣,可以说,荷兰是一个依靠海上商业贸易崛起的海权帝国,它很好地将海洋和商业结合了起来,而这得益于荷兰优越的地理条件和荷兰人的重商传统。重商文化在荷兰文化中占据着举足轻重的地位,荷兰人对利润的追逐十分狂热,甚至超过了对于政治权力的追求。拿荷兰东印度公司来说,虽然成立的时间比英国东印度公司晚了两年,但创立时的资金已经是英国东印度公司的好几倍。

荷兰是一个以商业为基础而崛起的霸权国,对于利润的追逐是他们的本

性,也正是这种"商业至上"的文化特点使他们单是依靠商业就取得了巨大成功。他们对于利润的追逐甚至远远多于他们对于政治的追逐,甚至他们寻求民族独立也是为了更好地保护自己的"钱袋子"。1543 年,西班牙国王通过政治联姻的方式取得了荷兰的统治权,当西班牙国王宣布荷兰是西班牙神圣不可分割的一部分时,荷兰人认同了这种做法。当西班牙重新划分荷兰的行政区域时,他们依然接受了。而且当西班牙国王派来新的总督时,荷兰人也顺从地臣服了。但是当菲利普二世为了弥补战略扩张导致的开支不足时,他们只答应在一段时间内提供部分的资金,当菲利普二世变本加厉时,荷兰人奋起反抗了,荷兰爆发了独立战争。1581 年 7 月 26 日,荷兰废除了西班牙强加给他们的统治,拥有了一个国家,但这个国家应该由谁来管理呢?那些领导独立战争的商人们最关心的不是政治权力而是商业利润,这时一个匪夷所思的现象发生了,荷兰人将自己的国家托付给了英国女王伊丽莎白一世,英国女王爽快地同意了做他们的君主,并且派军队来保护荷兰人的生命财产安全。但是,精明的荷兰人很快发现,英国女王收取的保护费比他们赶走的西班牙国王还要高,这时荷兰人才决定拥有自己的统治者。

荷兰人对于商业利润的极度渴望还可以从他们第一次出使中国时的情形看出来。1656 年,荷兰东印度公司派出的使团到达北京。当时大清王朝刚刚入主中原八年。当时的荷兰使团遇到了当时所有出使中国的外国使团都会遇到的一个严苛的外交规则,那就是在觐见中国皇帝时必须行三拜九叩的大礼。事实上,对于这种严苛的外交规矩,一直到 18 世纪末,没有一个欧洲国家的外交使臣愿意接受,但荷兰人却毫不犹豫地答应了。关于荷兰使臣答应行三拜九叩大礼的原因,一个参与出访的叫作约翰·尼荷·霍夫的荷兰使臣写道:我们只是不想为了所谓的尊严放弃重大利益。他所说的重大利益就是与中国通商并赚钱。荷兰人就是如此地热衷于商业和追逐丰厚的商业利润,使他们依靠商业成为名副其实的商业霸国。

荷兰的造船业在国际上久负盛名,不过,要想在激烈的海上贸易市场竞争中获胜,单单靠设计精巧的船只还不够,关键还在于驾驶船只的船员和商人们的经营理念。当代意大利著名的经济史学家齐波拉对于荷兰在波罗的海的贸易曾发表过一段耐人寻味的话:"荷兰人摆脱了中世纪和文艺复兴早期阶段盛行的传统，而奉行一种势必在近代得到推广的原则。中世纪商人一般都企图从单位商品中谋取最大利润，因而他们偏爱奢侈品贸易。荷兰人却从根本上转向大众品，他们在日趋增多的经营活动中，靠扩大销售数量的办法来增加利润。"①这种注重总体利益和长远利益的薄利多销的经营理念，对于荷兰扩大市场起到了重大作用。而1596—1598年，发生在荷兰一名叫威廉·巴伦支的船长和他的船员们身上的故事，为荷兰的船队和商人们带来了极高的声誉。当时，巴伦支船长和船员在试图寻找从北面到达亚洲的新航线的过程中，被冰封的海面困在了今天俄罗斯一个叫三文雅的岛屿。虽然所运载的货物里有可以使他们生存下去的衣物和药品，但他们恪守原则，守望信念，丝毫未动，靠打猎来勉强维持生存，即使在这一漫长的等待过程中，有8名船员先后死去，他们也未动委托给他们的商品。冬去春来，冰面融化之后，幸存的商人几乎完好无损地将货物运回到荷兰，交到委托人手中。② 他们的行为开创了荷兰人的经商理念，传为后世佳话。这一举动为荷兰船员和商人赢得了声誉和贸易市场。

三、资本主义"文明"

尼德兰革命是一次以争取民族独立为形式的资产阶级革命，也是世界历史上第一次成功的资产阶级革命，因此，荷兰共和国是世界上第一个资产阶级掌权的国家，而此时，欧洲很多国家还处于封建君主制的状态。"包容、和解、自由、民主"的资产阶级观念已经在荷兰深入人心，尼德兰革命胜利之后，在新教和天主教存在尖锐矛盾的情况下，荷兰的共和政府在宗教方面实行包容、和解的政策。避免了各教派之间的流血冲突，各阶层、各教派的群众团结在"统一"的旗帜下，从而为荷兰国内提供了一个和平、团结、安定的环境。这表明当时自由竞争的观念在荷兰的宗教信仰领域已经占据着统治地位。这种用

---

① C.M.Cipolla, The fontana Economic History of Europe, New York: Collins/Fontana, 1976, p. 408,转引自宁凡：《区域经济的发展与近代欧洲经济格局的演变》，《南京师范大学学报》（社会科学版）2012年第5期。
② 杨子强等主编：《远离信用"黑名单"——征信知识读本》，山东人民出版社2014年版，第16页。

革命者鲜血为代价换来的自由,使荷兰成为当时欧洲资产阶级最自由的国家。此外,荷兰对待外国人也持欢迎态度,允许和鼓励宗教上受迫害的外国商人和政治上受迫害的流亡者到荷兰定居。荷兰独立之初,仍受西班牙统治的南部尼德兰各省,不满西班牙政策的富商、工业家以及资金雄厚的犹太商人大批移居到荷兰来,这为荷兰的商业及海外冒险、殖民事业的发展提供了雄厚的资金。① 而在战争中,就有大量不满西班牙迫害的手工业者、商人、银行家逃亡到北方,促进了北方资本主义的发展。以阿姆斯特丹为例,1585 年只有 3 万人,到 1622 年时人口增加到了 10.5 万。鹿特丹和阿姆斯特丹取代了之前的安特卫普,成为尼德兰的经济文化中心。而且它们的经济规模很快超过了之前整个尼德兰的总和。1686 年,自号“太阳王”法国国王路易十四撤销了“南特敕令”,对胡格诺教徒进行大肆迫害,在这种背景下,导致大批信奉新教的法国工业家带着技术和资金来到荷兰。荷兰政府鼓励工业发展,对城市的行会条例实行了废除,给这些新教徒提供了方便,使荷兰的丝织手工工场得到比较快速的发展。荷兰推行的和平稳定、接纳不同宗教信仰的外国人的政策,是荷兰繁荣与发展的重要原因之一。荷兰共和国被恩格斯称为“17 世纪标准的资本主义国家”②。

　　当然,支撑荷兰在 17 世纪崛起的一个重要因素是他们为了追逐利润而展现出的残暴、贪婪的本性。从葡萄牙和西班牙手中夺取了香料贸易的控制权之后,荷兰人还在“香料群岛”建立起了“欺行霸市”的经纪人制度,将在荷兰独立战争中给予过巨大帮助的昔日盟友英国推到了对立面。虽然荷兰人不反对英国人进入“香料群岛”,但他们与当地供应商的香料交易只能在荷兰人培养起来的大批香料经纪人的监督之下进行。1613 年在伦敦、1615 年在海牙,英国不得不与荷兰就“香料群岛”问题进行了协商。这也反映了荷兰人作为殖民者的贪婪。他们依靠殖民地扩张大发横财,对殖民地进行疯狂的掠夺,甚至是惨无人性地屠杀殖民地居民和进行罪恶的奴隶贸易。

---

① 刘植荣:《透视 17 世纪荷兰的崛起与衰落》,《新金融观察》2013 年 2 月 4 日。
② 张淑贤等:《关于 17、18 世纪荷兰经济兴衰的几点历史反思》,《松辽学刊》(社会科学版)1995 年第 1 期。

第三节　技术发展助推崛起

一、独树一帜的造船技术

乡村渔民对于鲱鱼的捕捞直接促进了造船业的蓬勃发展,涌现出了一批著名的乡村造船厂,这些造船厂甚至在欧洲其他国家中也颇有名气。其中又以赞恩比村最为有名,一心改革图强的俄罗斯帝国的彼得大帝曾经在这个村子隐姓埋名,学习造船技术,可见当时荷兰造船技术的发达。1600 年,荷兰就拥有 1 万艘船,占当时欧洲总吨位的四分之三。① 1660 年,法国财政大臣柯尔伯就曾派人到当地定制船舶。

就像发明只需要一刀就可以去除鲱鱼内脏的方法一样,为了降低成本、增加利润,荷兰人设计了一种造价更加低廉的船只。以前,为了提高船只的防御能力,防御海盗袭击,一般要在船只上建造架设大炮的平台,这种船只需要坚硬的木头,自然而然造价也就更昂贵,而且由于造价高昂,利用这种船只运输货物的运费也高。此前,典型的欧洲商船都是这种可以架设火炮的船只类型,英格兰的船只就属于这种装备武器的船只。而荷兰人为了在竞争中获胜,冒险设计了一种不可以架设火炮、只用来运送货物的船只,虽然这意味着增加航行的危险,但是这种船只造价十分低廉,造价只相当于英国船只的一半。用这种船只运送货物支付的运费当然也低,因此十分具有竞争力。但仅仅是这样还不能满足荷兰人对于利润的追逐。当时,进行波罗的海贸易的国家需要经过一条由丹麦占据的咽喉要道松德海峡,过往商船都要向其交纳通行说。但有意思的是,丹麦在收税时不是根据船只的吨位,而是根据船只的甲板宽度,甲板越是狭窄,交付的税收越少。荷兰人因此设计了一种船身大、甲板小的平底船,又称"大肚子船"②。这种船的特点是船身长宽比例大,上窄下宽,1595年,平底船诞生时长与宽比例为 4∶1,后面扩大到 5∶1 甚至是 6∶1。这种平

① 张振兴、陈俊:《荷兰衰落的经济历史原因》,《知识经济》2007 年第 12 期。
② 吴长春:《荷兰商业帝国的兴衰》,《历史教学》1989 年第 4 期。

底船改变了过去船只战、商不分的情况,是西方近代海运史上最早投入使用的专用船,具有明显的航运优势,它们船体轻、航速快、需要配备的水手少,运输成本低廉。

由于荷兰船只和经营理念的创新和良好声誉,为他们赢得了"海上马车夫"的称号,转运商业十分发达。16世纪末,荷兰几乎垄断了欧洲海运市场。他们的船队在某一段时间里比英格兰、苏格兰和法国的船队总和还要多。荷兰的商船大概有1800艘,它们可以把货物运到欧洲的每一个角落。

二、航海技术水平的提高

光有先进的造船业并不足以征服海洋,还要配以先进的航海技术。除了自己的探索之外,获取海洋信息的最便捷途径便是想办法从成熟的航海国家那里获取资料。荷兰便是从葡萄牙手中获取了他们不外传的到达东方的海上航线的资料。从而迅速地掌握了该航线的水文、风向等信息,大大提高了他们远洋航行到东方的能力。荷兰航海技术的提高自然离不开他们在海外建立的补给点,主要是殖民据点。这些据点为荷兰船只提供淡水、蔬菜、鲜肉等的补给和船只维修服务,以保证他们顺利地向前航行。比如,1598年,绕过好望角的荷兰船队中,由雅各布·范·内克率领的一支在非洲的东边距非洲大陆2200千米处、印度洋西南方发现了一个火山岛,他们以荷兰执政莫里斯的名字将其命名为"毛里求斯",并从岛上获得补给后继续航行。毛里求斯对于离开非洲大陆继续向东航行的船队来说是一个很好的前哨站。

1605年,在西部的雅加达地区,荷兰东印度公司买下了一块土地建立了殖民据点"巴达维亚"(今雅加达)。对于他们征服印度尼西亚并往东南亚其他地方扩张、巩固在东南亚的地位至关重要。而雅加达正是今天印度尼西亚的首都和最大城市。1656年5月12日荷兰军队攻克科伦坡,开始了他们在锡兰(今斯里兰卡)的统治。科伦坡今天是斯里兰卡的商业中心和最大城市,是进出斯里兰卡的门户,素有"东方十字路口"之称。锡兰位于印度的东南边,是连接非洲、印度和东亚、东南亚的一个很好的枢纽。1612年荷兰人在非洲黄金海岸建立了著名"拿骚堡"作为贸易据点。

航海技术的发展离不开对于船只的驾驶上,荷兰海军就有着高超的战舰操控能力。第一次英荷战争中，面对火力和防护性能优越于自己的英国海军，荷兰海军卓越的战舰操控技巧使他们十分擅长近距离战斗，而近距离战斗中英国体积和火力上的优势就无法很好地发挥。最后，荷兰虽然认输并与英国进行和平谈判，但终究摆脱了被日益崛起的英国吞并的命运。

三、其他技术的发展

除了闻名海外的造船业和航海技术，荷兰也十分重视军工技术的发展。1600 年的尼乌波特之战中，富有的荷兰常备军装备着鹿特丹兵工厂里用瑞典优质钢材生产的盔甲、长矛和毛瑟枪，而贫穷的西班牙贵族骑士只有破烂的毛皮和生锈的长枪。① 此外，由于荷兰地处低洼地带，经常遭受洪涝灾害，荷兰人因此十分注重水利工程技术的开发，在当时处于领先地位。②

第四节　经济实力的增强

一、重商传统与海上贸易繁荣

荷兰还处于英、法、德三个大国的势力范围的交界处，作为三国互通有无的中介，尼德兰人自古便有重商、重利传统，而荷兰渔业的发展对于荷兰重商传统的形成起到了十分重要的作用。

渔业在荷兰的经济中占有着极其重要的地位，而荷兰正是从渔业贸易特别是鲱鱼贸易中开始了自己的对外贸易探索，打造商业帝国。14 世纪时，荷兰人口还不到 100 万，但从事捕鱼业的人口就约有 20 万，约五分之一的人口依靠捕鱼为生。③ 每到夏季，海流的变化会给荷兰北部沿海区域带来大量洄游的鲱鱼，荷兰人每年可以从中捕获超过 1000 万千克的鲱鱼，甚至有说法说

---

① 赵恺著、宋毅主编：《海洋帝国荷兰——海上马车夫的海权兴亡：1568—1814》，华中科技大学出版社 2018 年版，第 172 页。
② 蔡一鸣：《近代史上荷兰崛起的经济学解释》，《石家庄铁道学院学报》（社会科学版）2009 年第 3 期。
③ 《〈大国崛起〉连载之一　荷兰：小国大业》，《商界（中国商业评论）》2007 年第 2 期。

"鲱鱼是荷兰人的金矿"。

在当时的运输条件和储存条件下,仅仅将鲱鱼捕捞上来还不够,若不进行必要的处理是无法将鲱鱼用来出口的。1358 年,在荷兰北部一个小渔村中,一个名叫威廉姆·伯克尔斯宗的小渔民为荷兰的鲱鱼贸易作出了重大贡献,他发明了只需要一刀就能去除鲱鱼内脏的方法,把盐放进去除内脏之后的鲱鱼可以保存一年之久,从而很好地克服了运输条件和销售期限的制约,荷兰生产的这种鲱鱼得以销往欧洲各国,并且由于质量好,在欧洲市场上具有巨大的竞争优势。1575 年在法国里昂市场上,荷兰鲱鱼的售价每拉斯特达 24 镑 10 先令,而英国鲱鱼的同类价格仅为 20 镑 12 先令。[1] 据学者推算,当时荷兰一国的鲱鱼产量要占到当时欧洲鲱鱼总产量的一半以上。

除了发明能够一刀去掉内脏的小刀这种技术上的创新外,当时荷兰的鲱鱼产业之所以能够形成规模离不开制度创新。经过长时间的探索,当时荷兰的鲱鱼从捕捞、剖鱼到腌制已经形成了专业的分工,捕鱼工、剖鱼工、腌鱼工之间分工明确又相互衔接,大大提高了劳动生产率。还通过颁布一系列的渔业法规,对鲱鱼的捕捞季节、加工质量和包装规格甚至是用盐标准、鱼桶的木质和尺寸等都有严格的具体要求。这种高效率的作业方法和严格的标准,为荷兰鲱鱼在国际市场上赢得了市场与声誉。

经过几个世纪的发展,1662 年,荷兰的重商主义者、呢布商人德·拉·库尔估计荷兰以鲱鱼业为主的渔业年产值约为 800 万盾,成为荷兰的主要经济来源之一。为了争夺鲱鱼,荷兰还与英格兰之间爆发了几次战争。

荷兰商人也从鲱鱼贸易中意识到贸易带来的巨大好处,发展了海上贸易,为之后打造商业帝国做了一个铺垫。从鲱鱼贸易开始,荷兰人十分重视和大力发展海上贸易。波罗的海贸易是荷兰海上贸易的摇篮,世界第一大港阿姆斯特丹的繁荣就是建立在波罗的海贸易的基础之上的,从 16 世纪起,荷兰人把波罗的海贸易称为荷兰的"贸易之母"。据荷兰人估计,1636 年荷兰全国大约有 2050 只商船,约一半的商船都在从事波罗的海及法国贸易。作为欧洲的中间人、代理人、加工者和推销商,荷兰在欧洲各国之间进行商业贸易。比如

---

① 王加丰等:《强国之鉴》,人民出版社 2007 年版,第 38 页。

把最先崛起的两个海上霸权国家葡萄牙、西班牙掠夺的香料、丝绸和黄金运销到欧洲其他国家,再把其他国家生产的小麦、铁器、木材和自己生产的海军补给品运销到葡萄牙和西班牙。

海上贸易利润丰厚,葡萄牙进行远洋探险的目的之一就是看到阿拉伯商人从香料的贸易中获得了丰厚的利润,从而想通过海上贸易的方式进行香料贸易以攫取丰厚利润。荷兰人想要通过海上贸易积累财富,就不得不面对强有力的竞争对手。葡萄牙与西班牙是已经崛起的霸权国,在全世界各地建立了很多殖民据点,其次英格兰在面积上比荷兰大三倍,人口是荷兰的五倍,而且作为大西洋的岛国,甚至比荷兰具有更优越的地理位置。要想在海上贸易击败强有力的竞争对手,先进的造船业显得尤为重要。

二、远洋贸易与殖民扩张

随着荷兰共和国的成立,一个崭新的国家诞生了,荷兰人从此也拥有了自己的国家,但危机四伏的共和国的出路在哪里? 依然迷雾重重。如果单单从面积、人口和自然资源来看,在同葡萄牙、西班牙、英国、法国的竞争中都不具备优势,激烈的竞争中荷兰甚至都不具备成为一个国家的条件。使他们崛起的依然是自己擅长的海上贸易,尤其是远洋贸易。1656 年,为庆祝精心建设、耗时八年的阿姆斯特丹新市政厅的落成,被誉为荷兰的莎士比亚的伟大诗人约斯特·凡·德·冯德尔写了一首赞歌:"我们阿姆斯特丹人扬帆远航……利润指引我们跨海越洋。为了爱财之心,我们走遍世界上所有的海港。"可以看出,远洋贸易在荷兰的扩张和崛起过程中的地位。作为小国的荷兰之所以能够成就大业,与其不断进行海外贸易扩张,积极参与世界市场密不可分。①

荷兰从与欧洲其他国家的海上贸易中尝到了甜头,但商人天然的逐利性使他们不仅仅满足于只在欧洲进行贸易,葡萄牙和西班牙从远洋贸易中大量获利使他们眼红,被誉为"海上马车夫"的荷兰自然也想从远洋贸易中分一杯羹,虽然有着葡萄牙和西班牙这两个最先崛起的海权国家的重重阻碍,但荷兰

---

① 温俊萍:《经济史视野中的大国崛起——基于荷兰、英国和美国的经验》,《史林》2008 年第 4 期。

人从未放弃过对东方和美洲的渴望。

看到葡萄牙人在东方的成功,荷兰人也开始了自己艰苦卓绝的前往东方的探索。1594—1597年,前文所述的威廉·巴伦支船长就试图寻找一条从北冰洋前往中国和印度的新航线。但荷兰人没能亲自探索到前往中国和印度的路。1595年,曾作为葡属果阿大主教的仆人在印度生活了七年的荷兰人简·哈伊吉思·冯·林索登,发表了一本描绘世界地理情况的《旅行日记》,使葡萄牙保守了将近一个世纪的从欧洲到达东方的方法被世人所知。

林索登的日记发表当年,7名阿姆斯特丹的商人就组成了"远方公司",由德·霍特曼率领第一支荷兰船队向南绕过好望角到达了印度,第二年即1596年4月到达了印度尼西亚爪哇岛的商业城市万丹,并于1597年返回荷兰,虽然284名船员最终只回来了94名,但荷兰人仍然获得了巨大的利润。霍特曼这次远航亚洲的成功在荷兰引起了轰动,在荷兰国内兴起了一股向亚洲航行、与亚洲进行远洋贸易的潮流。众多东方贸易小公司兴起,纷纷涌入东方海域争夺高额利润。为了增强竞争力,1602年,在共和国大议长奥登巴恩维尔特的主导下,荷兰工商业者以阿姆斯特丹为主,联合其他城市建立了拥有650万荷兰盾的"联合东印度公司"。

荷兰东印度公司是一个全国性的联合公司,是一个政府与商人的结合体,兼具政治和经济双重职能。与国家的结合使东印度公司具有许多特权:可以组建军队、发行货币、对外开战或与其他国家订立正式条约、建立殖民地等。在荷兰东印度公司成立将近两百年间,向海外派出的船只达1772艘,约有100万人次的欧洲人搭乘4789航次的船班前往亚洲地区。而且建立了实力强劲的海外据点,平均每个海外据点有25000名员工、12000名船员。到了1669年时,荷兰东印度公司拥有超过150艘商船、40艘战舰和五万名员工以及由一万名佣兵组成的军队,股息高达40%。权力如此强大意味着东印度公司可以为了丰厚的利润采取暴力的手段,国家职能强化了他们攫取经济利益的能力。比如为了垄断丁香贸易,东印度公司杀死或赶走了班达群岛上的原住居民。1640年荷兰东印度公司赶走了斯里兰卡加勒的葡萄牙人,打破了葡萄牙人对于肉桂贸易的垄断,接着,1658年公司又围攻斯里兰卡首都科伦坡,到1659年时,曾经的霸权国葡萄牙在印度沿岸的据点都被荷兰人夺去了。

1652年时,荷兰东印度公司在好望角建立据点,以方便给公司来往东亚的船员进行补给,这块据点后来变成了荷兰的开普殖民地。东印度公司通过暴力和经济手段成功地建立起了亚洲国家贸易体系,将其贸易足迹延展到日本、朝鲜、暹罗(今泰国)、中国等国家和地区。

在中国,荷兰的商船屡次侵扰东南沿海地区。荷兰商船首次来到中国是在1601年,而两年后,荷兰侵占了澎湖,遭到明政府的强烈反对后离去,但贪婪的荷兰人并不愿轻易放弃中国这个大市场,此后二十年间,荷兰人多次想扩大与中国通商,但始终未获批准。但此后荷兰采取暴力手段侵占了我国的澎湖和台湾,并将台湾作为荷兰在东亚、东南亚各据点的枢纽。① 直到1601—1602年,民族英雄郑成功将荷兰侵略者完全驱逐出台湾,台湾才回到了祖国的怀抱。

一心扩张的荷兰人的目标不仅仅只有东方,看着葡萄牙和西班牙在美洲的成功,他们也将目光投向美洲,为此,像当初成立东印度公司以向东方进发一样,1621年6月3日,荷兰人仿照荷兰东印度公司专门成立了荷兰西印度公司,吹响了正式向美洲进军的号角,同葡萄牙、西班牙以及英国、法国在美洲展开殖民地竞争。在1623年的股权竞争中,荷兰政府和实力强劲的东印度公司以100万盾的投资成为荷兰西印度公司的最大股东。虽然相比于东印度公司,荷兰西印度公司没有权力自由组织佣兵,其要成立军队需要向联省议会申请,但荷兰西印度公司完全照搬了东印度公司成熟的组织架构。荷兰西印度公司哈得逊河建立据点,主要进行奴隶,贵金属如黄金、烟草和糖的贸易,还包括劫掠西班牙船只的海盗业务、殖民业务。他的主要活动范围包括西非,整个美洲和大西洋的北方。在17世纪初期到18世纪,荷兰西印度公司曾对整个西半球的贸易、殖民及海盗等各方面产生过巨大的影响力。

荷兰东西印度公司的建立,使荷兰得以在世界范围内大肆建立殖民地,通过对殖民地进行一系列疯狂的掠夺,甚至开展罪恶的奴隶贸易,甚至屠杀岛上居民。1605年,为了能够在利润丰厚的香料贸易中分得一杯羹,荷兰人征服了盛产香料的印度尼西亚安汶岛、帝利岛,1606年又垄断了班达岛的香料贸

---

① 汪曙申:《试论十七世纪荷兰海权的崛起与对台湾的侵占》,《台湾研究》2011年第5期。

易。在印度尼西亚,荷兰力图以尽可能低廉的价格收购货物,与此同时还进行奴隶贸易,通过协定让当地的土著王公们成为主要的奴隶贩卖人。荷兰对香料产地实行封锁和垄断贸易,严禁这些产地把香料卖给欧洲人和亚洲人。当时,印度尼西亚的班达群岛居民因把豆蔻卖给爪哇和荷兰以外的欧洲商人而遭受灭顶之灾,岛上的 1 万居民惨遭屠杀,还有 800 人被掳掠至巴达维亚充当奴隶。1622 年,荷兰侵占我国澎湖并屠杀岛上的居民。17 世纪中叶,荷兰西印度公司还在非洲建立了多处堡垒和商站,从非洲往其他殖民地贩卖大量的奴隶。

荷兰建成了 17 世纪世界上最强大的殖民帝国,在世界各地建立起了自己的殖民地和贸易据点。在东亚,他们侵占了中国的台湾,并试图从葡萄牙手中夺取澳门,他们垄断了日本的对外贸易。在东南亚,荷兰把印度尼西亚变成了自己的殖民地,他们建立的第一个殖民据点巴达维亚就是今天印度尼西亚的首都雅加达的雏形,并从葡萄牙手中夺取了锡兰(今斯里兰卡)和马六甲海峡。从 17 世纪中叶开始,荷兰人的目光又从东南亚转向印度。他们侵入位于印度次大陆西南部的马拉巴尔海岸,打败并驱逐葡萄牙人。在亚洲,荷兰人瓦解葡萄牙在东方的殖民体系,将葡萄牙人的势力几乎连根拔掉。在大洋洲,荷兰人用荷兰一个省的名字命名了一个国家——新西兰。在南美洲,1624 年,荷兰入侵葡萄牙人控制的巴西首府巴伊亚,与葡萄牙开始了巴西争夺战。葡萄牙在 1625 年收复了巴伊亚。但 1629 年荷兰再次入侵巴西,到 1641 年时控制了从亚马孙河口到圣弗朗西斯科河沿岸的大片土地。在北美洲,荷兰在哈德逊河河口建造了一座以自己的首都命名的新阿姆斯特丹城。在非洲,荷兰人也与葡萄牙展开争夺,1652 年,荷兰东印度公司从葡萄牙手中夺取了好望角,并在现今的开普敦建立殖民点,专为本国和他国过往船队提供淡水、鲜肉、蔬菜和船舶检修服务。在与葡萄牙、西班牙的交锋中的胜利标志着荷兰已经取代了这两个率先崛起的世界性强国的霸主地位,成为 17 世纪实力最强劲的霸主。悬挂着荷兰三色旗的一万多艘商船,游弋在世界的五大洋之上。

除了对殖民地的掠夺之外,有一些具有远见的荷兰殖民者为了长久地从殖民地攫取利益,对殖民地的建设也十分重视。1636 年,约翰·莫里斯·拿骚被荷兰执政腓特烈·亨利任命为荷属巴西殖民地的巴西总督。这一任命对于荷属巴西殖民地的开发和建设起到了十分重要的作用,约翰·莫里斯·拿骚到达巴西之后,他的一系列措施得到了当地民众的一致拥戴。认识到甘蔗与蔗糖工业是荷属巴西的经济基础后,约翰·莫里斯·拿骚不仅宣布将给甘蔗种植园主带来更多的非洲黑奴,而且为了方便甘蔗出口,还修建新的道路、桥梁和港口。在宗教问题上,约翰·莫里斯·拿骚实行包容的宗教政策,吸引了大批信仰各种宗教的移民者,充盈了当地的劳动力和商业资本。此外,约翰·莫里斯·拿骚还构建了让当地贵族参政议政的平台"咨询院",并适时地调整各项政策。为了充盈国库,他还将战争期间逃亡贵族留下的荒废种植园出售。为了缓解粮食危机,还通过立法手段命令各种种植园主按照奴隶数量种植被称为"国民口粮"的木薯。在约翰·莫里斯·拿骚的治理下,荷属巴西殖民地得到了很好的恢复,并且赶超了战争前的水平,经济根基得以巩固。相比于荷兰西印度公司股东们不愿意在殖民地建设上花费太多金钱,约翰·莫里斯·拿骚主张加大对累西腓等中心城市基础设施的投入力度,希望把荷属巴西殖民地建设成为欧洲海外殖民地的典范。

但如约翰·莫里斯·拿骚一样具备长远战略目光,重视殖民地建设的荷兰殖民统治者毕竟少之又少,荷兰西印度公司的经营理念和约翰·莫里斯·拿骚的理念相悖,约翰·莫里斯·拿骚辞任巴西总督之后,荷兰西印度公司对荷属巴西的残暴统治导致了荷属巴西殖民地的覆灭。此外,被称为"新尼德兰"的荷属北美殖民地也没有得到荷兰的重视和发展,1664 年 8 月,英国人在北美不宣而战,荷兰殖民地无力反抗,英国人把荷兰人称为"新阿姆斯特丹"的殖民据点改名为"新尼克",即今天的纽约。

荷兰通过进行远洋贸易和殖民扩张,攫取了丰厚的利润,积累了大量的财富。建国还不到 100 年的时候,荷兰的对外贸易已经发展到相当大的规模,对外贸易额占到了全球的二分之一,多达 16000 多艘商船横行在全球的每一个角落,而作为对比,国土面积比荷兰大得多的法国,商船只有 1000 多只,荷兰商船的总吨位数甚至相当于葡萄牙、西班牙、英国和法国四个国家商船的吨位数之和。荷兰的首都阿姆斯特丹,成为当时欧洲的商业中心,是东方香料,欧洲粮食、油料、木材、皮毛等商品的集散地,港内停泊的船只经常达 2000 多艘。1652—1654 年的第一次英荷战争之中,有超过 1200 艘荷兰商船在战争中被英国击沉或俘获,但即便是如此庞大的数字也仅占了荷兰保有商船总数的百分之八。①

荷兰的资本主义也得到了极速的发展,当时荷兰的工场手工业发展水平远超过其他国家。呢绒业、麻织业、丝织业和瓷器都在国际上比较出名。当时,荷兰是欧洲一个重要的毛织业中心,到 17 世纪初的时候,英国人生产的呢绒最后的加工和染色工序还要在荷兰进行。

三、近现代经济体制的先行者

荷兰这样一个小国家能够成功崛起的另外一个重要原因是它探索并建立了先进的经济体制,开创了近现代经济体制的先河,成为称霸全球的商业帝国,堪称当时的世界经济中心。②

荷兰人建立了世界上第一家股份有限公司——东印度公司。当荷兰人找到通往东方的航道后,他们纷纷组建贸易公司前往东方寻找财富。但此时的东方,贸易已经被葡萄牙和西班牙所控制和垄断,面对已经在东方建立起殖民体系的葡萄牙和西班牙,各自为政的各荷兰贸易公司明显竞争力不足。此时,荷兰人意识到,要想在东方贸易竞争中取胜,就必须有本国政府的支持和雄厚资本的支撑。带有政治色彩的、资本雄厚的实力强劲的荷兰东印度公司就是在这样的背景下建立起来的。虽然比英国东印度公司晚建两年,但荷兰东印度公司在创建之初的资本就已是英国东印度公司的十倍以上。东印度公司一开始就以合股方式募集资金,原来的早期公司合伙人成为公司董事兼大股东,其他参与人则成为一般的股东。为了最大限度地吸收社会上各类资金,东印度公司有意把股份分得很小,这样社会上的普通人也能购买得起东印度公司的股票。作为例子,阿姆斯特丹市长帕乌的一名女仆,在变卖家物后也以 100盾现金入股,而有的股东只有几十个荷兰盾。

此外,荷兰东印度公司从政府那里得到了一系列的特权,而获取特权的方式是支付金钱,他们以 25000 盾的货币支付给政府。而得到金钱补偿的议会,

---

① 赵恺著、宋毅主编:《海洋帝国荷兰——海上马车夫的海权兴亡:1568—1814》,华中科技大学出版社 2018 年版,第 258 页。

② 方晓:《金融的力量——荷兰的崛起与衰落(上)》,《金融博览(财富)》2018 年第 8 期。

立马反过来把这笔款项分文不动地向荷兰东印度公司入股,从而政府成为东印度公司的大股东,进一步强化了东印度公司的实力。东印度公司通过发行股票以及公司债券,筹集了雄厚资本,为对外扩张创造了必备条件。①

荷兰东印度公司当时发展成为世界上最大的贸易公司②,其取得的成功还离不开在公司经营管理方面的创新,东印度公司形成了一套具有现代企业特点的经营管理规则。之前参加东印度公司合并的阿姆斯特丹、鹿特丹、米德尔堡、荷恩、德尔夫特和恩克霍伊曾市商会6个地方商会的76名董事组成了东印度公司全公司的最高权力机构——董事会,公司的重大事宜都由董事会讨论决定。从董事会成员中选出的17人组成了理事会,负责公司的日常事务管理。随着时间的推移,"十七人理事会"拥有了越来越大的权力,实际上掌握了公司领导权和决策权,制定公司规章、建造船只、安排贸易等都在理事会的权力范围内。而一般的股东并不关心公司的具体经营安排,他们只关心他们购买的股票能获得多少分红,这样一来,公司的财产所有权和经营权的分离越发明显。这种分离也使公司的经营者能够更加自主地经营管理公司。此外,为了扩大和巩固公司在亚洲的势力,东印度公司还在亚洲派驻机构总督府,总督府由总督和"印度委员会"构成,总督实际上是东印度公司在亚洲的总代理,这样,东印度公司相当于在国内和海外形成了双重的经营决策体系,有利于加强国内外机构的联系、协调和海外管理。

荷兰人还建立起了世界上第一个证券交易所。东印度公司从政府手里获得的首期特许状期限为21年,而公司规定只进行两次十年一次的资产清理,也就是说,虽然公司承诺给股票分红,但股东至少要等到第一个十年过了才能拿到分红,投资期限长。而远洋贸易具有比较大的风险,投资期限长意味着有可能蒙受损失。成千上万的荷兰人为什么愿意把自己安身立命的储蓄投到一项虽说利润丰厚,但也存在风险的远洋贸易中?除了出于对财富的极度渴望外,另一个原因是1602年荷兰成立了世界上第一个证券交易所——阿姆斯特丹证券交易所,而东印度公司的股票正是第一只在该证券交易所交易的股票,

① 杨大勇:《16—17世纪荷兰的崛起与资本市场》,《史学理论研究》2016年第1期。
② 李明敏:《18世纪荷兰商业帝国衰落的原因探析》,《黑龙江史志》2014年第11期。

这是荷兰在经济领域的又一伟大创举。购买了东印度公司股票的股东如果来不及等待公司分红,可以随时在阿姆斯特丹证券交易所把所持有的股票交易出去以换回资金。

荷兰不仅成立了世界上第一家具有制度创新意义的股份公司、第一家证券交易所,他们还把经济体制的创新延伸到银行和信用。1609年,荷兰成立了阿姆斯特丹银行,它比英国的银行成立大约早100年。它不仅吸收存款,而且也发放贷款。法国历史学家、年鉴学派的第二代代表人布罗代尔认为:"荷兰人实际上是整个欧洲的信贷商人,这也正是他们繁荣兴旺的最大秘密。"[1]

金融改革也推动了荷兰贸易和经济的发展。独立之前,拥有相当大权力的荷兰各省,可以自由制定自己的币制,因此各省都有各省的币制。这大大影响了各省经济交往的便利度。在17世纪初,荷兰盾在长期实践中成了一种通用的标准硬币。但后来由于形势发生变化,币制又重新陷入了混乱中。1681—1694年,人们对币制进行了改革,各省采纳了经济最发达的荷兰省的建议,确定了用于流通的标准货币和标准金币,使各省的贸易又方便起来。因此,可以说荷兰人是近现代商品经济制度的创造者,他们把股份有限公司、证券交易所、银行和信用有机地结合在一起,形成了一个相互贯通、相互联系的商业和金融体系,为经济的发展带来了强劲动力,实现了财富的爆炸式增长。高效与健全的金融体系为荷兰崛起并称霸世界起到了极为重要的作用。[2]

四、荷兰崛起的经济表现

经济的发展为荷兰的崛起提供动力,不断崛起又强化了经济的发展,经济增长迅速。17世纪荷兰积累了大量资本,比欧洲各国的资本总和还要多,荷兰成为当时欧洲最富裕的国家。荷兰还大量输出资本,其对外投资比英国对外投资多出15倍。在欧洲、东印度和美洲地区投资的外国债券资金规模超过3.4亿荷兰盾,很大一部分英国国债都掌握在荷兰人手里,荷兰成为全世界最

---

① 〔法〕布罗代尔:《十五至十八世纪的物质文明、经济和资本主义第三卷》,生活·读书·新知三联书店1993年版,第266页。
② 聂庆平、蔡笑:《金融创新、金融力量与大国崛起——基于荷兰、英国和美国的分析》,《财贸经济》2008年第5期。

大的债权国。仅仅是以股息形式，每年从英国、法国进入荷兰的就超过了5000万荷兰盾，另外，从西班牙、俄罗斯、瑞典和德意志这几个国家还能获得3000万荷兰盾。同时，荷兰还培育了发达的资本市场，阿姆斯特丹是全世界的金融中心。当时阿姆斯特丹的证券交易市场是国际股票市场中心。阿姆斯特丹也成为一般银行业务的交易中心，有着高达5000万荷兰盾的营业额。荷兰通过自己的贸易、扩张和改革，取得了很高的经济成就，为自己的崛起提供了强有力的动力和支撑。

第五节　军事实力的增强

一、尼德兰革命时期军事力量的积累

在荷兰共和国独立之前，荷兰所属的尼德兰地区曾经受到过法兰克王国、德意志皇帝、法国国王、勃艮第公国、哈布斯堡家族等的统治，因而很难有能使他们摆脱殖民统治而获得独立的军事力量存在，是尼德兰革命使荷兰获得了独立，因此荷兰的军事力量主要是尼德兰革命时期积累起来的，这一时期反抗西班牙殖民统治的主力军——海上力量"海上乞丐"和陆地力量"森林乞丐"逐渐组建和发展起来。这一时期"海上乞丐"表现尚可，而"森林乞丐"相对较弱。

1566年4月5日，尼德兰200多名贵族以"贵族同盟"的名义向当时西班牙派到尼德兰的总督玛格丽特递交请愿书，要求其撤销"宗教裁判所"、恢复大议会。此时西班牙大臣讽刺请愿的贵族只不过是一群"乞丐"，这极大地羞辱了尼德兰贵族的尊严，他们的请愿也没有得到实质性的满足，这些尼德兰贵族反对派开始秘密招募军队，组建武装力量。为了铭记西班牙人对于自己的羞辱，尼德兰贵族反对派便自称是乞丐，尼德兰北部地区活跃着反抗西班牙的海上力量"海上乞丐"，南部地区则活跃着"森林乞丐"。此后，这些"乞丐军"逐渐发展壮大，并由分散走向联合。

虽因被嘲讽为"乞丐"十分愤慨，但迫于西班牙太过强大，尼德兰人一开始反抗西班牙时内心还是有所顾忌的。随着"圣象破坏运动"的兴起，新教势力开始募集起武装人员进行起义,但一些有所顾忌的贵族却转向拥护总督府的统治。没有贵族强有力的支持,新教组织起的民兵在西班牙军队面前不堪一击。甚至一些被嘲讽为"乞丐"的尼德兰贵族反对派把新教武装人员看作真正的"乞丐",不屑与他们联合。因此,尼德兰革命开始时,尼德兰人并没有组织起有效的军事力量,由于缺乏团结以及强有力领导,他们的反抗也是零零散散、缺乏威力的。

西班牙军队面临的真正威胁始于之后被奉为荷兰"国父"的威廉·奥兰治的出现。当接替玛格丽特公爵成为尼德兰总督的阿尔法公爵大肆搜捕和处决"贵族同盟"领袖时,威廉仅用了不到半年时间,便在他的德国领地拿骚组织起了一支数十万人的军队。除了威廉,被迫流亡法国的尼德兰贵族也纠集起数千人的雇佣军。拿骚军队虽然在海利赫莱获得了一次小胜利,但尼德兰流亡贵族率领的起义军在南线遭到西班牙军队的重创。紧接着,西班牙军队在耶明根战役中以极小的代价大败拿骚伯国的军队。虽然威廉在短短的 3 个月之内又组织起 3 万大军,但久经沙场的阿尔法公爵凭着西班牙军队超强的机动性再次重创了兵力占优的拿骚军队,使威廉·奥兰治之后三年多都不敢再轻易与他决战。与西班牙军队的无懈可击相比,临时组建的拿骚雇佣军显然缺乏战斗力,惨败之后更是士气低落。也可以看出威廉·奥兰治并不是一位出色的军事指挥官,但他屡败屡战、坚持到底的精神支撑和引领着尼德兰地区的革命,也使尼德兰反对西班牙统治、争取民族独立的斗争有了核心领导者。

获得暂时性胜利的阿尔法公爵为了进一步打压尼德兰,也为了豢养自己麾下的军队,对尼德兰所有的商品征收 10% 的销售税,这让把商业作为立身之本的尼德兰人叫苦不迭,怨声载道,进一步坚定了他们反抗西班牙人的决心。"海上乞丐"和"森林乞丐"不断侵扰着西班牙驻军,阿法尔公爵对这些非正规的力量没有想出太好的应对方法。1572 年 4 月 1 日,一支由 24 只船组成的"海上乞丐"舰队攻占了西兰岛上的布里尔城,这一胜利意义重大。它使"海上乞丐"在尼德兰本土有了坚强的据点,更重要的是,这次成功登陆鼓舞了笼罩在失败阴影中的尼德兰人民的斗志,重新燃起了他们的革命热情,将尼德兰民族独立运动推向高潮。受到鼓舞的威廉·奥兰治很快便制订了一个三路进击西班牙人的战略方案。而他们也得到了英格兰女王伊丽莎白一世的支援。在这一阶段的战争中,革命者虽有失败,但也取得了一些重大胜利。由威廉·奥兰治亲自率领的大军成功攻入了尼德兰中部,接受了荷兰和海尔德兰两个省的效忠。

北边战场的"海上乞丐"也展现出了较为强悍的战斗力。西班牙海军虽然极为强大,但其优势在尼德兰地区无法发挥出来,他们强大的地面军队没有海军强有力的支援更是对"海上乞丐"无可奈何。"海上乞丐"舰队的封锁和围困使泽兰省首府米德尔堡的西班牙守军弹尽粮绝,被迫投降。1573 年 10 月,西班牙海军与"海上乞丐"在须德海的第一次舰队级会战中也遭到失利,始终无法夺取荷兰北部的制海权。1574 年 1 月,不愿放弃的西班牙海军组织了一次更大规模海上解围,试图将米德尔堡从困境中解救出来,但此时"海上乞丐"因大批英国私掠船主的加入实力更为强悍,成功粉碎了这次解围,没等到强力救援的米德尔堡不得不宣布投降,泽兰省全境最终脱离了西班牙的统治获得独立。1574 年 4 月 14 日,在荷兰东部的莫克赖德,西班牙军队击败了从德意志地区赶来的拿骚伯国军队,让"贵族联盟"首领认识到,在陆地上,他们远非强悍的西班牙陆地部队的对手。相比于陆地部队面对强大的西班牙地面部队时胜少负多,"海上乞丐"无疑展示出了强大的战斗力。也就是说,这一时期尼德兰革命军的海上力量尚可,而陆上力量相对较弱。

1576 年 11 月 4 日,西班牙军队洗劫了尼德兰政治、经济中心安特卫普,这一暴行进一步激化了尼德兰与西班牙之间的矛盾,尼德兰各省随即签署《根特条约》,虽然仍然承认西班牙国王菲利普二世为尼德兰的君主,但事实上该条约已然相当于宣布了尼德兰独立。

此时整个尼德兰地区已经悉数采取了对西班牙的敌对态度,局势的恶化让菲利普二世甚至将自己颇为忌惮的同父异母兄弟唐胡安派去主持尼德兰地区的大局。战功赫赫、年轻有为的唐胡安在"让步卢之战"中大败威廉·奥兰治的军队,这一场胜利稳定了西班牙在尼德兰南部的统治。得知威廉惨败的消息,英格兰女王伊丽莎白一世出于经济和政治的双重考虑,决定加大对威廉的支持力度,组建了一支由英格兰雇佣军和法国新教徒组成的军队驰援尼德兰。在双方的僵持中唐胡安去世,而接任尼德兰总督的是菲利普二世和唐胡安的外甥亚历山大·法尔内塞,他让尼德兰革命遭受了重大的挫折。

在亚历山大·法尔内塞的煽动下,尼德兰南部地区成立了背叛革命的"阿拉斯同盟",其拥护西班牙统治,分裂了革命。作为回应,威廉·奥兰治不得不在尼德兰北部组建了坚持革命的"乌特勒支同盟"。分裂自然而然在很大程度上削弱了尼德兰反对派的军事实力。但威廉·奥兰治此后争取到了法国的援助,加上英国的支援,他们一度依靠兵力优势压制着西班牙军队。此后,西班牙军队虽然随着法国军队逐渐退出以及威廉·奥兰治被暗杀,重新掌握了主动权。但"乌特勒支同盟"已经累积起了坚强的革命基础,失去了法国援助的尼德兰在守卫安特卫普时甚至集结起了一支 6.1 万人的庞大军队。在菲利普·马尼克斯和威廉·奥兰治儿子奥兰治·莫里斯的带领下,他们继续同西班牙殖民者进行斗争。

1588 年 5 月,西班牙海军组织了由 150 艘战船组成的"无敌舰队"远征英国本土,但由于严寒和风暴等原因,强大的西班牙"无敌舰队"惨败给英军。因此西班牙无法打破英国海军和"海上乞丐"对于尼德兰主要港口的封锁,而且这一场胜利使西班牙损失惨重,他们无法再对尼德兰实行强有力的干预。也就是在这一年,荷兰议会正式宣布成立荷兰共和国,由奥兰治·莫里斯任执政和军队总指挥。

荷兰得以摆脱强大的西班牙殖民统治而获得独立,一方面,是由于自身一直进行坚持不懈的军事斗争,尤其是海上游击队"海上乞丐"发展得越来越强大、逐渐拥有了制海权,他们给予尼德兰陆地上的革命者源源不断的补给和支援。而可以在温暖的地中海和大西洋上横行的强大的西班牙舰队,无法适应北海的波涛汹涌和严寒天气,此消彼长之间,西班牙军队对于"海上乞丐"对尼德兰各主要港口的封锁无计可施。尼德兰北部由于获得了"海上乞丐"强有力的支援,掌握了战略主动权,成为反抗西班牙殖民统治的意志最坚定的地区,革命的结果是尼德兰北部七省获得了独立,成立了荷兰共和国。而尼德兰革命者没能建立起强大的陆地部队;相反,西班牙拥有着当时世界第一流的陆军,因此,没和海洋接壤的尼德兰南部地区因为没有"海上乞丐"的牵制,面对西班牙强大的步兵方阵时,他们办法不多。因此,由于在长期的拉锯战中迟迟无法取胜,尼德兰南方诸省动摇了继续进行革命的信心,最终在尼德兰总督亚历山大·法尔内塞的诱导下,成立了拥护西班牙统治、独尊天主教的"阿拉斯联盟",背叛了革命。荷兰共和国成立了,但尼德兰南部地区没能获得独立。另一方面,从军事力量对比上来讲,尼德兰革命者们还是处于弱势地位的,英国、法国等外部势力的援助对于尼德兰革命的胜利至关重要,尤其是英、法两个国家在本土与西班牙进行的战争既对西班牙造成了巨大的消耗,同时对于尼德兰的西班牙殖民者形成了很好的牵制,为尼德兰革命者们赢得喘息的机会。此外,尼德兰革命的胜利,也与西班牙实施扩张战略造成自身较大损耗、树敌过多陷入战争泥潭而无法自拔、逐渐走向没落有关。

可见,这一时期的荷兰军队难称得上强大。而那时一个国家崛起并取代其他国家成为霸权国,没有强大的军事实力做支撑是实现不了的。支持荷兰走向称霸的军队的建立是从荷兰共和国成立、奥兰治·莫里斯担任军队总指挥开始的。

二、奥兰治·莫里斯军事改革

荷兰共和国成立之后,在莫里斯的带领下,他们的军队实力得到了极大增强。奥兰治·莫里斯是一个军事改革家和名将,被公认为是近代欧洲职业化军队的鼻祖,他重新在欧洲复活了职业军队,其一系列军事改革使荷兰军队成为当时欧洲最现代化的军队。"海上乞丐"被收编为正规海军,之后逐渐发展成为一支守卫国家的强大力量。此前参加革命的武装力量由纪律散漫的雇佣军和缺乏训练的民兵组成,战斗力不强,针对这一情况,荷兰建立了领取军饷的常备军制度,这种长期服役、定期领取军饷的制度,既克服了军队短期内解散导致轮换不足,又避免了军饷不及时发放导致士兵逃跑或叛变的问题,无疑稳定了军心、增强了军队的凝结力和战斗力。其次,莫里斯总结战争经验,改革了步兵队形,编制了"莫里斯横队",在西方军事史上,"莫里斯横队"被认为是线式战斗队形的开端。莫里斯横队比西班牙方阵小得多,长矛兵与火枪兵在队列中的位置也和西班牙方阵不一样,这种规模更小的队形减少了兵员浪费的现象,灵活性与机动性得以增强,而且士兵之间的配合更加默契,也更加高效。

此外,推进军事技术的发展有助于以少胜多、先发制人,因此,莫里斯十分重视作战工具的发明与改进。他鼓励人们研制炸弹、毒气等特殊武器。行军打仗离不开对地形的把握，莫里斯重视赞助军事地图工作。而且在侦察敌情的时候，莫里斯采用双筒望远镜，他的这些做法领先于同时代的欧洲其他军事家。莫里斯的一系列改革，不仅进一步增强了荷兰海上力量"海上乞丐"的战斗力，更为重要的是，增强了之前相对较为孱弱的陆上军队的战斗力，他们的步兵在陆地上取得了一系列的胜利，1600年的尼乌波特之战的胜利也说明了当西班牙人面对荷兰陆军时，昔日西班牙人引以为傲的陆军优势已经荡然无存。莫里斯通过一系列军事改革，使荷兰建立起了正式军队，大大提高了战斗力，这为新生的荷兰共和国进一步抵抗西班牙殖民者、收复失地、巩固独立国家地位以及之后进行扩张和崛起奠定了一个坚实的军事基础。

三、纵横四海的荷兰军队

对外殖民和扩张进一步彰显了荷兰的逐渐变强的军事实力，尤其是对于先前崛起的两个霸权国葡萄牙和西班牙的挑战，足以看出荷兰的军事实力足以支撑他们进行海外扩张，瓦解旧霸权，在全世界建立自己的霸权。从1603年开始，为了争夺"香料群岛"①，荷兰人仗着新型武装商船的威力，不断消除葡萄牙人在"香料群岛"的势力。从1640年6月开始，荷兰开始封锁葡萄牙在东南亚贸易的核心据点马六甲，并最终迫使葡萄牙人投降。此后，荷兰人还不断拔除葡萄牙人建立的科伦坡等据点。

1607年4月25日，在直布罗陀外海，在西班牙家门口，一支由25艘向往海外辽阔市场的武装商船组成的荷兰舰队，打败了参与拦截的西班牙海军，并且攻占了西班牙人最引以为傲的旗舰"圣奥古斯丁号"。昔日的海权霸国西班牙败给了当今的"新贵"荷兰，预示着荷兰海上军事力量的迅速崛起，海上霸权的归属正在发生更替。

由于国内政治局势动荡，英国此时已无力支援荷兰战争，但军事力量逐渐强大的荷兰已经具备了与西班牙军队硬碰硬的实力。1636年2月18日，西

---

① 香料群岛是15世纪前后欧洲国家对东南亚盛产香料的东印度群岛的泛称。说明了欧洲人对东方香料的渴求，这也是欧洲开启大航海时代（地理大发现）的一个直接原因。

班牙海军凭借着西属尼德兰造船厂设计出的具有跨时代机动性和火力优势的新型风帆巡洋舰,在不列颠群岛最西段的利泽德角以少胜多,击败了船只和水手人数占优的荷兰舰队。此战的胜利让西班牙国王菲利普四世认为失去英国海军庇护的荷兰海军不堪一击,并命令西班牙海军不断向西属尼德兰集结,准备与荷兰海军进行决战并登陆荷兰,但这次以少胜多的一方变成了荷兰人。满载步兵的西班牙舰队吨位过大,不够灵活,加上轻敌因素,自1588年西班牙"无敌舰队"惨败以来辛辛苦苦重建起来的海军遭到沉重打击,从此失去了威胁荷兰本土的能力。这一场战役的胜利再一次凸显了荷兰海军的强大。

第六节　有助于崛起的外部环境

一、葡萄牙与西班牙日暮西山为崛起提供机会

在荷兰与西班牙签署了《十二年停战协议》后的停战期间,荷兰人利用其发达的转运贸易,用大量廉价的商品冲击实体经济疲软的西班牙市场,使西班牙连年逆差,从南美洲掠夺的黄金、白银源源不断地由西班牙流入荷兰。

西班牙长期的扩张政策,使它树立了众多敌人,1624年6月10日,在法国由枢机主教黎塞留的牵头、主持下,荷兰、英国、法国、丹麦、瑞典和意大利的威尼斯等城邦签订了《贡比涅条约》,条约的内容是缔约国应该从各个方向进攻哈布斯堡王朝统治下的神圣罗马帝国和西班牙。一味的扩张一步步消耗着强大的西班牙,树敌众多又令西班牙顾此失彼,难以相顾,一步步的由进攻态势转为防御。在众多强敌的围攻之下,哈布斯堡王朝已是强弩之末。

1580年,当时的西班牙菲利普二世利用葡萄牙国王战死、王室空悬之际吞并了富饶的葡萄牙,从此这两个率先崛起的海权国家结合成了一个强大的整体,直到1640年葡萄牙才摆脱了西班牙的统治。但结为一体的西班牙和葡萄牙还是不断地受到逐渐崛起的荷兰共和国的挑战。尤其是荷兰强大的海上力量不断地侵扰着西班牙和葡萄牙在东方和美洲的海外殖民地,这也在一定程度上牵制了西班牙和荷兰在本土的战争。如1622年,荷兰人就曾出兵争夺葡萄牙从我国租借的澳门,此后又将葡萄牙人占据的我国台湾占为己有,在美

洲,荷兰西印度公司同样一次次试图侵占葡萄牙人建立的巴西总督区,虽然遭到葡萄牙和西班牙的强烈反抗,但后面还是建立起了以累西腓为中心荷属巴西殖民地。

二、欧洲各主要国家内忧外患减少崛起阻力

一个国家的崛起是因为它获得了比较高的相对发展速度,也就是除了本身在快速发展以外,其他国家发展缓慢。荷兰得以崛起的一个很重要原因是欧洲其他主要国家当时处于内忧外患的形势之中疲于奔命,连国内根基还没得到巩固,就更谈不上崛起。

英国虽然在伊丽莎白一世的带领下战胜了强大的西班牙"无敌舰队",但其在支援荷兰和法国对哈布斯堡王朝的作战中支出了大量的军费,1586年、1587年这两年为维持在荷兰的军队的拨款均相当于当年英国全国总开支一半,1587年达到17.5万英镑。[①] 此外,英国还参与对爱尔兰等的作战,英国由于对外参战而背负了巨大的财政负担,国王和议会之间常常为了征税和拨款争论不休,国内矛盾尖锐,更爆发了革命和内战。

法国当时的情况也并不乐观。1562—1598年,法国进行了长达三十多年的宗教战争——胡格诺战争。虽然这次战争为法国的统一和经济的复兴创造了条件,但是,多达八次的天主教和新教的激烈战争,使法国深陷长期内战的泥潭,使法国遭到了极大的破坏。这是法国历史上一段无政府状态的时期,陷入长期混乱之中。而且还遭到西班牙外部势力的干涉,这对于混乱的法国相当于雪上加霜,因此,无法从自身的泥潭中抽出身来的法国,对于荷兰的崛起起不到威胁作用,法国对于荷兰的真正威胁要到17世纪中期"太阳王"路易十四即位之后。

至于荷兰的北方大国瑞典,虽然通过尼德兰商人和其他国商人的投资逐渐富强和兴盛起来,但对于荷兰的威胁始终有限。在第一次北方战争中,丹麦正是得到了荷兰的援助,才没能实现对于丹麦的吞并。俄罗斯帝国虽然后来成为欧洲传统五大强国之一,但在1696年年轻的彼得一世成为沙皇之前,其

---

① 董正华:《"联省共和"与17世纪荷兰的崛起》,《科学与现代化》2007年第4期。

都是一个实力不强的国家,直到彼得一世带领俄罗斯在1700—1721年的第二次北方战争中战胜瑞典才称霸波罗的海。而被德国人定义为"德意志第一帝国"的神圣罗马帝国,由于各选帝侯之间的纷争,时常陷入内战和无政府状态之中,凝聚力不强,在1618—1648年的"三十年战争"后,帝国被分成300多个小国,日渐没落,沦为二流国家。

三、在乱世中和解与中立争取发展时间

尽管当时莫里斯改编和训练的新式军队战斗力已经比较强悍,有了与西班牙军队较量的实力,荷兰联省议会虽然有进一步想把尼德兰南部也并入自己的版图之中,但在战事不利时又想保存既得利益,在与西班牙进行艰苦谈判之后,1609年,在联省议长约翰·范·奥尔登巴内费尔特的推动下,荷兰与西班牙签署了《十二年停战协议》。

虽然莫里斯一直反对同西班牙停战,但《十二年停战协议》的签署代表了大多数的企业主、商人和富农的意见,他们一方面想保存既得利益,另一方面希望有和平的环境来发展商业,长期的战争让国内的商业资本深感疲惫,商业资本所有者已经迫不及待走向辽阔的海外市场。《十二年停战协议》的签订虽然意味着荷兰共和国暂时不能把西属尼德兰争取过来,但却给荷兰共和国商业的发展争取了一个相对和平的环境,他们得以将更多的精力投入商业发展和海外扩张中。

四、大国夹缝中"见风使舵"获取强有力支援

尼德兰地区的富庶使其周边的大国对其垂涎三尺,都想将其收入囊中。荷兰在英国、法国、德意志和西班牙、葡萄牙等强敌的包围中得以生存,一方面除了自己的实力日益增长之外,另一个方面的原因,就是荷兰周边的大国互相牵制,谁也不肯让荷兰被别国吞并,而荷兰也利用大国彼此牵制而自己得以长期保持政治独立性的先天优势,在发生战争时审时度势地选择结盟的大国,以对抗来犯的大国。荷兰充分地利用了这种战略,之前的敌人可以变成今天的盟友,昔日的盟友也可以变成敌人。

尼德兰革命时,为了对抗强大的哈布斯堡王朝,荷兰选择和英国结盟,之

后还得到了法国军队的援助,在 1624 年 6 月 10 日,荷兰、英国、法国、瑞典、丹麦和意大利威尼斯等城邦还正式签署了《贡比涅条约》,共同对抗哈布斯堡王朝。

荷兰审时度势地选择结盟的对象,竭力维持周边大国实力的均衡。当荷兰和英国为了争夺海上贸易主导权而爆发英荷战争时,为了应对英国的威胁,荷兰联省议会议长选择于 1662 年与法国国王路易十四结盟。之后的 1666 年 1 月,法国正式与荷兰结盟。

第二次英荷战争刚刚结束,为了应对日益崛起的法国,荷兰又与英国、瑞典组成了三方同盟,共同对抗野心勃勃的"太阳王"路易十四。1672—1678 年爆发的法荷战争中,荷兰又联合哈布斯堡王朝和丹麦等共同对抗以路易十四为首的法国同盟。

除了在遭到入侵时利用周边大国的相互斗争来维持自己的独立地位不受威胁外,荷兰有时也关注周边国家的局势,通过介入周边国家的战事阻止周边国家的崛起,以免日后自身受到威胁。1658 年,17 世纪在军事领域迅速崛起的瑞典试图控制丹麦,如此一来便可控制波罗的海南北两岸,垄断丹麦海峡以东的所有航线,这显然侵犯了荷兰的国家利益,因此,荷兰向丹麦派遣援军帮助其抵抗瑞典。1688—1697 年,由于法国路易十四试图在欧洲作出大规模扩张,荷兰介入法国与哈布斯堡王朝的神圣罗马帝国的战争,与神圣罗马帝国、英国、西班牙等国家组成反法大同盟,战争的结果虽然是相互妥协,但也削弱了法国在欧洲的霸权。

第七节 "海上马车夫"荷兰的衰落

荷兰的成功崛起离不开它在政治、文化、技术、经济、军事上的发展和成就,所处的特殊外部环境也为荷兰的崛起提供机遇。荷兰由此成为一个纵横四海的海权帝国,其势力范围几乎延伸到全球的每一个角落。但崛起的荷兰也没能摆脱像葡萄牙、西班牙一样由盛转衰的历史命运,荷兰的衰落同样离不开它在政治、文化、技术、经济、军事上的缺陷或后劲不足,也离不开外部环境的变化给予荷兰的压迫。

一、政治体制不牢固

荷兰人虽然通过尼德兰革命取得了民族独立,建立起了自己的国家,但荷兰并没有建立起强有力和连贯的政治体制。领导荷兰取得独立的威廉·奥兰治家族虽然战功赫赫,但也时常被联省议会所左右,只能出任荷兰执政,一直不敢触及王冠。荷兰执政虽然是荷兰的最高行政长官,但权力和国王还是有很大的差别。奉行重商主义的荷兰,为了给商业一个自由的发展环境,对于国王或者独裁者十分排斥。各个城市都有自己的议会,实际上各个城市相当于独立运行,阿姆斯特丹等城市都拥有着实力较为强大的商会武装。荷兰执政虽然也是军事总指挥,但他们拥有的军队多数是忠于自己的野战兵,和商会武装相比并不具备压倒性的优势。因此,荷兰共和国并没能有效地建立起威权赫赫且内部极为团结的政治集团。威廉·奥兰治家族与联省议会通常为了各自的利益而存在意见分歧。这种政治的弊端使荷兰缺乏一个坚强的领导核心,难以有效动员和团结整个民族,使荷兰在对外扩张时缺乏政治的连贯性。荷兰共和国还曾出现过两次"无执政时代"。

第一次开始于 1651 年。于 1650 年去世的荷兰执政威廉二世生前曾订立遗嘱将荷兰执政之位授予自己未出生的孩子。之后威廉三世也顺利诞生,但荷兰议会却对威廉二世的遗嘱置若罔闻,开始反对威廉·奥兰治家族的统治。他们于 1651 年在海牙召集各省议会代表,宣布废除执政之位,实行"联省共和制",荷兰共和国由此进入了第一次"无执政时代"。而荷兰联省议会决定废除执政之位的原因之一是认为威廉·奥兰治家族的统治制约了他们追逐商业利润,可见,荷兰人对于商业体制构建的渴望远远胜于对于政治体制构建的渴望。

虽然没能继任执政之位,但威廉·奥兰治家族的势力并未放弃,他们一方面还占据着佛里斯兰和格罗宁根两省;另一方面,约翰·莫里斯·拿骚等家族老一辈的骨干选择离开荷兰返回德意志地区的家族故土积蓄力量。这一系列的政治布局,很好地发展和保存了威廉·奥兰治家族的实力,为他们之后重返荷兰执政之位奠定了基础。1672 年 3 月,法国向荷兰宣战,迫于民众的舆论压力,荷兰联省议会不得不委任威廉三世为陆军统帅,之后威廉三世成为荷兰的终身执政,结束了荷兰第一次"无执政时代"。

1688年,利用英国内乱之机,威廉三世率领军队登陆英国,参加了英国的"光荣革命",成为英国的国王,同时还兼任荷兰执政,实现了英国和荷兰的强强联合,这一时期的荷兰共和国,可谓是达到了外交和政治影响力的巅峰。但随着1702年威廉三世的去世,荷兰共和国进入了第二个"无执政时代"的漫长衰退期。

二、爱国心和进取心丧失

荷兰地处低洼地带,沿海还要靠复杂的堤坝工程来遮挡海水,今天荷兰低于海平面的土地还有四分之一。荷兰人在17世纪创造了自己的黄金时代,除了因地制宜,向海图强之外,还依靠他们强烈的爱国心和进取心。爱国心使他们争取到了民族独立,第一次建立起了一个国家,进取心使他们在不利的条件下创造了一个商业奇迹,小小的国土迸发出强大的能量。富裕之后,荷兰人却过上了安于现状、贪图享乐的生活。① 荷兰的衰落,和荷兰人爱国心和进取心的丧失有着极大的关系。

18世纪,荷兰是当时欧洲最富有的国家之一,其依靠发达的商业积累了大量的财富,但是荷兰共和国却不愿意在关乎国家安危的军事上做过多投入,他们裁撤掉大部分军事力量,即使国际地位降低、沦为二流国家也在所不惜,虽然直到18世纪70年代荷兰还是欧洲人均所得最高的国家。

有趣的是,西班牙、英国、法国当时都曾经成为荷兰的敌人,相互之间爆发过多次战争,但是荷兰人宁愿把两百多年来累积的资本,借贷给西班牙、英国、法国等国的政府与企业,自己享受着稳定、丰厚的利息收入,缺乏忧患之心,不愿重拾"海上马车夫"的进取精神,无意于对外冒险犯难。当荷兰和西班牙的军队正在海洋上厮杀时,西班牙贵族手中的白银,却仍然可以自由地从阿姆斯特丹银行的金库中流进流出。荷兰的银行,甚至可以合法地贷款给自己国家

① 洪明:《财富与国家健康的一个历史注脚——17—18世纪荷兰共和国衰落的新思考》,《科学对社会的影响》2007年第4期。

的敌人而不用担心受到制裁。这在今天看来是非常不可思议的。缺乏危机感的荷兰人由于五六十年的军备废弛,被英国人在 1780—1784 年第四次英荷战争中彻底打垮。十一年之后的 1795 年,荷兰共和国被法国消灭了,之后重新取得独立后,也发生过被兼并和占领的情形,这个曾经叱咤风云的世界霸主随之黯然失色。

三、商业资本的先天短视性

导致葡萄牙和西班牙衰落的一个重要原因是由于它们将过多的财力、物力和人力消耗在领土的征服、占领上,企图建立可以一劳永逸的殖民地,导致了自身极大的损耗。荷兰国内的一些有识之士已经认识到了这个问题,并且警告荷兰东印度公司不要重蹈覆辙。但这种警告被利欲熏心的荷兰殖民者置若罔闻,他们一心只想把殖民地占为己有,然后建立垄断贸易。拿"香料群岛"为例,荷兰人野心勃勃地想控制"香料群岛"的每一个港口,为此,他们不仅与当地的苏丹①交恶,甚至不惜与昔日的亲密盟友英国交恶,把大量的精力投入到这种对短期利益的追逐中。随着香料的来源地越来越多,以及世界贸易的发展,香料变成了一种廉价商品,之前荷兰人在香料群岛付出的大量成本显得徒劳无功。为了利润,远在海外殖民地的荷兰人甚至拒绝执行荷兰本土政府的决定。1613 年,简·皮特斯佐恩·科恩被东印度公司任命为万丹和雅加达地区的办事处负责人,期间莫里斯为了避免在香料群岛和英国发生进一步冲突,决定和英国人和解,但消息传到巴达维亚时,贪婪的科恩却拒绝执行并暗杀英国商人。

开始的时候,和荷兰东印度公司相比,英国东印度公司虽然没有荷兰东印度公司资本雄厚,但英国东印度公司却能给予他们的股东和投资人更高的分红,而荷兰东印度公司更愿意将利润用于扩张上面,比如建造港口、舰队和殖民据点上,但后来看很多扩张都是徒劳无益的,而给股东和投资人的高的分红可以激发人们的投资热情,有利于公司进一步募集资金和公司的长远发展。

---

① 指伊斯兰教历史上一个类似总督的官职,被苏丹统治的地方,一般都对外号称拥有独立主权或者是完全主权。

荷兰的商业资本更倾向于对殖民地进行疯狂的掠夺,商业资本的短视性让他们更注重短期收益,唯利是图。① 不愿意将钱用于长远才能获得收益的殖民地开发和建设上,在对待殖民地问题上,他们不惜颁布一系列严苛的法令,横征暴敛、竭泽而渔。这种残暴的殖民地统治让他们无法建立群众基础,因此无法有效巩固对于殖民地的控制,时常受到殖民地民众的反抗和其他国家的觊觎。荷属巴西殖民地的覆灭的重要原因就是荷兰西印度公司在约翰·莫里斯·拿骚辞任后对于殖民地的残酷统治。

此外,荷兰商业资本为了追逐稳定丰厚的放贷利息,急迫地想把自己辛辛苦苦积累起来的商业资本放贷出去,放贷对象多是各国的君主,甚至是自己国家的敌人。在各国频繁爆发战争,开销巨大,经常入不敷出的情况下,荷兰的贷款常常收不回来,大量的贷款成为坏账,贷款给其他国家还意味着荷兰还必须与这些国家保持良好关系,但荷兰自身也不断地卷入战争之中,与法国的战争就使他们损失掉原本从法国收取的高额的本金和利息,这也深深地影响着荷兰的经济,进而影响到其他的方面。

由于荷兰商业资本的短视性,荷兰也没有把积累的大量财富投入科学技术的发展上,此时推动经济发展的主要技术已经不是造船和航海技术,而是对生产力发展起跨时代作用的工业技术,荷兰在这方面没有取得大的成就,这也是导致荷兰没能维持自己的霸权的重要原因。

四、脆弱的工农业基础和他国工业文明的崛起

荷兰的经济基础是外向型的商业贸易,尤其是转运业,虽然崛起成为一个世界性强国,但荷兰国内资源的严重短缺、国土面积狭小和人口的短缺,缺乏大力发展农业和工业的基础,使荷兰的经济对外依赖程度很高。而过分依赖外贸的经济使荷兰的经济十分容易受到外来势力的干扰甚至是打击、破坏。1653 年,英国海军在与荷兰的交战中,对英吉利海峡和荷兰的各港口进行了封锁,使依赖海运的荷兰经济濒临崩溃,其依赖进口的造船原料和火药得不到补充,甚至连维修战舰都显得十分困难。

---

① 方晓:《金融的力量——荷兰的崛起与衰落(下)》,《金融博览(财富)》2018 年第 9 期。

　　而随着世界海运业的发展,越来越多的国家加入海上贸易和殖民地扩张上来,荷兰再也不能垄断海上贸易的利润。而且18世纪时,西欧各国逐渐摆脱了国内的混乱状态,将更多的精力放在发展和扩张上,为了与占据贸易垄断地位的荷兰竞争,他们采取了高关税和对国内企业进行高额补贴的政策,如此一来,荷兰的商业资本的垄断地位日渐丧失,依靠商业致富的荷兰在贸易中所占的份额变小了。① 根据波罗的海门户松德海峡的有关记录,1497年,记录通过的荷兰船只有567艘,而一个世纪之后的1597年是3908艘,再一个世纪之后的1697年超过了4000艘。从此以后就开始下降了,到1781年的时候就只有11艘了,之后虽有好转,但也达不到先前数目的一半了。这反映了荷兰商业的全线衰退。荷兰和南美洲的贸易也在1713年被英国所垄断。

　　与此同时,一度使荷兰人发家致富的发达的渔业也出现了衰落。荷兰在1736年有219艘渔船,10年之后就剩下144艘了,减少了1/3,之后再也没有恢复过。

　　而依靠商业立国的荷兰,虽然靠作为中间商赚取了巨额的财富,但是,只注重商业利润的追逐使他们一方面轻视了农业和工业的发展,没有构建起完整的经济体系。另一方面,荷兰发达的转运商业也是一把"双刃剑",虽然荷兰当时凭借转运商业获取了大量的财富,但与此同时,过于发达的船运业也给工业发展带来了致命的打击。因为商船可以把外国生产的产品轻而易举地运送到国内,因此,国内的产业资本家必须与转运商业资本、外国产业资本进行竞争,但在富裕的尼德兰,生活费用比周边国家高,因此,产业资本家要花更高的成本才能雇用到工人,高昂的成本意味着产业资本家只能获取较低的利润。而资本家的趋利性使他们更愿意在成本较低的国外进行生产,这也在一定程度上导致了外国产业的崛起和本国产业的发展乏力。马克思说,"荷兰作为一个占统治地位的商业国家走向衰落的历史,就是一部商业资本从属于工业资本的开始"。

　　18世纪60年代当英国工业革命引领工业文明的崛起时,荷兰共和国却没能在这第一次工业革命浪潮中取得像英国、法国那样的成功。因此,对外依

---

　　①　卫群、朱晓平:《17至18世纪荷兰经济兴衰原因分析》,《法制与社会》2008年第17期。

存度高,农业、工业不发达的荷兰,经济基础十分薄弱,这使荷兰的外向型经济在失去竞争力之后缺乏内部强劲的推动力,从而无法维持其霸主地位。

五、军事实力增长后劲不足

因为没有建立起具有强大凝聚力的政治体制,这也影响到了军事体制的建立,十分影响战斗力。1652 年,荷兰舰队与英国舰队在英国沿海的交战过程中,荷兰海军中的泽兰省海军 15 艘战舰擅自抛锚回国,这一临阵脱逃行为并没有受到荷兰政府的惩罚,这与荷兰的军事体制不严谨有极大的关系。当时荷兰的海军是由阿姆斯特丹、荷兰、泽兰、马斯和佛里斯兰 5 个省的独立海军部构成,从某种程度上讲并不是一个同呼吸、共命运的整体,理论上各省的海军可以自行决定去留。这种松散的军事组织体制自然不利于提升军队的凝聚力。

此外,荷兰在军事力量上投入不足,虽然通过扩张积累了大量的财富,但在军事投入上,精于计算、利润至上的联省议会并不大方。荷兰的军费支出并不是由常规的税收负担,而是需要经由联省议会进行特别拨款。但当时荷兰的海军分为 5 个海军部,每个海军部相互独立,如果有执政在位,则会协调各海军部一致行动,而当没有执政协调时,则会陷入混乱中。17 世纪末,荷兰进行了持久的战争,但是在战争就要结束时,荷兰执政威廉三世突然去世,在这种容易导致混乱的情况下,各省却突然停止了提供军费,导致各个海军部面临破产。还在持续的战争使各个海军部不得不靠借钱维持运行,而当时的一些爱国者借钱给海军的利息也达到 9%。海军部借了大量债务却无力偿还,出现了军官和水手被解雇的现象,有部分军官和水手被解雇后为了生存,为能付得起报酬的外国海军服役。缺乏强大海军的庇护,各国纷纷拦截荷兰的船只,甚至海盗也对荷兰的船只情有独钟。1713—1770 年长达 57 年的时间里,除荷兰省以外的其他 6 个省没有为海军舰队投入过一分钱,出现了长期的军备废弛。

军费投入不足这种情况甚至在敌人建立了吨位更大、火力更强的舰队时也得不到改观。第一次英荷战争期间,在 1652 年的交战中,英国将领罗伯特·布莱克乘坐的"主权号"拥有 3 层甲板、106 门火炮,他率领的舰队中,类

似于荷兰装载有 40 门以上火炮的主力舰"布雷德罗德号""威廉王子号"多达
18 艘,英国的舰队具有明显的火力优势。面对英国火力上的优势,荷兰议会
并不同意拨款建造像英国海军一样火力和防护性能更强的三层甲板战列舰,
他们甚至对于每艘战舰配备多少火药都锱铢必较。第一次英荷战争的失利,
联省议会出于巩固海外市场和殖民体系才不得不加大对海军建设的投入。

六、英法等列强的挑战

尽管荷兰成为继葡萄牙、西班牙之后第三个成功崛起的海权帝国,但在地
理大发现、资产阶级发展的大背景下,除了葡萄牙和西班牙败而不亡继续威胁
着荷兰,其他国家的实力也得到极大的发展,此消彼长,外部环境的变化对荷
兰形成了极大的竞争压力。

英国的实力一直不容小觑,在尼德兰革命时期,英国女王伊丽莎白一世就
曾支援过荷兰对抗强大的西班牙。但对于贸易利润、殖民地的渴望使两国时
常爆发冲突。1651 年 10 月 9 日,英国国会通过的《航海法案》相当于在英吉
利海峡上设置了一个无形的关卡。这一法案导致很多通过英吉利海峡的商船
被英国海军登船检查甚至是扣押,这使荷兰航运公司背负了极大的商业运行
成本。由此,引发了四次英荷战争中的第一次英荷战争。

第一次英荷战争中双方互有胜负,但最终以荷兰的溃败结束,双方同意进
行和平谈判、荷兰认输。1654 年 4 月 15 日,英荷双方签订了《威斯敏斯特和
约》。条约明确规定荷兰承认英国在"香料群岛"拥有和荷兰同等的贸易权,
并且同意每年向英国支付 27 万英镑的战争赔款,割让了大西洋上的圣赫勒群
岛,在英国水域还要向英国船只敬礼。

此后,荷兰与英国还爆发了三次战争。虽然荷兰在 1665—1667 年的第二
次英荷战争和 1672—1674 年的第三次英荷战争中取胜,但均未取得压倒性的
胜利,这两次英荷战争荷兰都割让了自己的部分殖民地给英国。而一个世纪
之后,1780—1784 年爆发的第四次英荷战争中,英国凭借强大的海军彻底打
垮了军备废弛的荷兰,并掠夺荷兰丰厚的商队物资与殖民地。这个在 17 世纪
叱咤风云的"海上马车夫"与殖民帝国,随着这场战争的惨败走向崩溃衰落。

法国在 1661 年亲征的国王路易十四的带领下已经成长为横行欧洲的庞

然大物。他们人口众多、装备精良。日益崛起的他们自然想大肆扩张独步欧洲。路易十四除了与德意志和西班牙开战,还想鲸吞荷兰。之后荷兰威廉三世通过掘开穆伊登堤坝引海水倒灌法国士兵的方法才让路易十四鲸吞荷兰的计划彻底破产。但这并没能阻止路易十四的卷土重来。爆发于 1672—1678 年的法荷战争是以分别以法国为首的同盟和以荷兰为首的反法同盟之间的战争。战争的结果是法国获胜,其在欧洲的霸权虽然受到削弱,但是保住了欧洲大陆最强国的地位,取代了荷兰成为欧洲最有权力的仲裁者。而荷兰受限于各大国包夹的地缘政治格局,逐渐走向衰落。1795 年,荷兰共和国更是因为被法国占领而灭亡,直到 1814 年才脱离了法国的统治。

除了受到英国和法国强有力的挑战,荷兰还得面对日益强大的瑞典、沙俄等列强。众多的挑战使荷兰的殖民地不断丧失,财富的来源逐渐减少。

本 章 小 结

荷兰的崛起堪称"小国大业",很多历史学家认为荷兰的崛起创造了一个神话。17 世纪,也被荷兰人认为是自己的"黄金时代",虽然荷兰最终没能保住自己的霸主地位,但回顾荷兰崛起和衰落的历史,有着可资借鉴的经验和可吸取的教训。

荷兰的崛起与其政治、文化、技术、经济、军事上的发展和成就密切相关,荷兰的崛起离不开外部环境的造就,这几个方面相互促进,相互加强,造就了一个叱咤风云的海权帝国。特别是通过海运商业和经济体制上的创新和改革在经济上取得了极大的发展,为荷兰的崛起提供了强有力的财力支撑。政治上,荷兰人靠着奋不顾身的革命精神和强烈的自尊心和爱国心,推翻了西班牙人的统治,实现了民族独立并建立起了第一个资产阶级掌权的国家,为荷兰的发展奠定了政治基础;思想文化上,荷兰人凭借积极进取、开拓创新的精神,向海图强,加上其狂热的商业文化,其实行的包容、自由、民主的政策在一定程度上促进了资产阶级文化的发展,这种文化特质为荷兰的独立和发展起到了推动作用;科学技术上,荷兰人有着久负盛名的造船业和航海技术,为他们转运商业的发展奠定了技术基础;经济上,荷兰人重视通过商业贸易积累财富,不仅像葡萄牙和西班牙那样大肆建立殖民地和进行掠夺,而且通过开创性地建立股份公司和证券交易所,较早建立银行和进行金融改革,缔造了一个经济上的奇迹,为其政治、军事等其他方面的发展提供了强有力的财力支持;军事上,荷兰人从尼德兰革命开始打造自己的军事力量,从无到有,尤其是在海军建立上,充分利用海洋环境和自己先进的造船和航海技术,建立了一支强大海军,为国家独立和远洋贸易保驾护航,在军事技术上也有所成就;此外,荷兰人充分利用了外部环境,在积极推动自身发展的同时,利用大国的相互牵制为自己谋取有利的地位。

荷兰的崛起固然离不开自身的积极进取、开拓创新,但荷兰的崛起靠的不只是和平手段,还充斥着血腥和暴力,给世界其他地区的人民带来了深重灾难。荷兰人在全世界大肆建立自己的殖民地,进行残酷的殖民统治,而很少考虑殖民地的建设问题。他们屠杀和奴役当地居民,并且进行臭名昭著的黑奴贸易,可以说,荷兰积累的资本很大一部分都"留着血和肮脏的东西"。

从一个低洼的殖民地成长为一个纵横四海的海权帝国,经验固然值得借鉴,但就像葡萄牙和西班牙由崛起走向衰落一样,荷兰同样没能逃脱衰落的命运,在工业文明的浪潮以及和其他国家的竞争中,荷兰一度被打垮甚至亡国,虽然之后重新取得了独立,但也间间断断发生过被吞并和占领的情形,荷兰由崛起走向衰落的教训同样值得吸取。

首先,荷兰人没有建立起牢固的政治体制,缺乏稳定和强有力的领导核心。其次,荷兰人在积累了大量的财富和过上了富足的生活之后,安于现状,没有居安思危,丧失了使他们成功崛起的进取之心,更为值得借鉴的是,荷兰人还丧失了自己的爱国精神,失去了捍卫民族独立的决心,甚至给国家的敌人提供贷款。再次,当传统的造船和航海技术已经不再具有排他性优势时,富裕的荷兰人没有将资金投入到引领发展的工农业技术开发研究上;另外,靠海运商业和经济体制创新、殖民贸易获得了一系列经济成就之后,荷兰人没能成功实现由商业文明向工业文明的转变,在工业化浪潮中被英法赶超,在经济上优势的丧失是导致荷兰走向衰落的重要原因;此外,军事上的后续投入不足使荷兰无法抵抗外敌的侵扰,即使面临强敌的侵扰,短视的荷兰商人虽然手握大量财富,也不肯加大军事的投入,甚至从1713年到1770年出现了长达57年的军备废弛,最终在第四次英荷战争中被英国彻底打垮,之后更被法国入侵一度导致亡国,之后实现独立的荷兰也间间断断发生过被兼并和占领的情况。最后,荷兰走向衰落除了自身的原因外,也离不开外部环境的变化,其他国家的崛起加速了荷兰的衰落,今天的荷兰虽然是一个高度发达的资本主义国家,但其国际地位已经不可同日而语,不复往日辉煌。

第二章　世界格局与英国的发展逻辑

大英帝国曾"骄傲"自称"日不落帝国",统治面积达 3400 万平方千米,被历史学界视为历史上最大的殖民帝国,势力范围远远超出欧洲,延伸到世界每一个角落。英国能在欧洲众豪强的激烈竞争中"脱颖而出",离不开其政治、思想文化、科学技术、经济、军事上的发展和成就,其所处的外部环境也为英国的崛起提供了有利条件。其走向衰落也与这六个方面优势的丧失息息相关,本章将从这六个方面考察英国的崛起和衰落。

第一节　民主政治的先行与法制体系的构建

一、宗教改革

英国宗教改革是一场以巩固王权为目的自上而下的改革。当时,欧洲国家必须摆脱罗马教皇的统治才能实现王权至尊,宗教对欧洲历史发展的影响根深蒂固。在中世纪,罗马天主教会是欧洲形式上的最高统治者,凌驾于各国政治权力之上。但罗马天主教会忽视民族、忽视国家、忽视民众,竭力维持欧洲四分五裂的状态,直到宗教改革,英国才打破了罗马教会的控制。当政治可以利用宗教信仰的时候,世俗人权越来越显示出其重要性。起初,各国君主强化个人权力,同时推动国家发展,后来新兴资产阶级奋力冲破种种封建枷锁,打造其赖以生存的经济基础,推动资产阶级发展,最终掌握政权,建立起近代资本主义国家。

资产阶级需要利用王权来发展自己,英国宗教改革的重要意义就是推翻了代表封建势力的教皇对自己的统治。曲折发展的都铎王朝宗教改革不但消除了封建生产关系,而且还促进了资本主义生产方式的发展和完善。最终引发了英国资产阶级革命,建立起君主立宪制形式的资产阶级政权。英国宗教改革过程形成了"王在议会"的君权观,要求君臣在政治实践中以和谐均衡为目标,但詹姆斯一世和查理一世逐步打破了君臣之间的这种平衡,臣民从最初的抗议、请愿转变为审判佞臣,这就为审判查理一世积累了政治和司法经验。

二、资产阶级革命与英国两次内战

1600年,英国伦敦人口超过了20万,成为当时欧洲第一大城市。[①] 英国女王的宽容开明成就了莎士比亚等艺术家和文学家,而且英国女王还有治理国家的智慧,她明白民众支持对于国家治理的重要性,她的政治传统来源于古老的往事:威廉一世的继位使英国有了正宗的血统继承,建立了封建国家,英国的封建制是以庄园为单位,封建制就是庄园制,意味着分权,国王因此无法实现大一统,国王与贵族之间矛盾的处理影响着国家的稳定和发展。然而被称为失利王的约翰王,通过加税与新税加剧了国王与贵族之间的矛盾,最终被愤怒的贵族讨伐,在1215年被迫签署了《大宪章》和平停战宣言,国王只能在法律下行使权力,形成了"契约与法制",君主权力受到极大限制。这个往事让伊丽莎白一世在王权与议会发生矛盾时,稳妥地处理两者矛盾,通过让步促进社会稳定和发展。

但查理一世在伊丽莎白一世之后的17世纪上台后,坚信君权神授,宣扬对外扩张疆土的权力是上帝赋予的,忽视民众的支持与民族的利益而实行封建专制。欧洲的宗教战争使英国出现了财政危机,查理一世只想到增加税收这一手段。1638年,苏格兰爆发了反对查理宗教专制的人民起义,查理一世为了获得镇压起义的资金,被迫召开国会。在1640年召开的国会中,资产阶级不但不同意查理一世的征税法案,而且还提出了许多反映资产阶级利益的诉求,比如限制王权、彻底改组英国国教。查理一世拒绝了这些要求,随后英国资产阶级革命爆发。英国资产阶级革命实质是一场推翻专制、为资本主义

---

① 唐晋主编:《大国崛起》,人民出版社2006年版,第162页。

制度的确立开辟道路的革命运动。异常愤怒的查理一世派兵抓捕"反动"议员,1642 年爆发了战争,最终,克伦威尔率领的议会军队击败了国王军队。

1648 年 2 月,保王党人在西南部发动叛乱,导致英国第二次内战爆发。次年,查理一世被送上断头台,英国成立了共和国。查理一世审判前后,英国君权观经历了如下变化:君主形象经历了神圣到世俗的转变,虽然审判之后君主形象又复归神圣,但其实质已经发生根本性变化。君主权威也从神授彻底转变为"王在议会"的混合君权观和大众主权观,这确保了英国人在中世纪就享有"自由"。这一君权观的变化与查理一世的审判之间是相互作用的。新君权观为查理一世的审判提供了理论武器,查理一世的审判则反过来强化了新君权观,提出了君主在英国合法存在的新标准,从而巩固了新君权观在英国政治文化中的地位。①

英国的政治体制观念超越了当时欧洲普遍的政治观念,走出了中世纪王权与民权的矛盾主线,进入了近代世界。克伦威尔通过革命夺取了政权,但革命结束后成为军事独裁者。在查理一世被送上断头台之后,英国议会就立即宣布英国成为共和国。然而,英国人民欢欣鼓舞之时,却发现这个共和国实际上是一个一切权力都掌控在以克伦威尔为首的军队手中的空架子,有名无实。随后,高级军官拥护克伦威尔为护国主,与国王比起来,克伦威尔专制程度有过之而无不及。如 1654 年议会想限制克伦威尔干涉议会特权和自由时,遭到了克伦威尔的训斥:"虽然你们是自由国会,但必须明确,我是护国主,是我召集你们前来开会的。"②1655 年,克伦威尔甚至实施了赤裸裸的军事管制,将英国分为了十一个军区,各军区权力掌握在对克伦威尔个人负责的少将手中,甚至普通居民的日常生活和娱乐活动都被严格监督。英国人处死国王、废黜君主专制,为自由权利奋斗了几十年,结果发现专制绳索并未被割断,反而比过去勒得更紧了。这样的共和国实际上已经名存实亡,英国人感觉君主专制反而是一种更好的政体。于是,克伦威尔去世后的斯图亚特王朝复辟成为一种得民心的选择。

---

① 郭丰秋:《审判查理一世与英国君权观的变革》,中国社会科学出版社 2015 年版,第178—181 页。

② 程汉大:《英国政治制度史》,中国社会科学出版社 1995 年版,第 192 页。

1658年9月克伦威尔去世后,由其儿子理查·克伦威尔继任护国主。但由于没有治国头脑,被军官集团逼迫辞去护国主一职,护国政府随之解体。资产阶级和土地贵族为维持秩序和保护既得利益,急于和旧势力和解,这为斯图亚特王朝复辟铺平了道路,最终迎接查理二世返回英国。1660年4月4日,查理二世在荷兰布雷达发表宣言,声称复位后将保障革命时明确的土地、财产关系,并赦免反对王朝的人,允许信仰自由。同年5月1日,英国国会宣布查理二世为英国国王。

但事实上斯图亚特王朝的复辟是对英国资产阶级革命的反动。查理二世登上王位后背弃了《布雷达宣言》,对革命进行清算,使英国笼罩在一片白色恐怖之中。查理二世对参加审判其父查理一世的"弑君者"进行了严厉惩罚。查理二世死后,1685年继承王位的詹姆士二世变本加厉,上台之初就实行专制,公开宣布信仰天主教,并释放了大批被监禁的天主教徒,让他们担任军职。詹姆士二世又颁布了《信仰自由宣言》,专门废除了限制天主教的法律,企图让天主教变为国教。

斯图亚特王朝的倒行逆施,激起了英国各阶层的强烈不满情绪,农民和手工业者举行了大规模起义,之前支持斯图亚特王朝复辟的资产阶级和土地贵族们也强烈反对詹姆士二世的专制。不过,这时的英国资产阶级已经不敢再依靠人民发动革命了。1688年,资产阶级和新贵族发动了非暴力政变,没有发生流血冲突就废黜了詹姆士二世,并将王位传给了詹姆士二世的女儿玛丽,以及时任荷兰执政的女婿威廉,史称"光荣革命"。光荣革命意义重大,对于英国历史的发展产生了深远的影响。光荣革命使英国资产阶级革命胜利结束,结束了封建专制统治。1689年《权利法案》的颁布标志着维护资产阶级利益的君主立宪制在英国的确立,为资本主义进一步发展扫清了障碍,有力推动了英国资本主义的发展,为英国的最终崛起奠定了一个坚实、牢固的政治基础。

英国的两次内战沉重打击了封建腐朽势力,推翻了专制王朝统治,最终确定了君主立宪制,建立起民主政治体制。纵观历史,英国资产阶级革命对欧洲其他国家的反专制革命起到了积极的促进作用,对世界历史发展产生了重要影响,这是一场起到思想启蒙作用的革命运动,在当时具有积极的进步意义。

总而言之,英国君主立宪制的确立为英国的崛起奠定了较牢固的政治基石。

三、法制体系的构建

(一)《大宪章》

被嘲讽为失利王的约翰一世,是英国历史上最失败、最不得人心的国王之一。他实行加税、征收新税的措施加剧了与贵族之间的矛盾,最终在贵族的逼迫下在1215年签署了著名的《大宪章》,国王权力遭到削弱。《大宪章》的内容主要包括两点:第一,国王须宣誓公平对待任何人;第二,在未经法庭允许的情况下,国王无权剥夺他人财产。《大宪章》对君主权力进行了一次法律上的永久限制,通过"契约与法制"使国王必须在法律框架下行事。《大宪章》的签署不仅对当时产生了深刻影响,而且影响了英国王权的后续发展,为之后君主立宪制在英国的确立提供了一个法律支撑。

(二)《权利法案》与《王位继承法》

如果说《大宪章》的发布只是对王权进行了部分限制,那么1689年颁布的《权利法案》,则把权力分散到了社会的各阶层中,是对王权的极大削弱,直接标志着君主立宪制在英国的确立,实际上在英国确立了议会权力高于国王权力的原则。《权利法案》规定:国王必须实行法治,不得阻止法律的实施;未经国会同意,国王无权提高税收或保持常备军,不得在没有法律手续的情况下逮捕或拘留臣民;议会有选举、演说、议事的自由。《权利法案》的通过虽然不意味着英国完全成为一个民主、法治的国家,但其对王权进行了极大限制,意味着国会拥有至高无上的权力,实际上结束了英国王权专制的时代。

和《权利法案》一样,《王位继承法》也是英国"光荣革命"后确立资产阶级君主立宪政体的宪法性文件之一,由英王威廉三世于1701年6月12日签署后生效。《王位继承法》规定了英国王位继承的原则,有效消除了因王位争夺而发生内乱的风险。该法案还规定国王无法决定王位的继承,而是由议会来决定,这就进一步削弱了国王的权力。《王位继承法》所规定的王位继承顺序是:王位实行世袭制,儿子优先于女儿,而女儿又优先于侄子或者侄女。另外,如果男嗣死亡或者放弃王位,并且他没有其他继承人,那么由国王的女儿继任国王。这也是英国会出现女王的原因。所以威廉三世死后王位将传给詹姆士二世的幼女安娜,安娜之后将传位给信奉新教的詹姆士一世女儿的后裔——汉诺威选帝侯,从而从法律上排除了出现信奉天主教的国王的可能。此外,《王位继承法》还规定国王颁发诏令必须有一名大臣副署①才能生效,而担任王室职务或者领取王室恤金的人不得担任下议院议员,法官可以终身任职等。继 1689 年《权利法案》之后,《王位继承法》对王权进行了进一步的限制。

《权利法案》和《王位继承法》确立了英国君主立宪制的基本原则,为君主立宪制在英国的推行奠定了法律基础,扫清了障碍,保证了君主立宪制在英国的长期实行,而且排除了天主教徒继承英国王位的可能性。虽然国王在英国仍然存在,但这两个法案使国王的权力受到极大限制,与此同时,扩大了国会的权力,国王权力只能在国会的约束下发挥作用。《权利法案》与《王位继承法》的颁布共同标志着英国资产阶级革命的胜利结束,为之后英国资本主义的迅速发展和英国的崛起扫清了障碍。

（三）专利法

15 世纪末新航路的开辟使世界贸易中心从地中海转移到了大西洋沿岸,英国的商品经济开始迅速发展,促进了英国资本主义的发展,催生了对于专利制度的需求。英国和意大利威尼斯共和国及尼德兰地区不同,其主要不是做商品贸易的中间商,而是做生产大量贸易商品的生产商。例如,拿纺织业来说,16 世纪左右,英国已经不再以出口原材料如羊毛为主,呢绒等制成品成为大宗出口商品。从 16 世纪开始,英国的工业得到迅速发展,不仅羊毛加工业、采矿业、炼铁业、造船业等传统工业部门得到了进一步发展,而且还出现了棉纺织业、玻璃制造业及丝织业等新工业部门。资金充裕的资产阶级和贵族,雇用大批工人进行生产,产生了一些大规模的工业企业。农业领域资本主义生产关系的产生也早于其他国家。②

为了促进和保障国内工商业的迅速发展,推动资本主义经济向前发展,资产阶级迫切需要规范的专利制度。虽然最早产生专利的国家不是英国,但是

---

① 副署,是指正式法令或文书上有关负责人在正职人员签署之后连同签署。
② 吴洪玲:《探析近代专利制度起源于英的原因》,《济南职业学院学报》2007 年第 1 期。

专利的繁盛时期却是在伊丽莎白女王统治时期的英国。当时英国和欧洲大陆国家间的经济发展水平差距极大,为了推动经济发展,英国积极从国外引进新行业、先进技术。托马斯·史密斯爵士在 1549 年写道"我听说在威尼斯的很多地方,人们奖励并爱惜那些带来新技术和手艺的人"①。为了鼓励外国技工和商人移民到英国,英国国王受到威尼斯共和国早期推行的专利措施的影响,向移民到英国的外国技工和商人颁发专利特许状,专门授予他们经营、制造某种产品的专属权利。伊丽莎白一世时的首席大臣伯利公爵十分强调颁发专利对于赶超欧洲大陆国家科技水平的重要性。伯利公爵鼓励有着先进技术的外国技工定居英格兰,英国千方百计引进落后于竞争对手的新技术。这措施使英国纺织、采矿、冶金和军工等技术得到了较大提高。可以说,专利制度的建立对早期资本主义经济的发展成熟起到了极为重要作用。反之,商品经济越是发展,对技术发明进行专门保护的诉求就越强烈,所以英国专利制度的建立十分迫切。英国在资本密集型技术上进行了较多研究,对技术发明者权益进行保护的专利法应运而生。18 世纪中叶,专利制度在促进英国投资研发方面起到了积极作用,瓦特发明和改良蒸汽机也得益于专利法的颁布。

第二节　思想文化的突破

一、文艺复兴思想

文艺复兴是一场涉及各个领域的全面的思想文化运动,最先在意大利各城市兴起、随后扩展到西欧各国,在 16 世纪达到了顶峰。文艺复兴运动引起了科学与艺术领域的革命,揭开了近代欧洲历史的序幕,被认为是中古时代和近代的分界。英国的文艺复兴时期在 1500 年到 1660 年之间,虽然文艺复兴较晚才传入英国,但这场实质上是资产阶级反对封建专制的新文化运动对英国的思想文化产生了深远的影响。

---

① Mary Rewar(ed.),*A Discourse on the Commonweal of This Realm of England*,*Attributed to Sir*,Thomas Smith Charlottesville,1969.

（一）文学思想

人文主义是文艺复兴时代的精神核心,对当时英国世俗文学产生了极大影响,可以说英国人文主义文学是欧洲人文主义文学的高峰。英国文学中的人文主义,主要体现在尊重人的价值和尊严以及追求个性解放和个性自由上,同时肯定了现实人生和世俗生活,追求幸福和世俗享乐,又注重探索自然和重视科学研究,提高人们的生活水平。

在英国,人文主义文学的代表人物主要有托马斯·莫尔和莎士比亚。托马斯·莫尔是英国著名的人文主义思想家,也是空想社会主义的奠基人。其于1516年撰写的《乌托邦》一书是空想社会主义的第一部作品,为空想社会主义的发展起到了开创和引领作用。莎士比亚则是一位才华横溢的戏剧家和诗人,他同荷马、但丁、歌德一起,被人们誉为欧洲划时代的四大作家。莎士比亚的作品不仅结构完整,而且语言丰富精练、情节生动,人物个性突出,代表作品有《哈姆雷特》《李尔王》等,代表着欧洲文艺复兴文学领域的最高成就,推动了欧洲现实主义文学的发展。

英国人文主义文学思想注重个性自由和幸福生活追求,表达了可以通过自身的努力创造财富、获得幸福。这种积极进步的思想激励英国人民积极进行贸易,不断追求财富和自身幸福,这为英国的崛起创造了一个良好的文化氛围。

（二）科学技术思想

科学技术思想包括物理学、生理学和医学等。英国许多科学家推动了科学技术思想的重大发展,取得了巨大成就。如波义耳发现了气体压力定律,笛卡儿将自己的坐标几何学应用于光学研究,在《屈光学》中第一次对折射定律进行了理论推证。笛卡儿还第一次明确提出了动量守恒定律:物质和运动的总量永远保持不变。此外,笛卡儿对碰撞和离心力等问题的初步研究为后来惠更斯的成功创造了条件。

作为近代生理学的鼻祖,英国的解剖学家哈维做了大量动物解剖实验,发表了《心血运动论》等论著,对血液运动的规律和心脏的工作原理做了较为系统的研究。他指出,心脏是血液运动的中心,为血液运动提供动力。

科学思想在英国的出现使英国人民从迷信上帝的思想中解脱出来,转向崇尚科学、发展科学技术,思想上获得了洗礼,推动了英国科学技术的极大发展。

（三）地理学思想

借助航海技术的革命性飞跃,葡萄牙、西班牙、荷兰、意大利的航海家们进行了一系列远航探险活动。哥伦布、麦哲伦等的航海成就,为地圆说提供了强有力的证据。英国地理学思想的发展主要得益于我国的指南针技术,以及葡萄牙和西班牙等国先前取得的海外探险成就。地理学思想为英国进行远洋贸易提供了思想和理论上的准备和现成航海线路,减少了海上航行风险。

（四）建筑思想

文艺复兴思潮在英国的传播还体现在建筑师思想和建筑风格的转变上,文艺复兴思想通过住宅潜移默化深入到民众的内心中去。

建筑师一方面批判中世纪神权至上思想,另一方面对人道主义予以肯定,希望通过复兴古典建筑比例来重塑理想古典社会的协调秩序。因此文艺复兴时期的建筑一般都讲究比例和秩序。因为讲究用尺规绘制图,因此拥有严谨的平面和立面构图,对建筑比例有着强烈的追求,讲究对称、自然,以圆形和正方形为主,继承了古典建筑中的柱式系统。

16 世纪中叶,文艺复兴建筑风格逐渐在英国确立起来,既继承了哥特式建筑的都铎传统,又采用意大利文艺复兴建筑的细部。中世纪英国对壮丽的教堂情有独钟,但英国人从 16 世纪下半叶开始注重建筑向世俗转变,这种转变在权贵、富商们的豪华府邸上可以看出来。这些府邸大多建在乡村,有塔楼、山墙、檐部、女儿墙、栏杆和烟囱,常常在墙壁上开有许多凸窗,窗额是方形。室内装饰以及家具陈设上也应用了文艺复兴建筑风格的细部。这些府邸还注重整体和谐感,因此,它们一般有着形状规则的大花园,有前庭、平台、水池、喷泉、花坛和灌木绿篱等。从 1640 年起,英国资产阶级革命开启了世界近代史新篇章,但在英国,文艺复兴建筑思潮仍然流行到了 18 世纪,即文艺复兴晚期。

英国建筑风格中体现出的文艺复兴人文主义思想主要是反对专制和追求个性自由,表明追求个性解放、人性自由的思想已经深入人心,成为大部分英国人的共识,这为之后英国君主立宪制的实行奠定了一个良好的思想基础。

（五）近代世俗教育思想

英国人民有着勇敢、顽强、勤劳的品格精神,同时讲究实际、有发明才能。恶劣的国内气候、贫瘠的土地没有停止英国人追求财富的脚步。不甘现状的英国人敢于冒险、追求刺激,逐渐掌握了精湛的远洋航海技术。他们还掌握了作为商人、银行家和担保人所需要具备的本领,小心翼翼,遵守纪律,维护着自由,必要时甚至可以跟随领袖下地狱。英国人追求出类拔萃、独一无二。① 英国人的这些品格和特质的形成,与英国教育思想的发展有着密不可分的关系。

英国作为世界上曾经的"日不落帝国",不仅其政治制度产生了极为深远的影响,而且其教育史在近代历史上也有着比较重要的地位。英国文艺复兴时期的教育思想促进了英国的发展。文艺复兴时期,英国教育由中世纪教会教育逐渐转变为近代世俗教育。该时期的英国教育摆脱了中世纪神学的束缚,树立起知识世俗化、科学化的价值取向,推动了英国社会向近代社会转型。欧洲中世纪教育以基督教文化为主流,宣传上帝的神性。因此中世纪英国的教育烙上了深深的宗教印记,教会的文化教育是致力于培养忠诚于上帝的仆人。

15世纪文艺复兴新学术在英国的传播,极为深刻地影响了英国的学校教育形式和内容。虽然此时教会教育在英国教育上仍然占据主导地位,但英国教育开始呈现出一种个性化、世俗化的新气象。16世纪三四十年代,随着英国宗教改革的深入,教育观念进一步向世俗化、人文化转变。人文主义思潮影响下的教育观念,不再刻意对人性进行束缚,而是将人看作一个能够独立思考,并追求自我价值实现的人,这就大大促进了人的解放。此外,教育向世俗化发展,影响着不同社会群体的受教育状况,推动了教育与社会之间关系的向前发展。

英国人文主义教育经历了三个阶段:伊拉斯谟式的文雅学识教育、塑造人的绅士教育和实用主义教育。英国文艺复兴时期教育的发展,最终使英国教育实现了从中世纪经典教育向近代早期教育的转变,这一转变对14世纪中叶

① ［意］巴尔齐尼:《难以对付的欧洲人》,唐雪葆等译,生活·读书·新知三联书店1987年版,第30页。

到 17 世纪中叶英国社会的发展变迁产生了极为深远的影响,使"人"逐渐走向世俗社会。研究文艺复兴时期英国的人文主义教育,可以发现其有着较鲜明的时代特征。前期主要是以科利特为代表的基督教人文主义,虽然其注重运用人文主义方法,但这一方面却是被用来研究圣经,其最终目的还是为了虔敬上帝;后期转为以弥尔顿为代表的现实人文主义,注重人文主义教育与世俗生活之间的联系,其真正目的是为现实生活培养所需人才。

总之,文艺复兴时期的人文主义精神对英国教育改革影响深远,预示着西欧人文主义教育发展的新趋势,具有进步意义。可以说,英国文艺复兴时期的教育改革和发展使英国教育实现了从中世纪教会教育向近代教育的转变,在英国教育史中地位十分重要。英国文艺复兴时期,受欧洲大陆人文主义等思想的影响,教育领域发展取向逐渐转变:文艺复兴初期注重利用人文主义宣传基督教文化,培养人虔诚的宗教信仰;到了文艺复兴中期,注重发展塑造"人"的绅士教育;文艺复兴后期英国教育逐渐突破了人文主义教育局限,转为强调国家和社会责任感、注重实用技能培养的实用主义教育取向。这一转变使人的主体性受到重视,认识和改造现实世界的能力不断提高。教育的发展塑造了英国世俗社会中的人,从根本上推动了新世俗知识体系构建,对英国从传统社会向近代社会转型起了重要作用。

二、经济思想

(一) 威廉·配第的经济思想

威廉·配第是英国古典政治经济学的创始人,被称为"英国古典政治经济学之父",还是统计学的创始人和最早的宏观经济学者。威廉·配第一生著作颇丰,著有《赋税论》(1662),《献给英明人士》(1664),《政治算术》(1672),《爱尔兰政治剖析》(1674)等。在经济学说史上,他不仅为经济学独立学科的创设作出了奠基性贡献,而且对刚处于确立中的西方市场经济及其运行机制进行了最初的理论考察和探讨。威廉·配第最先提出了劳动决定价值的观点,并在劳动价值论的基础上考察了工资、地租、利息等范畴,认为"劳动是财富之父""土地是财富之母"。威廉·配第的经济学思想对于英国资本原始积累、英国经济发展产生了重要影响。

（二）亚当·斯密的经济思想

亚当·斯密被称为"经济学之父"，是现代资本主义经济制度的创立者，创作了著名的经济学著作《国富论》（1776）。亚当·斯密的经济思想对于后世经济理论和经济实践的发展都有着极为深远的影响。

在亚当·斯密看来，每个人在追求自身利益的过程中，"被一只'看不见的手'引导着去达到并非出于其本意的目的"①，人的行为动机是谋求私利，而不是为社会或他人作贡献，他的这一思想被后来其他经济学家提炼为"经济人假设"。在亚当·斯密看来，正是人们追求私利的行为动机和"看不见的手"的调节推动社会不断发展进步。"市场机制本身驱使近代社会经济不断发展"，在他看来，市场在鼓励人们追求自身利益的过程中，会自然地激发出人们勤劳节俭的品质和创造精神，从而市场能够通过竞争机制引导资源投向生产效率最高的领域，最终实现资源最优配置。亚当·斯密据此认为政府只需扮演一个"守夜人"角色，而不应该对国家经济进行过多干预。

贸易问题上，亚当·斯密对重商主义进行了批判，提倡用自由贸易政策取代原来的限制贸易政策，并认为自由贸易政策是国家之间经济交往的最优政策。他提出了著名的绝对优势理论：因为不同国家在不同产品生产上具有高低不等的效率，一个国家应该生产和出口本国具有绝对优势的产品，进口本国具有绝对劣势的产品。斯密认为绝对优势是国际贸易产生的基础，通过发挥绝对优势进行自由贸易，各国能够找到自己的贸易定位，获得国际贸易收益。亚当·斯密的绝对优势理论的主要观点是：第一，通过分工可以提高劳动生产率，增加国民财富。斯密认为，交换的发展产生了分工，社会劳动生产率的大大提高正是社会分工的结果。第二，分工的原则是成本上具有绝对优势或是能获得绝对利益。斯密进而分析，既然分工具有提高劳动生产率的作用，那么每个人只要专门从事自己最有优势产品的生产，然后通过市场交换，就可以获得有利结果，即分工是在绝对优势或绝对利益基础上开展的。第三，国际分工是各种形式分工中的最高阶段，如果各国基于国际分工进行国际贸易将会各

---

① ［英］亚当·斯密：《国民财富的性质和原因的研究》（上卷），郭大力、王亚南译，商务印书馆 2014 年版，第 30 页。

自获益。亚当·斯密由家庭推广到国家,论证了国际分工和国际贸易对于各国的发展是必要的:适用于一个国家内部个人、家庭的分工原则,也适用于国家之间的国际分工。第四,国际分工的基础是各国利用各自有利的自然禀赋或后天形成的有利条件。各个国家的自然禀赋和后天条件各不相同,造成了各个国家劳动生产率的差异,这是国际分工产生的基础:如果各国充分发挥自己的自然禀赋优势和利用有利条件,即生产自己国家具备绝对优势的产品,再通过国际贸易进口自己不具备绝对优势的产品,这样,各国的资源就能得到充分、合理的利用,最终在世界范围内实现资源的有效配置。

亚当·斯密经济思想为英国自由放任资本主义的发展和对外贸易扩张提供了理论支撑,并对后世经济思想产生了深刻影响,促进了英国资本主义经济的发展,为英国的崛起提供了一个理论思想上的指导。

(三) 大卫·李嘉图的经济思想

和威廉·配第和亚当·斯密一样,大卫·李嘉图也是英国古典政治经济学的主要代表人物之一,是英国古典政治经济学的完成者。李嘉图原先是一名证券交易所的经纪人,后来读了亚当·斯密的《国富论》,对经济学研究产生了浓厚的兴趣,他对于货币、价格和税收等问题颇有研究,主要经济学代表作是1817年完成的《政治经济学及赋税原理》。李嘉图继承并发展了亚当·斯密的自由主义经济理论,认为限制政府权力和减轻税收负担是推动经济增长的最好办法。此外,大卫·李嘉图还发展了亚当·斯密的绝对优势理论,认识到了该理论不能解释在各种产品生产上都具有绝对优势的国家与在各种产品生产上都不具有绝对优势的国家之间的贸易往来的局限性,建立关于国际贸易问题的比较优势理论。

在李嘉图看来,一个国家各个地区、各个产业之间资本、劳动等生产要素的自由流动是导致利润率均等化的根本原因。但国家与国家之间要素的自由流动受到种种限制,甚至完全不发生流动。正因如此,李嘉图认为国际间利润率均等化受到阻碍,一个国家可以比较稳定地保持其在某种商品生产上的比较优势地位,就算是在所有商品的生产上都不具备绝对优势的国家也可以拥有比较优势地位,基于这样一种认识,李嘉图创建了自己的比较优势理论学说。

　　李嘉图是通过两个国家之间劳动生产率的比较分析来阐述自己的比较优势理论的。假定英国生产一单位布,需要 50 个劳动日,而葡萄牙只需要 25 个劳动日;英国酿造一单位酒需要 200 个劳动日,而葡萄牙只需要 25 个劳动日。则相比于英国,葡萄牙无论是酿酒还是产布,所花费的成本都更低,即都处于绝对优势地位。如果运用亚当·斯密的绝对优势理论来进行分析,则会得出英国和葡萄牙之间无法进行贸易的结论。但在李嘉图看来,虽然葡萄牙在酒和布的生产中都有着绝对优势,但酒的生产所具有的优势更大,即葡萄牙的酿酒成本相对较低,处于比较优势,而产布成本相对于酿酒来说相对较高,处于比较劣势。而英国产布成本相对较低,处于比较优势。在这种情况下,如果英国放弃生产具有比较劣势的酒,专门生产具有比较优势的布,而由葡萄牙专门生产酒,这样,两国合起来就可以生产出数量更多的酒和布,英国用布可以换到更多的酒,而葡萄牙用酒也可以换到更多的布,从而给两国带来国际分工与交换的好处。

　　比较优势理论为国际自由贸易奠定了更加坚实的理论基础。在李嘉图看来,只有当各国政府都不干涉贸易,也即实行自由贸易的条件下,各国充分获得国际分工与交换带来的好处。"在一个具有充分商业自由的体制下,每个国家把它的资本和劳动置于对自己最有利的用途"。可以看出,李嘉图和亚当·斯密一样,也是自由贸易的坚定拥护者。

　　经济思想上对自由贸易的宣扬,为英国进行海外扩张和殖民提供了"正当"理由,据此要求其他国家实行自由贸易、开放市场。当这些国家开放市场后,英国从这些国家获得了大量廉价的原材料,然后利用自己具有优势的工业技术,生产大量工业制成品,并大量销售到这些国家,攫取了巨额利润。原材料与市场的获取,促进了英国的就业和生产的发展,为英国资本主义经济的发展带来了源源不断的动力。

三、技术思想

　　英国之所以成为人类第一次工业革命的发源地,与其技术思想上的突破密切相关,尤其是牛顿经典力学思想的形成。17 世纪的欧洲,在众多科学家的努力下,天文学和力学方面积累了丰富的知识,英国科学家牛顿"站在巨人的肩膀上"将天上力学和地上力学进行了综合,建立了一个统一的经典力学体系。在牛顿运动定律的基础上,牛顿力学于 17 世纪以后逐渐发展起来。直接以牛顿运动定律为出发点来研究质点系统的运动,就是牛顿力学。牛顿第一、第二、第三定律是著名的科学定律。牛顿经典力学体系的建立有着极为深远的影响,它为科学技术的发展开辟了一个新天地、开创了一个新时代。牛顿经典力学的广泛传播和运用,对人们的思想和生活产生了深远影响,加快了人类社会前进的脚步。

牛顿经典力学体系的建立是科学形态上的重要变革,标志着近代理论自然科学的诞生,被看作其他各门自然科学的典范。有了牛顿力学这个科学理论作为理论基础,并指导实践,大大促进了科学技术的发展进步,特别是为瓦特发明和改良蒸汽机提供了理论来源,为英国资本主义经济的快速发展提供了理论支撑。

第三节　先进技术的发明

工业革命中最重要的内容就是技术的革命。一方面,伽利略、笛卡儿、牛顿等科学家对科学原理的探索和成就,为技术革命提供了理论指导。另一方面,由于英国工业革命时期,无论是英国普通工人还是技术工人,都拥有着较高的工资率,劳动力成本较高,厂商为了追求高额利润,想方设法用机器生产代替手工生产,降低生产成本,结果资本家更加注重投资新技术研发,改良新技术,极大地推动了科学转化为技术的进程。英国的技术进步主要是在第一次工业革命时期,集中体现在纺织工业、冶金工业、煤炭工业、机器工业和交通运输业等技术上。

一、棉纺织技术

1733 年,英国机械师约翰·凯伊发明了飞梭,使织布效率提高了一倍,奏响了英国工业革命的前奏。由于纺的技术没有提高,织布技术革新造成了织与纺的矛盾,出现了长期的"纱荒"。直到 1764 年,织工兼木工詹姆斯·哈格里夫斯发明了被称为"珍妮纺纱机"的手摇纺纱机,能同时纺 16—18 个纱锭,提高工效达 15 倍之多,初步解决了织与纺的矛盾。但珍妮纺纱机也有缺点,那就是要靠人力转动,纺的纱不结实,容易断。为了克服珍妮纺纱机的这个缺点,1769 年,理发师兼钟表匠理查德·阿克莱特制造了水力纺纱机,虽然它为了利用水力必须靠河才能建厂,但它使纺纱机实现了不靠人力转动,是一个重大进步。1771 年,在得比附近的克隆福得第一座棉纱厂设立了,雇用了 600 名工人,从而突破了原来手工工场阶段,开始进入近代机器大工厂阶段。但此时还面临纱粗的问题,1779 年,青年工人赛米尔·克隆普顿将珍妮纺纱机和水力纺纱机的优点结合起来,发明了骡机。骡机能同时转动 300—400 个纱锭,不仅效率高,而且纺出的纱精细结实。

纺纱机的不断发明和改进解决了"纱荒"问题,甚至还出现了棉纱过剩,这样又反过来推动了织布机的发明。1785 年,工程师埃地蒙特·卡特莱特发明了水力织布机,使织布工效提高了 40 倍之多。1791 年,英国建立了第一个织布厂。随着棉纺织机器的发明改进和使用,与此有关的工序也不断革新和实现机械化。净棉机、梳棉机、漂白机、整染机等都先后被发明出来,并广泛投入使用。至此,棉纺织工业的整个系统成功实现了机械化。18 世纪 60—80 年代发明的棉纺织机很快被英国其他轻工业部门,如毛纺织、麻纺织、丝纺织、造纸、印刷等部门加以改进和使用。19 世纪初,英国整个轻工业基本上实现了机械化,生产产品的数量大大增多,质量也得到了提升。

英国纺织技术的提高还离不开市场的驱动,而且英国在棉、毛等纺织品生产的扩张同时满足国内和国外两个市场,这种模式不同于后来 20 世纪诸多发展中国家的典型出口导向型经济。以英国棉纺织品为例,1819—1846 年其年终产值虽然从 2940 万英镑提高到 4670 万英镑,但其每年出口的比例都维持在 50%—55%[①],其余用于满足国内需求,国内市场需求的增长拉动力也相当明显。

二、动力技术

随着棉纺织工具机的进一步发明和推广使用,以及市场的扩大,传统的人

---

① 秦川:《世界全史》,中国国际广播出版社 2008 年版,第 12 页。

力、畜力和自然力等动力已经无法适应新的生产形势,迫切需要新的动力出现。正如马克思指出:"正是由于创造了工具机,才使蒸汽机的革命成为必要。"①1769 年,苏格兰格拉斯哥大学的机械师詹姆斯·瓦特在牛顿力学的科学指导下,以及在总结前人经验的基础上进行了多次试验,终于研制成了第一台单动式蒸汽机,这个吞吐烟火的大力士"魔王"降世了。1782 年,瓦特进一步改良了蒸汽机,研制成了联动式蒸汽机。蒸汽机的发明被公认为是第一次工业革命的重要标志,使人类从 200 万年来以人力为主的手工劳动时代,进入了近代机器大生产的蒸汽时代。蒸汽机的发明和使用,为英国各工业部门提供了强大动力,推动了各个工业部门的机械化发展。蒸汽机为各种工具机提供了有效动力支持,开始应用于轻工业上,1784 年英国建成了第一个蒸汽纺纱厂。之后蒸汽机还被陆陆续续应用到其他工业部门,在冶金工业上用于开动鼓风机,在采矿工业上用于开动排水机,在交通运输业上用于开动火车和汽船等。到 1825 年时,英国已经拥有 1.5 万台蒸汽机、马力达 37.5 万匹。②

三、采煤业技术

19 世纪 30 年代,煤矿业成为英国三大支柱工业之一。煤炭在工业革命中的大量使用,推动了生产力的极大提高,同时也反过来推动了英国采煤业技术的发展。英国能够从偏居一隅的西欧岛国一跃成为世界霸主,与其丰富的煤矿资源不无关系。英国煤矿资源分布广泛而且容易开采,其煤矿资源几乎遍布全国,从北方的格拉斯哥到中部的曼彻斯特,再到南部的伯明翰、牛津,都蕴藏有丰富的煤矿资源。1801 年,英国煤炭开采就形成了北中南大抵均衡的态势,约克郡产煤 150000 万吨,东部各郡产煤 80000 吨,西部产煤 210000 吨,苏格兰产煤 220000 吨。③ 分布广泛、蕴藏量巨大的煤矿资源,为英国各工业部门的发展提供了稳定的燃料来源,低廉的煤价还降低了英国工业发展的成本。煤不仅价格低廉,并且在煤矿周围还往往存在大型铁矿,这进一步扩大了煤炭的优势。英国开始第一次工业革命以后,各国纷纷仿效英国发展之路,当

① 《马克思恩格斯全集》(第23卷),人民出版社 1972 年版,第 412 页。
② 徐刚:《辛亥百年祭》,作家出版社 2011 年版,第 102 页。
③ 袁悦幸:《试论 19 世纪煤炭成为英国工业革命主要燃料的原因》,《神州》2014 年第 12 期。

时,从纺织业等轻工业,到修建铁路等重工业,采煤业都发挥着不可替代的重要作用。

工业革命前,人们大多以木柴作为燃料,利用的是有机能源,是工业革命使人类开始使用矿物能源。英国煤矿埋藏较浅,因此开采成本较低,而煤矿又靠近像纽卡斯尔这样的海港城市,易于运输,而且运输成本较低。英国的煤炭价格在欧洲甚至全世界来说都是最低的,且煤的使用效率高于木材。相对较低的能源价格,也推动着资本转移到能源利用技术的研发上,而不再是开发那些劳动密集型的生产方式。在1850年到1870年这短短20年时间间,英国的采煤量便从5000万吨大幅增加到了1.12亿吨,翻了一倍多。[①]

技术创新不仅仅是单纯的技术行为,而且是经济行为。技术创新机制实质上是一种市场机制。市场决定着各种要素的相对价格,因而也决定着技术创新成果的应用。而制度特别是法律制度,通过改变市场上要素价格来影响经济主体的行为选择,进而影响技术创新。先进技术的发明与应用为英国资本主义经济的发展提供了技术支持。技术进步与生产实践发展相互促进,相得益彰,大大提高了英国生产率,极大提升了英国生产力,为英国的崛起提供了强劲动力。

第四节　资本主义经济的发展

一、海洋意识的增强

海洋在英国的崛起过程中扮演着极其重要的角色,因为独特的海岛环境,英国人民有着完全不同于中国的欧洲式海洋认知。中古时期的英国,海洋已经是很多英国人的衣食之源,为了满足基本的生存需求,他们探索海洋,海洋被认为是探险的目的地。[②] 与辽阔的海洋相比,作为岛国的英国土地资源比

---

① ［美］保罗·肯尼迪:《大国的兴衰》,国际文化出版公司2006年版,第75页。
② 陈晓律等:《海洋意识与英国的发展》,《历史教学问题》2016年第1期。

较有限,英国的统治阶级或许本能地意识到,海洋、商船与贸易,才是英国无穷无尽的财富之源,通过海洋贸易,似乎更能获取巨额财富。即土地的财富是有限的,而海洋贸易带来的财富,在某种程度上是无限的。

1558 年,伊丽莎白一世继承了英国王位,后来证明是一位为英国发展作出突出贡献的君王。伊丽莎白一世的血管里流着纯正英格兰人的血液,英格兰的岛国民族性格,使伊丽莎白一世比任何其他统治者都能更好地代表英格兰。因此,伊丽莎白女王逐渐成为英格兰民族自我意识觉醒时代的等同物。伊丽莎白女王一生未嫁,把英格兰看作自己的一切,不想因为与外国求婚者的结合使英国卷入欧洲大陆无穷无尽的矛盾纠葛中,损害英国利益。伊丽莎白一世从葡萄牙、西班牙身上找到了发财之路,认识到对于英国来说,赢得海洋远比赢得陆地更重要。英国国土每个地方距离海洋都不超过 120 千米,有着得天独厚的地理条件,英国的崛起得益于海洋方面拥有的巨大优势。英国女王鼓励本国海盗掠夺别国船只,也促进了英格兰海洋意识的增强,英国女王默许雷利等海盗开拓殖民地,间接包庇了海盗的非法行为。当西班牙等国向英国女王反映自国产品遭到英国海盗掠夺时,英国女王却拒绝承认这种行为,并且声明这种行为违反了政府的官方政策。所以,伊丽莎白一世实际上变相纵容了海盗掠夺他国船只,虽然这种行为不光彩,但英格兰民族海洋意识得到了增强。

二、海洋霸权的争夺

罗莎·卢森堡认为资本主义生产方式不可能是封闭和自行消化的,也即只有把产品卖给非资本主义的消费者,才能实现要积累的那一部分剩余价值。[①] 其看法虽然有点偏激,但也说明了资本主义只能是一个动态的概念,是一种向世界扩张的体系。

然而,英国是海岛型国家,几乎无法从相邻的陆地开始自己的扩张。因此,从海洋进行扩张就是一种自然而然的选择。同时,中世纪到近代初期,陆

---

① [美]保罗·斯威齐:《资本主义发展论》,陈观烈、秦亚男译,商务印书馆 2000 年版,第226 页。

上交通还不发达,而且不安全,因为会受到不同领地上的王公贵族的层层盘剥和阻挠,这样,很多欧洲国家,被迫将海洋作为贸易的主通道。① 然而,英国通过海洋进行扩张并非一帆风顺,受到了西班牙与荷兰等国家的制约。但 17 世纪,英国海上力量开始崛起,进行了海洋霸权与商业霸权的争夺,侵占西班牙与荷兰的殖民地。

弗朗西斯·德雷克率领的海盗远涉重洋进行掠夺与贸易,直接损害了西班牙的既得利益,最终导致英西大战爆发。1588 年 7 月 7 日,西班牙的无敌舰队跨越英吉利海峡攻击英国,试图一举控制英吉利海峡。西班牙国王菲利普二世仗着无敌舰队,志在必得,但两周之后局势发生了改变,英国的商船与海盗舰队最终竟击败了看似无懈可击、强大无比的西班牙无敌舰队。相比西班牙舰队,英国舰队虽然船只小,但装备着更加先进的火炮,英国的商船与海盗舰队虽然规模小,但胜在高度灵活性。这次英西大战,英国以弱胜强,而且对手是霸权国家西班牙,为英国最终夺得海洋霸权奠定了一个良好的基础。

但荷兰的成功崛起对英国的航运兴起构成了强有力阻碍。虽然当时英国已经是一个初具规模的殖民帝国,但由于荷兰有着垄断性的航运优势,与之相关的商业利益遭到荷兰的挤占。为了冲击荷兰的海洋霸权,英国在 17 世纪中叶接连颁布《航海条例》,将矛头直指荷兰海洋霸权。这些条例沉重打击了以商业特别是海运商业立国的荷兰,导致英荷战争爆发。经过四次英荷战争,荷兰在北美州的殖民地丧失殆尽,荷兰航运业遭受重大损失,此消彼长,英国逐步建立起自己的航运优势。对于英国而言,英荷战争意义重大,它终结了荷兰的海洋霸权时代,为自己海洋霸权的建立清理了障碍,对英国海洋霸权的建立和巩固至关重要。

三、原始资本的积累

英国原始资本的积累是从国内和国外两个渠道展开的,英国通过这两个

---

① 曲升:《从海洋自由到海洋霸权:威尔逊海洋政策构想的转变》,《世界历史》2017 年第 3 期。

渠道实现了大量原始资本积累,为英国的崛起奠定了良好的经济基础。

从英国国内进行的原始资本积累,把圈地运动作为重要手段之一。由于较发达的英国羊毛出口贸易,所以早在 13、14 世纪英国的农业就与市场发生着联系。而 15、16 世纪的圈地运动使英国国内出现了许多资本主义性质的大农场,封建农业逐渐过渡到资本主义农业,这为英国工业的发展提供了原料、劳动力和市场。这样,资本主义生产关系在农业和工商业中普遍存在,资产阶级力量具有了良好的经济基础以及群众基础。圈地运动迫使大量失地农民成为工人,为资本主义生产的发展提供了大量所必需的劳动力,促进了英国制造业等工场手工业的快速发展。由农场主、工场主、商人、银行家等组成的新兴资产阶级不断发展壮大起来。此外,有些贵族虽然还保留着贵族头衔,但实际上也从事一些资本主义性质的经济活动,被称为新贵族。

从国外进行的原始资本积累来看,由于英国打败其他国家逐渐抢占了海洋霸权,交通便利起来,海外贸易越来越顺畅,为英国进行原始资本积累提供了有利条件。随着新航路开辟,欧洲主要商道和贸易中心开始从地中海地区向大西洋沿岸转移,而英国人处于有利的地理位置,利于其拓展对外贸易和进行海外殖民掠夺,从而实现了大量原始资本积累。英国最终通过和平方式实现了社会进步,而一个国家对外扩张是内部力量强大起来后的一个外延,英国经过数百年发展,调整内部制度,在强大自身的同时积极寻求向外扩张,逐步推动了国内手工业和商业的发展,以及对外贸易的发展。伏尔泰写道:"重商的必要性使国会通过了《航海法》。"①通过三次英荷战争,受到极大压力的荷兰被迫同意了《航海法》,荷兰舰队被迫退出相关海域,这样,英国的竞争对手只剩下了陆地霸主——法国。英国依靠其欧洲最强大的海军,把商业触角伸到了全世界。英国就是依靠海洋贸易方式来促进自身发展,为了增强贸易实力,英国积极推动工业和技术革命,最终出现了崭新的生产方式。

---

① [德]弗里德里希·李斯特:《政治经济学的自然体系》,杨春学译,商务印书馆 1997 年版,第 102 页。

四、第一次工业革命的推进

英国工业革命开始于 18 世纪 60 年代,以棉纺织业技术革新为起点,以瓦特蒸汽机的发明改良以及广泛应用为枢纽,以 19 世纪三四十年代机器制造业机械化的实现为基本完成标志。18 世纪中期,英国成为世界上最大的资本主义殖民国家,随着国内外市场的日益扩大,对工场手工业提出了变革技术的要求,以技术革新为目标的工业革命率先在英国发生。英国工业革命的发生并非偶然,它是英国政治、经济、生产技术以及科学研究发展的必然结果,使英国的社会结构和生产关系发生了深刻变化。英国工业革命的主要表现是机器大工业替代工场手工业,机器工厂替代手工工场,生产力得到迅速提高,这次革命从开始到完成,大致经历了一百年时间。英国是人类第一次工业革命的发源地。英国工业革命对本国的社会、政治和经济发展有着重大历史意义。

首先,英国工业革命使社会生产力得到了飞速发展,机器大生产使劳动生产率得到空前提高,工业革命在短短的几十年时间内就使英国从一个落后的农业国,一跃成为世界上最先进的资本主义头号工业强国,号称"世界工厂",称霸世界达半个世纪之久。英国在工业革命 80 年左右时间里,发展起了强大的纺织工业、煤炭工业、冶金工业、机器工业以及交通运输业。列宁指出:"19世纪中叶,英国几乎完全垄断了世界市场。"①

其次,英国工业革命使国内社会关系发生了深刻的变化,进一步加强和巩固了其工业资产阶级政治统治地位。19 世纪 40 年代,工厂制在英国工业生产中已经占据了统治地位。根据 1841 年的资料,英国工厂工人在棉纺织业中占比是 68.7%,在毛纺织业中占比是 60%,在丝纺织业中占比是 40%。工厂制的确立,使英国社会分化出近代工业资产阶级和工业无产阶级。

再次,英国工业革命还改变了英国的经济和人口分布,开始出现一些新兴工业区和工业城市。工业革命之前,英国经济最发达、人口最密集的地区是以伦敦为中心的东南部地区。工业革命开始以后,西北盛产煤铁的荒芜地区出现了很多新兴工业中心和城市,如曼彻斯特、伯明翰、兰开夏、格拉斯哥、利物

---

① 《列宁全集》(第 23 卷),人民出版社 2017 年版,第 464 页。

浦、纽卡斯尔等。英国经济中心开始由东南地区向西北地区转移。随着工业发展和城市繁荣,农村人口开始大量向城市转移,城市人口猛增。到了19世纪40年代,英国城市人口占全国人口比重达3/4,工人达480万人。

最后,英国工业革命促进了国内农业领域资本主义的进一步发展,农业工人和农业资本家开始出现。英国工业革命开始以后,由于城市人口迅速增长,对粮食和其他农副产品的需求大为增加,刺激谷物价格不断上涨,推动了农业发展。经过工业革命,资本主义在农业中取得了完全胜利。1851年,英国农业工人多达144万。

随着工业革命的进一步扩展和深入,资本主义生产方式在欧美先进国家确立起来。而亚非拉多数国家在列强的炮舰攻击下失去了抵御能力,逐渐沦为欧美资本主义列强的殖民地、半殖民地,成为资本主义列强的原材料和劳动力供应地以及商品倾销市场,是列强的投资场所和牟利乐园,逐渐变为资本主义经济的附属。1815年,英国在滑铁卢打败了拿破仑,这不仅是不列颠军队的军事胜利,同时也是市场经济的胜利,值得注意的是法国军人身上穿的衣服都是英国制造的。英国凭借自身工业优势,一心取缔贸易限制,积极推行自由贸易,一步步变成了世界工厂,用武力强行叩开了一个又一个国家的大门,最终形成了以英国为中心的商业贸易圈,成为一个"日不落帝国"。1865年,英国经济学家杰文斯曾这样描述:"北美和俄国的平原是我们的玉米地;加拿大和波罗的海是我们的林区;澳大利亚有我们的牧羊场;秘鲁送来白银,南非和澳大利亚的黄金流向伦敦;印度人和中国人为我们种植茶叶,我们的咖啡、甘蔗和香料种植园遍布东印度群岛。我们的棉花长期以来栽培在美国南部,现已扩展到地球每个温暖地区。"

工业化进程使人们对时间与空间的认识更加深刻,时间上使更细的秒成为时间单位,1830年第一台蒸汽机车出现,1851年22条铁路线投入了运行,里程达13000千米。火车替代马车使远距离往返的时间大大缩短。1852年,英国在水晶宫举行了伦敦博览会,清朝称之为"炫奇会",标志着英国成为世界性大国,引领着世界潮流发展,打开了通向现代世界的大门。总而言之,工业革命推动了英国经济迅猛发展,这为英国的崛起提供了必要的经济条件,英国逐渐成为世界中心。

五、货币金融体系的建构

(一) 英镑的国际化

四次英荷战争使荷兰海洋霸权逐渐瓦解,荷兰随之丧失了贸易中心和世界金融中心地位。虽然阿姆斯特丹在此后很长一段时间内仍然是一个重要的融资中心,但荷兰盾准世界货币的地位开始逐渐丧失,融资市场的中心货币地位逐步让位于英镑和法郎。[①]

虽然荷兰盾退出了世界市场中心,但英镑在争夺中心货币地位的过程中,还要与法郎进行竞争,此时英镑不是唯一甚至还不是最主要的中心货币。法郎取得强势地位的是基于法国的强势国际地位。英法之间的争霸,特别是对海洋霸权的争夺,也是英镑与法郎国际地位的争夺。法国依靠其在欧洲大陆的优势地位,一直积极推动法郎在欧洲大陆的国际化进程。同时,由于法国拥有广阔的海外殖民地,在长期海外贸易进程中,法国积累了大量的黄金,在很长一段时间里,其储备的黄金总量比英国高。直至1870年普法战争爆发,法兰西银行一直是欧洲最大的黄金储备所,同时期的英格兰银行还不能与其相提并论。拿破仑统治期间,法国在政治上的优势地位甚至几乎上升到欧洲大陆统治者的高度。这些优势条件使法郎在国际化进程中拥有一定程度的相对优势,成为英镑国际化进程中的头号大敌。但随着英国经济实力逐渐增强并超过法国,此长彼消之下,法郎的国际地位逐渐下降。英国的海洋霸权时代击败了法国大陆霸权的巅峰时代——拿破仑战争时代。1870年普法战争后的世界中,英国取得了领导地位,而法国的国际地位则一落千丈,准霸权国际地位不复存在。

在"日不落帝国"时代,英国在世界贸易中占据着绝对优势地位,用英镑进行结算的合理性逐渐显现,并得到了其他国家的认可。使用英镑结算可以降低交易成本,大英殖民帝国内部的示范性作用,以及殖民帝国的对外贸易,是推动英镑国际化的主要动力。英镑国际化也反过来推动英国对外贸易向前发展,成为英国崛起的重要推手。

(二) 金融保险的发展

英国银行和金融市场的产生虽然离不开资本主义工业的快速发展,但更

---

① 李云帆:《英镑国际化背后的海洋霸权》,《福建论坛》(社科教育版)2011年第10期。

直接的原因却不是因为工业发展本身对资金融通的需要,而是由于国际贸易的发展以及便于政府筹款。伦敦在成为世界金融中心之前,首先是一个世界性的商业贸易中心。17世纪末至18世纪初期,英格兰全部对外贸易中有70%—80%都要经过伦敦。此外,各国商人也需要商品市场来拍卖出售商品。

最初,人们为规避海运风险造成的损失设立船舶货物保险业务。早在都铎王朝时代,英格兰的商人就已经开始从事保险活动,但总体看来还属于比较零散的活动。18世纪初,出现了专门从事保险业务的保险馆客,他们使求保者和承保者的联系正式化和经常化了。商人们为周转资金,产生了希望汇票随时转化成现金的需求,是导致现代货币市场产生的直接源泉。18世纪,贴现在伦敦成为一个自成体系的行业,使商人这种需求得以满足。和保险市场一样,汇票兑换的出现无疑对现代货币市场的形成起到了重大作用。

也许是商人进行筹资的行为给了政府启发,当英国面临对外战争危险,急需资金扩充军备时,也想到了筹款这一方法。一个专门向政府提供信贷的银行——英格兰银行,于1694年正式成立了。它是第一家联合股份银行,是由一群富商和金融家联合组建的皇家特许公司,也是随后长达一个多世纪时间里唯一一家联合股份银行。其主要业务是为了给政府提供贷款而进行资金筹集,之后又负责发行政府债券、组织财政部票据认购,其他业务则与一般商业银行没什么区别:英格兰银行为大贸易公司以及商人开立账户,开展票据承兑和贴现,发行银行券等。英格兰银行开展全部业务都是为了实现给股东创造最大利润这一目的。英格兰银行是英国现代金融组织创新的最主要代表。18世纪针对银行的立法对英国金融体系的形成和发展起到了非常独特的作用。1908年英国颁布法令给予英格兰银行特殊优惠,帮助其确定了垄断地位:只有英格兰银行有资格成为联合股份银行,其他银行只能是伙伴团体,而且规定了这些银行的合伙人不得超过六个。这就使其他任何银行都无法建立起分支机构。当时的银行可以分为两大类:地方上的"乡村银行"以及主要位于伦敦、为数不多的"私人银行"。

18世纪末,伦敦还没有取代荷兰阿姆斯特丹的国际金融中心的地位,但伦敦发展起了成熟的金融体系:保险公司、证券市场和一个可以平衡全国储蓄和资金需求的货币市场,有相当大数量的资金可以给政府提供借贷。英国对外贸易的迅速增长,使伦敦逐渐成为一个世界经济活动中心。英国建立起了一个较为完备的筹款体制,英格兰银行和国债发行为英国政府筹集到了足够的战争经费,确保战争机器可以长期正常运转,为英国崛起提供了可持续资金支持。

第五节 军事力量的崛起

一、海洋舰队

伊丽莎白一世统治时期,英国海洋舰队主要由商船与海盗船只组成。1588 年,英国战胜了看似无懈可击的西班牙无敌舰队,向夺取世界海洋霸权迈出了第一步。可以说,英国是大航海时代最为成功的海盗帝国。英国开辟了自己的海上线路——大三角贸易,凭借其独特的地理位置、野蛮的海盗行径和卓越的航海能力,英国在三角贸易中逐渐成长为一代世界霸主。随着英国加强对海盗这个传统职业的重视,英国的海上力量不断发展壮大,可以给予西班牙等国的海上力量打击,而且节省了海军军费支出,最后英国的海洋舰队越来越强大。

英国通过英格兰银行以及国债发行,筹集到了足够的战争经费,比如海洋舰队建设经费。另外,英国人扬长避短,制定了正确的战略方针,将自己的优势集中在海上,避开了与在欧洲大陆具备优势的法国的陆上硬碰硬。英国逐渐控制了几乎所有海洋重要航道,并且可以轻易地从海上切断欧洲贸易线,所以法国虽然在欧洲大陆具备一定优势,但也要看英国脸色行事。拿破仑战争结束时,英国实际上已经成为一个世界性海洋强国。这个海洋强国并不总是到处炫耀武力、发号施令,还重视构建各种国际体制机制,在大国之间周旋,保持欧洲大陆平衡,维持自己的海洋霸权,以便在从欧洲向世界扩张的过程中最大限度地攫取经济利益。整个 19 世纪都没有为争霸而发生全球性战争,成为英国"统治"下的"和平"时期。显然,英国已经掌控了制定世界竞争规则的主动权,至少在短时间内,其他国家和民族不具备挑战英国的实力。

1830 年,英国的兵力总共 25.5 万人,只相当于法国的 2/3,以及俄国的

1/4，但这些兵力要防御的范围却非常辽阔，是分布在全世界各处的 3000 多万平方千米的殖民地，总人口约占世界的 1/4。就像可以集中力量在一条战线上作战一样，英国在军事力量发展上也可以将军费完全集中到海军建设上，从而建立强大的海军。总之，英国为了获取原料、劳动力和市场，不断打击各种竞争对手，而为了能够成功打击对手，英国不断地强化其海军优势地位。

二、英国内战

英国内战在英国军事史上有着较突出地位，是英国近代正规陆军创建的开始。第一次内战期间，英国下院于 1644 年 12 月 19 日通过了《自抑法》，明确规定议会议员不得担任军职，埃塞克斯和曼彻斯特等被迫交出军权。到了 1645 年 1 月，下院又通过了《新模范军法案》，决定建立一支人数为 2.2 万，骑兵人数约占 1/3 的新模范军；规定每月从国家预算中拨出 4.5 万英镑，用于扩充军需；同时任命托马斯·费尔法克斯为总司令，负责全军统一指挥；规定了全军统一军服、统一纪律、统一编制；为了保证足够的兵员，决定实行强制募兵原则。这两项法案都获得了英国上院的批准。

《新模范军法案》的实施在英国乃至世界军事史上都有着比较重要的意义。该法案颁布后，英国建立起了其历史上第一支正规军队。该军队以东部联盟军为基础，以克伦威尔的"铁骑军"为样板，以新提拔的大批优秀军官为骨干，纪律严明，指挥统一，战术灵活，士气高昂，成为日后摧毁国王军队的核心力量。独立派掌握军权后，一改过去被动防守、等待作战的消极战略，采取主动进攻、迫敌决战的战略。整编之后议会军事力量大增，官兵上下同心，有一股强烈的求战欲望。有了这支军队的帮助，英国议会打败王军，取得了内战的最终胜利。

战争中创立的新模范军是一支新型资产阶级军队，是英国历史上第一支正规陆军。新模范军在许多方面具备近代正规军的特点：军费统一由国家预算拨款，确保了军需物资的供应以及官兵薪饷的按时支付；有着统一的军服、编制和纪律；全军由总司令统一指挥；等等。此外，议会颁布的强制募兵制是近代征兵制的雏形，保证了新模范军有充足的兵力来源。

英国内战中涌现出的杰出将领如克伦威尔等，创新运用骑兵战术，议会军在克伦威尔等的指挥下,实行积极主动的战略,而且获得了广大民众的支持,先后打败了国王军队以及苏格兰入侵军,取得了最终革命胜利。需要指出的是,新贵族和资产阶级虽然掌握了革命领导权,在英国内战中也起到了领导作用,但广大自耕农、城市平民才是革命的主力军。他们不仅是新模范军的基础,而且还通过组织民兵、自发武装等形式,给予议会军队巨大支持。

总之,议会军队能打败国王军队和苏格兰入侵军,原因是多方面的。除了议会军进行的革命是正义战争,而且力量对比上占优等客观原因外,议会决定创建正规军、克伦威尔等杰出将领采取了正确战略战术等主观因素也对最终胜利起到了重要作用。

英国内战以议会军队取得最终胜利而结束,资产阶级拥有了自己的武装力量,并且随着资本主义经济不断发展,军事力量得到不断增强,为维护资产阶级利益、发展资本主义经济提供了可靠的军事保障,为英国的崛起保驾护航。

第六节　外部环境

一、"海上马车夫"荷兰由盛转衰提供崛起空间

17 世纪,"海上马车夫"荷兰创造了属于自己的"黄金时代",贸易、科学与艺术等方面的成就获得了全世界的赞扬,被视为荷兰历史上的巅峰时期。但是,崛起的荷兰没能保持住自己的霸权地位,逐渐走向衰落,这为英国的崛起提供了可乘之机。

荷兰没有建立起强有力和连贯的政治体制,还曾先后出现两次"无执政时代",使荷兰陷入群龙无首的境地。而与此相对比,英国通过《权利法案》和《王位继承法》确立了君主立宪制,建立了一个强有力和连贯的政治体制作为支撑其崛起的政治基石。荷兰东印度公司也没有发挥出应有的作用,最初,和荷兰东印度公司相比,英国东印度公司虽然资本没有荷兰东印度公司雄厚,但它给予股东和投资人的分红比荷兰东印度公司更高。相比之下,荷兰东印度公司更愿意将利润投入建造港口、舰队和殖民据点等扩张活动上,但最终证明

这些扩张大都徒劳无益,而英国东印度公司给予股东和投资人更多分红的做法,激发了人们的投资热情,有助于公司进一步募集资金,对于公司长远发展意义重大。

在对待殖民地问题上,荷兰颁布了一系列严苛的法令,进行横征暴敛、竭泽而渔式的统治与掠夺。这种残暴的殖民统治和疯狂掠夺让荷兰无法在殖民地建立起牢固的群众基础,因此也无法对殖民地进行稳固控制,时常受到殖民地人民的反抗和其他国家的觊觎,发展环境不稳定。

荷兰军事实力增长后劲不足也加速了其的衰落。在 1652 年,荷兰与英国两国舰队在英国沿海交战,荷兰海军中的泽兰省海军的 15 艘战舰临阵脱逃,擅自抛锚回国,但荷兰军事体制不严谨,这一临阵脱逃行为并没有受到荷兰政府的惩罚。这种松散的军事组织体制自然不利于军队凝聚力的提升。1651 年 10 月 9 日,英国国会通过了《航海法案》,这相当于在英吉利海峡上设置了一道无形关卡,很多通过英吉利海峡的荷兰商船都被英国海军强制登船检查,甚至是扣押,这使荷兰航运公司背负了极大的商业运行成本。四次英荷战争中的第一次英荷战争也因此爆发。

第一次英荷战争中英国和荷兰互有胜负,但最终是以荷兰的溃败结束,交战双方同意进行和平谈判,荷兰方面认输。1654 年 4 月 15 日,英荷双方签订了《威斯敏斯特和约》,该条约明确规定:荷兰承认英国在"香料群岛"享有和荷兰同等的贸易权,并且每年向英国赔付 27 万英镑的战争赔款,割让大西洋上的圣赫勒群岛给英国,在英国水域,荷兰船员还要向英国船只敬礼。

荷兰与英国此后还爆发了三次战争。虽然荷兰在 1665—1667 年发生的第二次英荷战争和 1672—1674 年的第三次英荷战争中获得了胜利,但均非压倒性胜利,而且荷兰在这两次英荷战争中都被迫割让了自己的部分殖民地给英国。一个世纪之后,荷兰在 1780—1784 年爆发的第四次英荷战争中遭遇惨败,英国凭借强大的海军彻底打垮了军备废弛了几十年的荷兰,荷兰丰厚的商队物资与殖民地遭到英国掠夺。这个在曾经 17 世纪叱咤风云的殖民帝国,随着这场战争的惨败开始走向崩溃衰落,"海上马车夫"的荣光不再。

与只注重商业利润追逐、轻视农业和工业发展的荷兰形成鲜明对比,英国在 18 世纪 60 年代以工业革命引领了工业文明崛起,缺乏发达工业的荷兰共和国最终无法维持其霸主地位。此时,无论是从政治体制、经济实力还是军事实力看,作为英国对手的荷兰都处于下坡阶段,英国取得最终的胜利可谓理所当然。

二、欧大陆霸权国法国由强变弱减少崛起阻力

在"太阳王"路易十四(1638 年 9 月 5 日—1715 年 9 月 1 日)统治下,法国成长为当时欧洲最强的国家,大肆发动战争和进行扩张领土。在路易十四之后,拿破仑·波拿巴(1769 年 8 月 15 日—1821 年 5 月 5 日)缔造的法兰西第一帝国实力强劲,几乎征服了整个欧洲。路易十四和拿破仑在位时期,法国创造了属于自己的辉煌时期,但大肆的扩张逐渐耗尽了法国的元气,其由盛极一时走向衰败减少了英国崛起的阻力。

从法国资产阶级革命到拿破仑帝国时期,英法为争霸进行了持续不断的战争。英法战争可分为两个阶段,第一个阶段从 1793 年年初英国纠集反法国家建立第一次反法联盟开始,至 1802 年英法两国签订《亚眠和约》结束。此时英国试图全力围剿法国大革命,扑灭其革命烈火,阻止法国革命对英国社会造成冲击,一心颠覆年轻的法兰西共和国。第二个阶段从 1802 年开始,到1815 年拿破仑帝国崩溃结束,这时英国致力于与法国争夺欧洲霸主地位和海外殖民地,维护其在欧洲大陆和海外殖民地利益。

法国大革命是近代西欧历史上最具影响力的革命之一,其耀眼光芒吸引了众多历史学家的注意力,以致这样一个事实往往被很多人忽略:在大革命爆发之前,法国绝对君主政府曾长期尝试进行种种改革,试图在旧有体制内解决财政危机问题。在绝对王权统治的最后半个世纪,法国政府处在长期财政危机之中。但财政危机产生的真正原因并不是经济上的,恰恰相反,许多证据表明 18 世纪法国的经济比较繁荣,国家的一些行政部门也在不断改善管理,更新思维方法,提高工作效益,法国社会蒸蒸日上。当时的法国在思想、艺术、社会生活等方面达到了一个辉煌文明的顶点。① 但是经济繁荣并没能缓解法国

---

① ［法］乔治·杜比主编:《法国史》(中卷),吕一民等译,商务印书馆 2010 年版,第 794 页。

政府的财政困难,随着时间推移法国财政困难反而不断加剧。其根本原因在于法国极度扭曲的税收制度,因为占有大量财富的特权阶级几乎不需要缴纳任何税收,供养国家的主要重担被加于第三等级人民身上,使社会中下层人士不堪重负,国家税收始终入不敷出。当时的法国并不像英国和荷兰那样拥有国家银行,所以面临财政困难时无法通过信贷手段筹集资金。在战争时期,财政困难这一矛盾更为突出。

"英国的政策是,既要保持欧洲的均势,又要保持海洋的非均势,而拿破仑的政策是,不仅要破坏欧洲的均势,而且要破坏海洋的非均势。这就是英法冲突的关键所在。"①法国无力解决财政困难,但英国有充足财政资金来源,英法两国形成了鲜明对比,英国拥有可以为战争进行筹款的国家银行,在战争中可不用担心后备资金支持;相反,法国没有自己的国家银行,战争所需资金难以得到保障,从某种程度上讲,双方交战结果早已定论。随着拿破仑战争中法国战败,英国实际上已经成为一个世界性海洋强国。

三、世界范围内的殖民扩张与掠夺

英国号称"日不落帝国",其能够建立庞大的殖民体系,固然有自身实力强劲的原因,但也离不开世界上其他国家和地区,在与英国实力对比上不占优势,甚至很多国家和地区在英国坚船利炮的攻击下不堪一击,这也是英国得以在世界范围内进行殖民扩张与疯狂掠夺的重要原因,很多羸弱国家和地区因此沦为英国崛起的垫脚石。

资本主义国家得以崛起,与它们在世界范围内进行的罪恶殖民统治与疯狂掠夺密不可分。追逐巨额利润始终是殖民者对外侵略扩张的终极目标和行事准则,大英帝国靠着自己强大的军事实力在世界范围内大肆推行殖民统治。"当英王陛下的战舰安德罗马奇号和伊莫金号驶进虎门时,中国大炮的炮弹虽然是向着一个近的、有时甚至只有一条缆那么远的距离的敌舰施放,但是也没有几颗具有足够的威力穿过两边的舷墙,许多炮弹或从船的外部腰板无声地滑过去,或射到半途就跌落水里,有些甚至一离炮口就掉下来。曾有人说,

---

① 李元明:《拿破仑评传》,中国社会科学出版社1984年版,第154页。

中国政府自己不为要塞炮台和部队制造火药,而是由军官或兵士来制造,其费用则从他们饷钱中扣除。无论真假,中国火药劣得可怜这个事实是无可争辩的。"①由于清朝炮台防御工事较劣质,进攻能力不强,使英国人确信"仅仅一个奇袭就能在十分钟内夺取这些炮台中的任何一个;即使巡洋舰没有冲进水道,五十个人的武装队伍也可以在各炮台走进走出,无须面对任何反抗"。②

而在军制和兵员方面,"对于常备的有实效的军事力量,中国人似乎一点也不知道。虽然在一个城门内,人们会以为经常有一支强大、可靠的卫兵驻扎,但实际上,当一个好奇的外国人而向里面窥探时,他所见到的不过是一个穿着短裤,手执纸扇或藤鞭,象苦力样子的人",以至于"每年冬天,城门往往早在下午四时就已经关闭,以防贼匪闯进骚扰,然而贼匪却往往长驱直入,毫无阻拦;他们即使洗劫整条街道,也不会受到任何干涉","清朝军队毫不中用,连一般的暴动都无法平定的事实,现在已为外国人所共知"。③

而在武器装备方面,"中国的战舰庞大而笨重……除非是在平静海面,否则全无用处","陆军也不见得比它的海军更可怕……实际上是徒有其名","主要武器是弓箭、火绳枪、剑和矛","火绳枪是制作粗劣的武器,子弹多是铁的。他们不知道有刺刀这种武器;燧火枪、卡宾枪、手枪和其他火器都不用"。④ 但英国殖民统治在全世界的扩张能够进行得如此顺利,除了被侵略国家抵御和进攻能力弱这一客观原因外,最重要的原因还是英国海军力量十分强大。强大的军事力量使英国得以顺利打开其他国家国门,一方面为本国经济发展掠夺了大量原材料,为殖民地建设还掠夺了黑奴等劳动力,另一方面为本国产品找到了巨大的销售市场,最终为英国的崛起提供了强有力的经济支撑。

很多资本主义列强本土面积并不大,之所以一步步发展为强国,通过对海外殖民地进行疯狂掠夺来供养自身是一个重要原因。葡萄牙、西班牙、荷兰都

---

① 广东省文史研究室:《鸦片战争史料选择》,中华书局1983年版,第67页。
② 广东省文史研究室:《鸦片战争史料选择》,中华书局1983年版,第70页。
③ 广东省文史研究室:《鸦片战争史料选择》,中华书局1983年版,第70—71页。
④ 广东省文史研究馆:《鸦片战争史料选译》,中华书局1983年版,第67—78页。

是小国家,但它们建立的殖民地遍及全世界,最终称霸。今天世界上有很多讲葡语、西班牙语和法语的国家和地区,讲英语的国家和地区更多,基本上都是殖民地统治时期造成的。在"光荣革命"之后的两百多年时间里,英国发动了全面的殖民战争,并进行了疯狂的殖民掠夺,建立起了号称"日不落帝国"的庞大殖民体系。17世纪,英国东印度公司在亚洲侵占了印度的马德拉斯、孟买以及加尔各答。18世纪中叶,英国又出兵强行占领孟加拉国,此后又多次发动对印度的殖民战争。到19世纪30年代,除了中部、北部的若干土邦外,整个印度几乎全部沦为了英国殖民地。印度从此成为英国侵略亚洲其他国家的后方基地。英国向中国输入的罪恶的鸦片,主要产地就位于印度的孟加拉国。1824年,英国又将马来西亚的槟榔屿、马六甲和新加坡合并为海峡殖民地。亚洲之外,在18世纪,英国把北美的加拿大和大洋洲的澳大利亚也变为了自己的殖民地。1839年,澳大利亚西南方的新西兰,也屈服于英国殖民统治的铁蹄之下。19世纪初,西非洲的冈比亚、塞拉勒窝内和黄金海岸以及南非的开普等,悉数被英国占领。据大略统计,19世纪前期,英国拥有的殖民地领土达到200多万平方千米,人口多达1亿,建立起了一个资本主义帝国性质的世界霸权。

从19世纪中叶开始,英国独自或者勾结其他资本主义列强,为了在中国谋求广泛权利和扩展势力范围,发动了多次侵略中国的战争。英国通过东印度公司向中国大量走私鸦片,配以坚船利炮,在中国丧心病狂地谋取了巨额利润。英国殖民者对印度同样进行了疯狂掠夺,并强行推广资本主义生产方式,马克思在《不列颠在印度的统治》和《不列颠在印度的统治的未来结果》这两篇文章里讲述了很多英国在印度的恶劣行径。在这两篇文章里,马克思第一次运用唯物史观并联系无产阶级革命前景来考察殖民主义问题,毫不留情地鞭挞了英国的殖民主义政策,深刻揭露了英国殖民者在印度的残暴殖民统治给印度人民带来的深重灾难,揭开了资产阶级"文明"面纱下的丑恶面目。马克思指出:"美洲金银产地的发现,土著居民被剿灭、被奴役和被埋葬于矿井,对东印度进行征服和掠夺,非洲变成商业性地猎获黑人的场所:这一切标志着资本主义生产时代的'曙光'。这些田园诗式的过程是原始积累的主要因素。接踵而来的是欧洲各国以地球为战场而进行的商业战争。这场战争以尼德兰脱离西班牙统治开始,在英国的反雅各宾战争中具有巨大的规模,并且在对中国的鸦片战争中继续进行下去,等等"①。如果资产阶级文明"在故乡还装出一副体面的样子,在殖民地它就丝毫不加掩饰了",它的"极端伪善和它的野蛮本性就赤裸裸地呈现在我们面前"。在疯狂的殖民统治下,印度成为英国海外财富的最大来源地。据记载,仅1757年到1815年间,英国东印度公司从印度攫取的财富就达10亿英镑之多。20世纪初担任过英国印度总督的寇松说过:"只要我们统治印度,我们就是世界第一;如果我们失去印度,我们将降成三流国家。"英国大肆进行的殖民扩张和殖民掠夺为资本主义发展积累了大量的资本。

第七节　英国的衰落

通过在政治、思想文化、科学技术、军事、经济上的不断突破和取得巨大成就,加上外部环境的造就,英国缔造了一个"日不落帝国",将自己的势力范围延伸到世界的每一个角落,被历史学家认为是历史上最大的殖民帝国。但与先前崛起的荷兰、法国等国家一样,英国也没能保持住自己的霸主地位,其走向衰落也与其政治、思想文化、科学技术、军事、经济以及外部环境这六个方面息息相关。

一、政治上的妥协

英国的政治制度还保留着浓浓的封建社会气息。1858年的"光荣革命",虽然没有发生大规模流血冲突,但实际上这是革命派与顽固派相互妥协的结果,政治上的这一妥协无疑是后来英国经济走向衰退的重要原因之一。英国进行对外扩张建立起来的各种殖民地,大体上可以分为三种类型:第一种是移民殖民地,主要由英国人和欧洲白人的移民构成。第二种是原本有着悠久历史和文化的殖民地。第三种则是社会经济形态还相当落后、民族意识尚未觉

---

① 《马克思恩格斯选集》(第2卷),人民出版社1995年版,第265页。

醒、没有自己独立国家的殖民地。英国对这些国家或地区施加的统治各不相同,但整体而言,英国的殖民统治相对松散,并具有一定程度的自治特征,这也使英属殖民地与其他西方国家殖民地有所不同。

作为庞大的殖民帝国,英国通过三角贸易奴役黑人,剥夺了大量黑人的生命权,逼迫大量廉价的黑人劳动力为自己创造巨额收益。不仅如此,工业革命期间,大量工人也遭受着工厂主的压迫和剥削:工人们不仅工作时间长,而且劳动强度大。一篇报道这样描述道:"每一天,分不清天有没有亮,艰难地从床上爬起,匆忙地吃了一点早餐。来到工厂,是机器的轰鸣声唤醒了工人们还未做完的梦。"[①]这段文字形象地描述了当时工厂主对工人的残酷剥削情形。

英国肆无忌惮地在被征服的殖民地开创自己的新天地。虽然没有像蒙古人那样,把贫苦的殖民地居民划分为三六九等区别开来,但英国人心中对殖民地居民的轻视与不屑表现在点点滴滴上。被殖民地区的人们被迫为英国人卖命,却得不到正常的尊重,反遭憎恨。最好的例子就是英国与印度。在外界看来,这两个国家似乎一直都以温和的方式相处,但事实上印度人对英国人的抵触情绪比其他任何一个国家都要强烈,这也是印度后来爆发反抗英国殖民统治的独立战争的原因。

虽然说大英帝国在经济上给印度带来了非常大的帮助,如果没有成为英国的殖民地,印度文明的发展程度恐怕远远比不上现在。但英国人的贪婪与傲慢最终遭到了印度人的反感和反抗。英国殖民者破坏了印度人心中的信仰,印度人的民族自豪感深受打击。或许这种看似不务实的民族感难以令人信服,但事实上,看似不务实的民族感却在生活的点点滴滴中影响着一个民族的一切行为。

18世纪,北美13个殖民地摆脱英国殖民统治获得了独立,给予英国殖民体系沉重一击。随着各殖民地民族解放运动的不断高涨,之前带来巨大收益的殖民地反而成为英国经济上的包袱,据统计,英国在1850年后从殖民地获得的回报率和利润率都较小。

---

① 金超:《英国曾经不可一世,为什么自此彻底衰落了? 有一个致命原因》,2017年6月6日,见 http://mini.eastday.com/a/170606100942184.html? qid=02263。

二、思想保守

从地理位置上看,英国是一个典型的岛国,英国人民有着典型的岛国民族性格,保守主义成为英国传统政治文化的典型代表。在英国,保守主义主要是一种维护传统和现存制度,反对激烈变革的政治哲学。正是因为受到这种深入骨髓的保守主义政治思维影响,即使情况十分危急,英国人也更愿意奉行进行改革而不是进行革命的价值取向,社会各阶级为了维护自己的既得利益,致力于采取妥协和协商的形式来维持社会秩序稳定,因此英国的政治制度变革进展缓慢,艰难曲折,显露出滞后性。英国文化思想中重视绅士风度、行为规范向上层看齐、留恋田园生活、极端尊重传统的观念,使英国人形成了一种保守主义心态。贵族文化的消极影响以及思想上的保守,使英国人思想上的与时俱进、科学技术上的再创新遭受的阻碍越来越大。

以大卫·李嘉图的比较优势理论为例,从经济学理论角度来看,该理论几乎无懈可击,但如果把它推广到国家发展战略上,尤其是像中国这样一个大国的发展战略上,就显示出较大的局限性。李嘉图的理论没有动态地看待发展问题,没有考虑到像中国这样的大国,可以不断挖掘自身潜力,培育新的比较优势。英国在第二次工业革命中丧失了领先地位的根本原因,就在于过度迷信自由贸易信条,执着于进一步为第一次工业革命的主导产业寻求海外市场,以榨取最后的利润,而放弃了对引领第二次工业革命的新兴产业和市场的追求,教训不可谓不深刻。

三、科学技术止步不前

1970年以后,世界的领导权从英国逐渐转移到了美国、德国和法国等国家。英国虽然靠蒸汽机发明和改良引领了第一次工业革命,但之后在技术上英国没能再次取得像蒸汽机那样的大突破,最终,德国与美国的内燃机与电力技术引领了第二次工业革命,英国就此丧失了先天的优势地位,逐渐退出了世界舞台中心。此外,英国教育制度重文科、轻工业技术,重理论、轻实践,这一局限不利于其科学技术创新,殖民帝国也存在种种局限,资本家满足于广大的殖民地市场,资本家的竞争与革新意识被削弱了,战后殖民帝国的崩溃给英国造成了沉重打击。更重要的是,英国在技术研发方面投入不足,过多资源被用于军事技术和基础研究上,导致科学技术止步不前。

四、两次世界大战的重挫

(一) 第一次世界大战的严重损耗

19世纪末到20世纪初,资本主义国家在向帝国主义过渡的过程中产生了广泛和不可调和的矛盾。亚洲、非洲、拉丁美洲的殖民地和半殖民地基本上已经被各资本主义列强瓜分完毕,在新旧殖民主义矛盾激化、各帝国主义经济发展不平衡、秩序划分不对等的背景下,各列强为重新瓜分世界和争夺全球霸权,爆发了一场波及世界范围的帝国主义战争,也就是第一次世界大战。第一次世界大战主要是同盟国和协约国之间的战争,大英帝国属于协约国阵营。在资本主义政治经济发展不平衡规律的作用和影响下,帝国主义国家围绕世界霸权和殖民地开展了激烈斗争。欧洲各列强国家之间的矛盾纷繁复杂,但基本矛盾主要有三对:法德矛盾、俄奥矛盾和英德矛盾。

英德矛盾主要是英国想维持它的传统外交政策,一心想保持欧洲大陆均势,既不愿意看到德国过分强大,也不愿意看到俄国势力在巴尔干半岛过度膨胀,随着英德在殖民地问题上的冲突加剧,矛盾开始激化,最终演变为帝国主义国家之间的主要矛盾之一。

随着与德国的矛盾演变为帝国主义国家间主要矛盾,英国调整了同法国与俄国帝国的关系,分别于1904年和1907年签署了英法协约和英俄协约,形成了两大欧洲军事集团。1914年6月28日(塞尔维亚国庆),奥匈帝国皇储斐迪南大公夫妇在萨拉热窝视察时,遭到塞尔维亚青年加夫里若·普林西普的枪杀。这一事件成为第一次世界大战的导火线。

第一次世界大战的主战场是欧洲。英国、法国、比利时等国军队对抗德军的西战线,俄帝国军队同奥匈帝国、德国军队对抗的东战线,是第一次世界大战的两大主要战线,其中西战线具有决定性的作用。德国最终于1918年11月宣布投降,第一次世界大战以协约国的胜利、同盟国的失败告终。

第一次世界大战实际上是各帝国主义国家之间因分赃不平衡而引发的一场帝国主义战争,于交战双方而言都是非正义的。这次大战可以说是英国经济发展史上重要的转折点。虽然英国是世界的霸主,但第一次世界大战给英国造成了巨大人员伤亡和物资损耗,经济因此遭受了重大影响,出现严重衰退,其世界金融中心的地位也被美国取代。这种衰退虽然没有使英国的基本政治制度发生严重倒退,但其政治制度的具体表现形式仍然有所改变。从政治角度看,这次世界大战极大削弱了英国的经济实力,工业增长速度被减缓,英国海外投资市场缩小了,对外贸易也出现萎缩,并且丧失了国际金融垄断地位,随之而来的是物价不断上涨,失业人数急增,社会矛盾尖锐,政局动荡不安。经济实力的削弱,也动摇了支撑英国强大军事实力的根基。

英国在第一次世界大战期间为维持战争和取得最终胜利,除了依赖其帝国内部各殖民地和保护国的支撑外,还不得不向美国寻求援助,最终也在战争中遭受了惨重损失。战争期间,在国家严密管制下,英国经济实行了全面军事化。国家预算支出在 1913 — 1918 年 6 年时间间,从 19.75 亿英镑增加到了 25 亿英镑。战争期间的总预算开支高达 112 亿英镑,其中大部分被用于军事订货,以及扶植直接服务于战争的相关工业发展上,部分工业也因此获得了较快发展。例如,钢的生产能力增加了一半,集中在钢铁工业的工人多达 1/3。1914 年 9 月至 1915 年 4 月,英国的炮弹产量提高了 19 倍,手榴弹产量更是大幅提高了 39 倍。1915 年 1 月至 1916 年 1 月,英国机枪产量增加了 4 倍多。1917 年,直接为战争服务的工业工人占整个工业工人人数的比重约达 46%。但是,由于运输困难造成了工业原料的缺乏,英国的出口减少了,许多民用工业走向衰落。1913 年到 1918 年间,英国煤产量由 2.82 亿吨减少到 2.27 亿吨,造船量下降了一半还多,由 0.193 亿吨下降至 0.082 亿吨,棉纺织品出口总量由 70 亿码下降为 38 亿码。① 可以看出,第一次世界大战期间,整个英国工业不断发生萎缩。

英国虽然取得战争胜利,但大战后走向衰落似乎也在所难免,引起衰落的直接原因则是战争给英国造成了重大损失,官兵死亡人数达 87.5 万多人,负伤人数在 200 万人以上,沉没或被毁的商船占比高达 70%,国内债务高达 80 亿英镑。这使战争后的英国经济迅速滑坡:战前英国对外贸易量独占世界鳌头,1924 年其出口额则下降到了全世界总额的 12.9%;1928 年,英国工业总产

---

① ［英］史培克:《英国简史》,上海外语教育出版社 2006 年版,第 125 页。

值仅占世界总产值的10%,而美国占比高达47%;黄金储备方面,世界的一半储备被美国占有,纽约也取代伦敦成为新的世界金融中心;第一次世界大战之前,英国是美国的债权国,而第一次世界大战后,英国成为美国的债务国,欠美国的债务达47亿美元。在1922年的华盛顿会议上,英国被迫放弃其一贯奉行的海军"双强标准",承认美英两国的海军力量等同,从此英国独自称霸海洋的局面被终结了。①

第一次世界大战后,作为老牌工业国,英国还要面对新工业化所带来的冲击。由于缺乏更新固定资本所需的大量资金,英国的纺织、煤炭、钢铁、冶金、机械制造等传统工业部门逐渐走向衰落,在1920年发生的经济危机中,这些部门进一步遭受了最为严重的打击。拿钢铁部门来说,钢产量从1917年的0.972亿吨下降到了1919年的0.789亿吨。同期,生铁产量从0.932亿吨下降到了0.740亿吨。1913年,英国工业生产在资本主义世界中的比重高达40%,到1930年则下降到了只有10%。②

在第一次世界大战之前的战争中,英国人先是激化敌人与周边国家的矛盾,让他们先打,对敌人进行第一轮消耗,之后再出动傲视群雄的英国皇家海军封锁敌人出海口,歼灭敌人海军,进一步消耗敌人,接下来派出陆军给予敌人最后一击。然而在第一次世界大战中,英国人高估了盟友的实力,同时低估了德国人的实力。第一次世界大战浇灭了英国人沉醉半个多世纪的"维多利亚梦","日不落帝国"的耀眼光环被打破,当年作为统治阶级的贵族们的勇气动摇了,而平民阶层也懒于向上攀登,去打破阶级禁锢。

第一次世界大战后,英国人没能吸取深刻教训,主要的军政界人士在反战厌战思想的影响下,未能及时看清法西斯主义产生的实质和严重危害,进而采取了绥靖政策,对法西斯侵略不加抵制,甚至长期姑息纵容、退让屈服,通过牺牲别国利益来同侵略者进行勾结和妥协。军事上没有大的作为,未有效制订全面备战计划,以致当战争来临还远远未备战好,不得不仓促应战。

此外,英国人也没能预见到坦克、飞机等新型武器给军事技术带来的革命

---

① 孙宝珊:《试论大英帝国的衰落》,《中国民航学院学报》1990年第4期。
② [英]史培克:《英国简史》,上海外语教育出版社2006年版,第125页。

性变革。英国虽然是坦克的发源地,在 1927 年还曾组建起世界上第一支试验性装甲部队,此外,英国军事家富勒、哈特等还从理论上对坦克和机械化作战进行过充分的阐述,但英国军界长期以来对这些新型武器和先进战术没有给予足够重视,1939 年,英国虽然拥有多达 1770 辆坦克,但只组建起了一个装甲师,根本无法抵挡德国装甲力量如潮水般的凌厉攻势。此外,英国过晚认识到空军的战略价值,组建空军的步伐过慢,导致战争初期可用飞机数量不够,一度陷入困境。

在战前英国军方就已告诫英国政府,要"减少潜在敌人的数目,争取潜在盟友的支持"。但战前英日同盟已经瓦解,日本从英国盟友变为了敌人,意大利也是如此。而俄国与英国有着很深隔阂,美国虽然持中立态度,但在国际市场上与英国进行了强有力竞争。法国与英国则因为争夺欧洲大陆霸权而矛盾重重。结果,第二次世界大战前,英国的敌人不但没有减少反而有所增加,英国没有找到"潜在的盟友",外交和战略上陷入了重重困境。① 另一方面,英国又高估了德意志的实力,实行妥协措施,不惜牺牲小国利益来换取一时苟安,助长了德军的嚣张气焰,英国最终自食其果。到了 20 世纪 30 年代,面对法西斯的蛮横和嚣张气焰,英国已经无力整军备战,只得一味推行以姑息、妥协、退让为特征的绥靖外交政策,避战求和,但最终也没能遏制住法西斯的侵略野心,反而加速了第二次世界大战的爆发。

总而言之,英国经济在两次世界大战之间不断走向衰落。对外投资和非贸易收入不断减少,进口总值和贸易逆差则不断增大,英镑稳定的国际地位也发生了动摇。究其原因,一是英国政府的短视性造成了政策调整失误,严重拖累了英国经济发展;二是两次世界大战之间是一个从第一次世界大战前以英国为首的国际经济旧秩序,向第二次世界大战后以美国为首的国际经济新秩序的转变过渡时期,国际经济领域缺乏一个强有力的领导者,各国又极力追求自身利益,无法形成有效的国际合作,最终结果是"一损俱损"。英国经济的衰落是一个持续发生的过程,而两次世界大战间隔时期是这一过程的一个重

① 翟文奇:《第二次世界大战期间英国军事建设探要》,《齐齐哈尔大学学报》(哲学社会科学版)2005 年第 6 期。

要阶段。此时英国是工业发展速度最慢、农业从业人口比例最低的国家之一,失去了昔日第一贸易大国的地位,沦为了第二流国家。

(二) 第二次世界大战的沉重打击

第二次世界大战中,英国虽然始终维持着胜利者形象,最终也取得了战争的胜利,并且是参与划分战后世界势力范围的三个大国之一,但实际上英国在第二次世界大战中遭到了重创,可谓惨胜,经济和军事实力被大大削弱。第二次世界大战期间,英国官兵阵亡人数达41.2万多人,英国军费支出达250亿英镑,军费开支几乎占到英国国民生产总值的1/2,国家预算的4/5都被用于军事开支,即便如此,也只满足了战争开支需要的70%,其余部分要依赖其自治领、殖民地的供给以及美国的援助。战后英国黄金储备几近枯竭,出口贸易比战前减少了2/3,战争期间国际收支逆差高达40多亿英镑。[1] 为支付军需供应,英国不得不出卖海外投资,拍卖了战前海外投资的1/4,其收入较战前减少了一半左右。[2] 战争使英国由债权国变成了债务国,甚至还欠了其自治领、殖民地的债务。截至1945年,英国欠所属殖民地和附属国的债务达23.39亿英镑。[3] 国债从1939年的72.4730亿英镑增加到了1945年的214.7310亿英镑。对此,丘吉尔曾在波茨坦会议上十分无奈地表示,"英国是作为世界上最大的债务者走出这场战争的"[4]。德国空袭造成英国商船沉没、货物损毁、工业减产,这些损失高达30亿英镑。从世界经济地位看,英国地位在不断降低。"这样,英国要负担一个扩展及于地球四分之一的帝国的庞大军事开支,在资源和人力上就大大吃不消了。"[5]

此外,亚非地区的殖民地不断爆发殖民地解放运动。印度独立战争给予了大英殖民帝国致命一击,越南、埃及也取得了对帝国主义战争的胜利,中东、非洲先后有数十个国家取得独立,地理大发现后西方列强在全球建立的庞大殖民地体系最终土崩瓦解。

---

① [英]戴维·桑德斯:《失去一个帝国,寻找一个角色》,世界知识出版社1954年版,第49页。

② 孙宝珊:《试论大英帝国的衰落》,《中国民航学院学报》1990年第4期。

③ [英]托因比:《欧洲的重组》,劳景素译,上海译文出版社1995年版,第66—67页。

④ 张顺洪等:《大英帝国的瓦解》,社会科学文献出版社1997年版,第20页。

⑤ [英]杜德:《英国和英帝国危机》,苏仲彦等译,世界知识出版社1954年版,第276页。

英国在第二次世界大战中尽管又一次取得了战争胜利,但和第一次世界大战一样,其自身也付出了惨重的代价,昔日辉煌的"日不落帝国"已经日薄西山,分崩离析。英国在世界上的军事地位也进一步下降,在美国庞大的全球战争机器面前相形见绌,沦落为二流军事国家,"海上霸主"的时代一去不复返。

五、经济滑坡

从 1965 年开始,英国患上了所谓的"英国病",整个国家的经济不断衰落:下岗失业民众增多、国际收支不平衡等,对经济下行产生了焦灼之感。19世纪中叶特别是 20 世纪 70 年代以后,随着美国、德国等国家对英国生存空间的挤压加剧,英国逐渐丧失了原先的工业垄断地位;另外,英国不合理的经济结构没有得到及时改善,落后的思维制约了工业生产进一步发展,在第二次工业革命期间,英国没有及时淘汰掉落后的工业生产设备,生产技术也没有得到明显改进,最新科学技术成果也没能及时转化为生产力,在生产管理方面也落后于竞争对手;英国金融界与工业界缺乏有效联系,工业技术改造没能获得银行的有力支持;英国还存在经济体制上的不足,如未及时采取法人公司组织形式和管理技术,大大妨碍了生产结构的及时调整和技术革新进度。

1970 年后,美国、德国和法国等国都在积极推进新的工业生产,而英国仍然在坚持老一套经济政策。在其他国家获得进一步发展时,英国本国的工业品市场逐渐趋于饱和,外国市场则由于受各国保护性关税政策的影响,外国工业品市场出现萎缩,而英国没有学会对本国工业市场进行保护,导致其受到了外国工业品的一定冲击。

资本主义经济的主要矛盾是生产的社会化与生产资料的私人占有之间的不可调和矛盾,因此,资本主义经济会存在经济周期,陆陆续续爆发周期性经济危机,如果所有关系没得到有效变革,生产力的发展就会受到极大阻碍。可以说,英国经济的下滑是必然的。从 19 世纪后期开始,实施赶超战略的德国与美国用更先进的技术引领了第二次工业革命,自由经济与生俱来的缺陷给英国带来了极其深刻的教训。随着第二次工业革命到来,世界中心逐渐从英国转移到了其他国家。

六、殖民地的动荡

大英帝国在全世界建立了非常庞大的殖民体系,给其他国家和地区的人民带来了深重的灾难,可以说,大英帝国崛起的历史也是一部殖民和掠夺的血腥史。而曾经的"日不落帝国"走向衰败也与其殖民地纷纷走向独立有关,庞大殖民体系的瓦解,撬动了大英帝国的根基,其强大的实力遭到极大削弱。

走向衰落之前,英国的殖民体系非常庞大。19 世纪是英国独掌海洋霸权、大肆进行海外殖民侵略扩张的"黄金时代"。到 20 世纪初,英国的殖民扩张活动到达了顶峰。此时英国包括爱尔兰在内的本土面积约为 31 万平方千米,人口大约 4800 万,而在全球各地侵占的殖民地总面积多达 3000 多万平方公里,接近本土面积的 100 倍,总人口达 3.9 亿,比本土人口的 8 倍还多,是帝国主义列强中掠夺殖民地面积最广、人口最多的,号称"日不落帝国"。但这一庞大的殖民体系最终在各殖民地人民的英勇反抗和不断爆发的革命运动中土崩瓦解。

发生于 1754—1763 年的"七年战争"结束不久,英国所属的北美殖民地中的 13 个州联合起来,掀起了反抗英国殖民统治的北美独立战争,最终打败了经济发达、军力强盛、殖民统治经验丰富的大英帝国。1776 年,美利坚合众国宣布成立,彻底摆脱了大英帝国的殖民统治,给予正在顺利扩张的大英帝国殖民体系一个沉重打击。美国独立战争是世界历史上爆发的第一次大规模的殖民地人民争取民族独立的战争,战争的胜利打开了之前庞大、牢固的大英帝国殖民体系的一个巨大缺口,为拉丁美洲殖民地人民的民族独立战争开了先例。

第一次世界大战结束后,殖民地人民纷纷发动反对殖民统治、争取国家统一的独立战争,帝国主义殖民统治面临全面衰败,大英帝国殖民体系也开始逐渐枯萎。自治殖民地首先从大英帝国殖民体系中解放出来,它们通过参加战后对德和约实现了独立。虽然名义上它们仍是"大英联邦"的成员,与英国关系也比较密切,但实际上它们可以独立制定并实施自己国家的国防外交政策,而不必请示英王,再也不用等待来自大英帝国政府的命令。它们的这种地位和尊严最终在 1931 年英国议会通过的《威斯特敏斯特法案》中得到了承认。

加拿大、澳大利亚、新西兰、爱尔兰、南非和1922年获得独立的埃及王国都是以这种方式获得自由的。

经历了第二次世界大战的殖民地人民,经过反法西斯抗战的洗礼,对自由、民主、平等和民族自立自决有了更加热切的渴望,反殖民统治运动如火如荼地进行。第二次世界大战之后,大批大英帝国殖民地在民族独立运动浪潮中赢得了独立,英国殖民体系分崩离析。在短短20年时间里,拥有50多个殖民地的"日不落帝国",只剩下了屈指可数的几个岛屿殖民地。这一阶段,非殖民化主要集于两个时期:1946—1951年、1956—1965年。在第一个时期,首先是约旦和叙利亚实现了自治,其次是1947年的"印巴分治",印度人民开展了英勇的反殖民统治斗争,1948年,英国被迫公布《蒙巴顿方案》,宣告了印度和巴基斯坦的独立。接着《缅甸独立法案》在1948年公布,缅甸联邦也获得了独立。同年,马来亚成立联邦自治政府,英国容忍了这一行为,斯里兰卡同年也获得独立,利比亚则在1951年争取到了独立。第二个时期,首先是英国军队于1956年从苏丹撤退,其次是马来亚和加纳在次年获得独立。之后的1965年,新加坡从马来亚联邦中独立出来,形成了今天的马来西亚和新加坡,1965年马尔代夫获得独立。

已经解密的官方档案资料显示,帝国解体速度之快完全出乎当时英国政府的预料。1954年由内阁大臣负责并有殖民部次官参加的英联邦成员资格委员会,在一份秘密报告中将大英帝国所属殖民地划分为三大类:第一类包括黄金海岸、尼日利亚及中非、马来西亚和西印度群岛四个联邦。该报告认为这些地区将在未来10—20年内获得独立。第二类是政治发展不确定、前途不明朗的地区,包括了肯尼亚、坦噶尼喀、乌干达和塞拉利昂四个殖民地。第三类为小领地,包括塞浦路斯、索马里等21个地区,报告宣称这些领地永远都不可能取得完全独立。然而,民族独立运动发展之迅猛是这些伦敦战略家们始料未及的。在短短十多年中,上述30个地区就有20个相继获得独立。到20世纪60年代中期,几乎所有的英属非洲殖民地都已实现独立。[1] 1984年,文

---

① 王建:《第二次世界大战与英帝国的衰落》,硕士学位论文,西北师范大学历史系,2012年,第2页。

莱也获得了独立,1997 年 7 月 1 日,中华人民共和国恢复了对香港行使主权。

本章小结

作为曾经的"日不落帝国",大英帝国曾一度称雄世界,成功崛起为一个有着庞大殖民体系的世界性帝国。一个西欧岛国迸发出了巨大的能量,将面积数倍于自己本土面积、人口数倍于自己本土人口的殖民地置于自己的统治之下。和平与发展是当今时代的主题,研究英国的崛起并非为了学习如何进行殖民扩张和侵略掠夺,而是为了借鉴其成功崛起的经验,并吸取其走向衰败的教训。

英国政治、思想文化、科学技术、军事、经济等方面的突破和成就为英国的崛起奠定了基础或提供了动力、保障,所处的相对有利外部环境也成就了叱咤风云的"日不落帝国"。尤其是政治上成功开辟资本主义发展道路、科学技术上通过崇尚科学获得科学技术大繁荣、经济上通过第一次工业革命的推进极大地促进了生产力的发展,为英国的崛起积累着强劲动力。

政治上,英国通过宗教改革、资产阶级革命与两次内战,打破了封建专制制度的束缚,资产阶级开始走上政治舞台。通过《权利法案》和《王位继承法》,确立了君主立宪制,极大地削弱了王权,扩大了议会的权力,为资本主义的发展扫清了障碍,为英国的崛起奠定了强有力的政治基石。君主立宪制度保证了国家决策程序能够最大限度地体现国家整体利益,从而激发了英国的潜能。思想文化上,在欧洲大陆兴起的文艺复兴思想传入英国,掀起了英国内部的文艺复兴运动,尤其是人文主义思想,解放了人的个性自由,倡导追求财富,为英国海盗进行海上掠夺抢劫提供了正当理由。科学技术上,英国人由封建迷信转向崇尚科学,发现了牛顿定律等大量在科学界有举足轻重地位的科学真理,同时发明了一系列先进的技术,如英国的棉纺织技术、动力技术在当时获得了极大的发展。军事上,英国十分重视海军舰队的建立,强大的海洋舰队是英国得以将自己的势力延伸到世界范围的重要保障,而近代正规陆军的建立,更进一步增强了英国的军事实力,是使英国得以维持庞大殖民体系的军事保障;不断壮大的海军力量及其"蓝水"政策使英国拥有了能够保障国家安全和进行海外扩张的强大武器,既面向欧洲大陆又面向海外贸易及殖民地的双向战略使英国在维持欧洲大陆均势的同时又全力扩展海外战略空间①。经济上,第一次工业革命的推进极大地促进了英国工业技术的发展,使人类生产领域发生了一场具有革命意义的变革,极大地促进了生产力的发展。威廉·配第、亚当·斯密以及大卫·李嘉图的经济思想,提倡自由贸易,为英国进行殖民掠夺提供了理论武器。英国运行良好的国债体系使英国政府有能力聚集对外扩张所需要的巨额资金;而外部环境方面,一方面,原先的霸权国家荷兰和法国的逐渐衰落为英国提供了崛起空间、减少了崛起阻力,另一方面,由于自身的羸弱,世界范围内很多国家和地区沦为英国的殖民地,为英国提供了源源不断的原材料和庞大的世界市场。两次"鸦片战争"的失利也使中国被迫打开国门,沦为半殖民地半封建社会,英国得以进入中国这个庞大的市场。

但崛起的大英帝国也没能摆脱逐渐走向衰落的命运,导致其走向衰落的原因也是多方面的。首先,实行君主立宪制的英国,在政治上还保留着一定程度的封建痕迹,其对于有的殖民地的统治也比较松散,甚至呈现出一定的自治特征,表现出政治上的妥协性。其次,英国人民有着典型的岛国民族性格特征,突出表现为思想的保守性,各阶级为了维护其既得利益更愿意采取妥协或协商的形式,这种思想文化特性使他们在取得一定成就之后容易止步不前。再次,技术上的止步不前使英国没能再次取得引领世界发展的先进技术,英国依靠蒸汽机引领了第一次工业革命,但内燃机和电力引领的第二次工业革命却是在德国和美国发生的,英国丧失了自己的先天技术优势。接着,各帝国主义国家因为殖民地划分和海外市场占领等问题相互间矛盾重重,导致了两次世界大战的爆发,这两次世界大战大大损耗了大英帝国的实力。在军队建设上,英国没能充分发掘和利用坦克、飞机等先进武器和先进战术的战略价值,导致其在战争中陷于困境。再次,英国没能制定出能够引领经济进一步发展的经济政策,在美、德等列强的追赶下,逐渐丧失了其原有工业垄断地位,经济上遭遇滑坡,经济上的衰落使政治、军事等失去了强有力的财力支撑。最后,随着世界发展变化,英国所面临的外部环境发生了变化,德、美、俄等列强的实力大大增强,给英国造成了极大竞争压力。随着英属殖民地人民的思想不断

---

① 计秋枫:《近代前期英国崛起的历史逻辑》,《中国社会科学》2013 年第 9 期。

得到解放,英国的海外殖民地被不断瓦解,最终英国的"日不落帝国""光环"逐渐褪去,逐渐退出了世界舞台中心。今天的英国虽然是一个高度繁荣的资本主义国家,但国际地位和影响力与曾经的"日不落帝国"相比,难以望其项背。

第三章　世界格局与日本的发展逻辑

日本在近代东方的崛起是历史上的一个奇迹。它起始于明治维新时期,在第二次世界大战结束后经济发展一度达到巅峰,在奇迹崛起后却又逐步跌落神坛,让无数人感叹日本奇迹,同时又困惑于日本的衰落之谜。

19世纪中期的日本仍处在小农经济的封建社会,天皇并无权威,大权掌握在第三个封建军事政权德川幕府手中,与清朝一样实行"闭关锁国"政策,国民没有信仰自由,社会生产力低下,人民生活困苦,幕府的统治者们却仍在加大盘剥和压榨。1853年7月8日,美国东印度舰队司令马休·佩里率领四艘黑色军舰闯入横滨贺港,以武力胁迫日本打开港口通商,鉴于1840年鸦片战争中清朝的惨败,日本意识到西方列强是世界的新霸主,几乎是毫不犹豫地接受美国的要求,打开国门。佩里在展示武力的同时,也展示了工业革命的新成果,日本了解到自己与西方强国的巨大差距,在强烈的危机感和求知欲的支配下,日本开始走向通向新世界的道路。

1854年日本与美国签订神奈川《日美亲善条约》以后,荷兰、俄国、英国和法国等西方列强接踵而来,德川幕府的软弱成为日本社会讨伐的目标。再加上西方列强迅速把日本变成商品倾销市场和廉价原料供应地,日本国内经济一片萧条,民怨四起。日本群众仇视外国侵略者,更痛恨和侵略者勾结的幕府,在种种矛盾下农民和市民纷纷起义,开展"倒幕"运动,中下层武士、商人、资本家、新兴地主阶级的改革势力也加入其中,最终以王政复古的名义推翻了幕府统治,大政奉还给年轻的明治天皇。1868年1月3日,民治天皇颁布"五政复古"诏书,在政治、经济和社会等方面实行大改革,以实现富国强兵、殖产兴业、文明开化三大目标,企图通过现代化和西方化建立一个能同西方并驾齐驱的国家。

1945年,第二次世界大战结束,日德法西斯主义战败。作为一个在第二次世界大战后从战争的废墟中崛起的国家,在短短的十几年里,创造了长期高速增长的经济奇迹,在1968年成为仅次于美国的世界第二经济大国。在战争的重创下,日本这样一个自然资源基础薄弱的小小岛国,从阴影中崛起,创造了历史上的经济"奇迹"。

当时,世界普遍认为日本能保持良好的发展态势,未来将能与美国并驾齐驱。但进入20世纪90年代以来,日本却步入长期的经济衰退,尤其是1997年以来,日本经济更是一蹶不振。自此,日本的发展走向转折点,始终未能取得世界霸主的地位。

第一节　政治体制改革

一、大化改新,建立中央集权国家

3世纪以后,日本本州地区出现了一个较大的政权——大和国。大和国原来局限于本州岛中部的大和地区,在不断的扩张中,逐渐占领邻近地区,领土越来越大。5世纪时,这个国家已经统一了如今日本的大部分地区,最高统治者是天皇。大和国家在扩张过程中,不断占有周围的土地和土地上的人民,并将其分配给皇室成员和大贵族。在基本上统一了全国之后,大和国家失去了继续向外扩张的地理环境,内部开始了争夺。一些较大的贵族极力想独自控制中央政权,从中获得更大的利益。6世纪之前,比较强大的物部氏控制朝政。后来新兴的苏我氏强大起来,打败了物部氏,夺得了中央的控制权,扶植有利于自己的天皇。苏我氏家族不可一世,下面的中小贵族也在疯狂地兼并土地,残酷地剥削部民,许多平民的土地也被剥夺,土地和财富不断集中,社会矛盾空前尖锐。在这种情况下,奴隶、部民和平民纷纷起来造反,抗税逃亡,整个社会已处于混乱状态。统治阶级不得不考虑如何找出更好的统治方法,以取代过时的部民制,于是在日本出现了吸取别国的改革。苏我稻目首先提出建立户籍的办法,取得良好效果,却由于朝廷中顽固势力的反对而破产。593年,圣德太子摄政后实行的推古改革,初步确立中央集权制和皇权中心思想,削弱了氏姓贵族奴隶主的保守势力。但改革没有触动部民制,更未摧毁氏姓贵族势力。640年,圣德太子派到中国留学的遣唐使回国,他们带回隋唐的封建统治制度和思想文化,并传授给皇室贵族,为日本的封建化提供了思想基础。645年(日本皇极天皇四年)6月12日,乙巳之变爆发,皇极天皇退位,革新派拥立孝德天皇,建元大化,迁都难波(今大阪)。新政府以唐代律令制度为蓝本,参酌日本旧习,规定了中央集权的封建国家体制。646年元月新政权以诏书形式颁布了《改新之诏》,并全力向全国贯彻。701年又发布了《大宝律令》,使改革以法律的形式固定了下来。

大化革新是个逐步的过程,大约经历了半个世纪,改革的纲领在实施中也不断完善和修改。大化革新之后,在经济方面,日本废除了奴隶主制度下的部民制,实行班田收授法和租庸调制,将田地收为国有,再分配给公民耕种,建立起封建土地国有制,在很大程度上抑制住了土地兼并,有利于人们生产积极性的提高,从而解放了社会生产力,促进了新的生产关系,即封建制生产关系的发展,也巩固了统治根基。在政治方面,日本模仿唐朝政治制度,废除了贵族的世袭特权,完善国家制度,并且确立了一套比较先进的管理体制,建立以皇权为中心的中央集权国家,使日本国内的社会环境逐渐稳定,社会经济了得到了长足发展,也为以后的繁荣做了很好的铺垫。在军事上,日本实行征兵制,在京师设立了五卫府,在地方设军团,所有军队一律归中央统一指挥。律令规定授予皇族以下贵族、官吏的位阶及相应的特权。同时,确立严格划分良贱的身份制。最后完成大化改新的以"开元盛世"的唐朝为楷模的天皇制国家的理想。大化改新为日本规划了国家的长远发展方向,使落后的奴隶制度彻底灭亡,加强了中央集权,促进了国家的统一,并逐渐向封建社会迈进。

二、形成君主立宪制国家

19世纪中期,日本处在最后一个幕府——德川幕府统治时期,掌握统治的德川家族对外实行"锁国政策",对内进行残酷镇压和剥削,甚至同美国军队勾结在一起,底层百姓对幕府统治产生了强烈的不满情绪。与此同时,经济发达地区出现手工作坊,资本主义萌芽在日本发端,冲击传统封建自然经济,从根本上动摇了幕府统治的根基。具有资产阶级色彩的大番、商人、武士和农民团结在一起,展开轰轰烈烈的倒幕运动,推翻德川幕府的统治,还政于年轻的明治天皇。1868年,在明治天皇的领导下,日本自上而下地开展改革运动,史称"明治维新"。明治维新之后,日本宣称天皇"万世一系"并写入宪法。根据《明治宪法》和次年的"教育敕语",日本形成了近代天皇制立宪君主制。1889年2月11日,明治天皇正式颁布《明治宪法》。同日,也宣告制定皇室典范。通过上述宪法、制度等,日本建立了近代皇室、议会、内阁等制度内核,开始形成立宪君主制国家。①

与西方传统的君主立宪制不同,日本的立宪君主制带有浓厚的封建色彩。君主立宪制又名"有限君主制",是资本主义国家君主权力受宪法限制的君主制,是资产阶级同封建势力妥协的产物。在这种制度下,由于各国的发展情况不同,资产阶级和封建势力的力量对比不同,君主的实际权力和地位的差异很大。例如英国,因为资本主义比较发达,资产阶级占绝对优势,君主权力就仅仅处于一种象征的地位,国家实权完全掌握在内阁手中。日本的君主立宪制则与英国不同,由于长达600余年的幕府封建军事专制,使封建地主阶级拥有相当大的势力。日本不彻底的资本主义改革,保留了大量封建残余。在日本,世袭的君主大体上仍具有封建专制时代的权威,掌握国家的立法、行政、司法、军事大权,是国家的最高统治者。如日本1889年宪法规定天皇是国家元首,又是军队最高统帅,有宣战、缔约、任免高级文武官员、解散和召开议会的权力。内阁大臣不是向议会负责,而是对天皇负责。这两国的资产阶级力量较弱,虽有议会和宪法,但作用不大。实际上是"以议会形式粉饰门面、混杂着封建残余、已经受到资产阶级影响、按官僚制度组织起来、并以警察来保卫的、军事专制制度的国家"。②

这样封建式的君主立宪制度虽然偏离了君主立宪制度在建立之初的目的——限制君主权力,却也为日本的发展提供了助力。在天皇的统一管理下,当时的日本提倡学习西方社会文化及习惯,翻译西方著作,发展近代资产阶级性质的义务教育,全民学习西方先进思想文化,破除陈旧的封建思想长久以来

---

① 高兰:《明治天皇权力的虚像与实像——近代日本立宪君主制的形成对明治天皇权力双重影像的影响》,《复旦学报》(社会科学版)2019年第6期。

② 尹金:《两种君主立宪制》,《中学历史教学参考》1997年第4期。

的禁锢。并且在天皇的专制下,日本做到了在政府主导下的集中力量办大事、国内各地交通设施得到极大改善、各种新式的铁路和公路也纷纷建立;国内的法律体系初步建立;确立正规军队编制、拥有自己的军事力量。此外,日本集中资金引进西方近代工业技术,培育扶持本土企业,推动工商业的发展。以天皇为代表的统治,以举国之力提升了日本的经济实力,帮助日本摆脱民族危机,逐步走向崛起。

三、确立资本主义政治制度

明治维新不仅在日本确立了君主立宪制度,更是日本由封建国家迈向资本主义国家的重要转折点。19世纪末的日本在受到"黑船事件"的刺激后,开始主动地学习先进的科技并向国内不断引进新的技术,因此日本有发展资本主义的需求。在德川幕府末期日本的工商业开始发展,商人会和下层武士通过联姻等方式提高自己的社会地位,也正是有这样的政治基础,日本有发展资本主义的内在动力。① 第一次工业革命时,日本还处于德川封建时期,西方列强在第一次解放了生产力后向日本殖民扩张间接影响日本,使日本天皇推翻德川幕府,开始明治维新。明治维新促进了日本资本主义思想的萌芽。第二次工业革命发生时,日本已经完成明治维新,通过向当时处在世界领先地位的西方列强不断地学习,建设资本主义大工业化生产、发展资本主义工商业、普及资本主义新思想、确立起资本主义政治制度,走上资本主义发展道路。从封建专制走向资本主义,标志着日本在资本主义思想的引领下走上一条全新的发展道路,一个新兴的资本主义国家正在崛起。正是在这样的制度指引下,日本在东亚脱颖而出,最终成为东亚强国,实力远超周边国家。

第二节 思想教育的突破

一、推崇传统好战思想

日本统治者推动对外侵略扩张的野心和历史可谓"源远流长"。虽然日

———————

① 张名轩:《日本明治维新与资本主义的发展》,《中国新通信》2019年第2期。

本是个小岛国,但是统治者野心甚大、胆子甚大,为达目的敢以小博大甚至不惜以国运相博。除了古代的所谓的神功皇后三次用兵征讨新罗大获全胜的传说,后来的日本统治者均大肆宣扬其开疆拓土之战功。从 8 世纪开始,武士逐渐发展成为日本社会重要的军事力量,在此基础上建立了以武力作为权力基础和维持统治手段的武家政治,这更强化了日本统治者的战争欲望。到了 16 世纪末,丰臣秀吉统一日本并抛出了所谓的"丰臣三策",提出征讨朝鲜,进占中国、印度,称霸亚洲的狂妄计划。丰臣之后,日本统治者及许多思想家,不断鼓吹其计划、宣扬其思想,致使日本对外侵略思想在 300 多年间延绵不绝且日益猖獗。特别是明治维新进一步激发了日本对外侵略扩张的野心。日本明治维新试图通过自上而下的变革来达到抵御外辱、富国强兵的目标。①

在全面学习西方的过程中,日本片面地汲取列强们"弱肉强食"的社会达尔文主义强盗逻辑,从思想与国策上为其崇尚武力、热衷战争找到了现实样本。日本国民被统治者以神的民族和天皇的国家为主要内容的皇国史观长期洗脑,对天皇有着畸形的信仰和服从,对"大和民族优越论"有着畸形的狂妄和自负,民族性格中狭隘、狂傲、残暴的一面极易被转化为对外战争的狂热性。为适应侵略战争需要,日本统治者利用日本家国同构、忠孝尊皇的民族传统对本国人民进行洗脑,从意识形态上催生和强化了军事封建帝国主义,把日本民族引向对外侵略扩张的罪恶之路、毁灭之路。通过对外武力扩张和战争掠夺来实现国家发展目标,是日本进入近代社会的显著特征。通过长期预谋和精心备战,日本在一次次对外侵略扩张的道路上不断收获着"战争红利",这反过来又进一步刺激了其争霸世界的野心。②

日本政府利用长期根植于日本民众心中的好战传统和天皇权威形象,大肆美化战争、蒙蔽国内百姓,将本国民众卷入非正义的对外侵略战争中。起初,好战的传统使日本士兵作战时勇往直前,肆意掠夺战败国的财富,为本国发展积累资金、彰显日本的实力,却给东亚其他国家带来了无法磨灭的伤害。好战传统在早期的确为日本在东亚崛起提供助力;但伴随着和平意识的觉醒、

---

① 张瑞敏:《日本好战的特性从何而来?》,《解放军报》2017 年第 6 期。
② 张瑞敏:《日本好战的特性从何而来?》,《解放军报》2017 年第 6 期。

被侵略国家团结御敌，推崇好战思想的日本已经无法再像以前一样依靠对外扩张、发动侵略战争占据财富。"得道者多助，失道者寡助"，与追求和平的世界环境格格不入的好战传统也为日后日本的衰落埋下了伏笔。

二、培养"国民一体"伦理观

日本的宗教尽管在教义、形式等方面存在些许差别，但核心思想都是教导信众要忠于国家，树立民族认同感、自豪感和奉献意识，在思想上为日本崛起提供精神动力。民众的绝大部分生活都与宗教有关，对自己信仰的教派非常尊重，宗教也一直支配着日本国民的思想感情。以忠孝为伦理的体系中，居首位的当然是忠，而与忠紧密相连的便是孝。忠是作为一个大和子民的首要政治义务，是对至敬者；而孝则是一个家庭成员的第一家庭义务，是对至亲者。在个人的成长过程中，孝先于忠；在以政治价值优先为特征的日本，忠却优先于孝。在日本，忠与孝之间并不矛盾，培养孩子之孝，是为了成人之后尽忠，孝强化了忠。在统治阶级的推行下，日本宗教逐步与世俗伦理相结合，忠孝观念成为日本宗教的核心教义，形成"国民一体"的伦理观。"国民一体"的彰显在明治维新前后达到了极致，民族主义思想在日本深入人心，忠君与爱国在本质上被合二为一。[①]

日本民众普遍信教，受宗教影响，形成"国民一体"伦理观，将自身荣誉与国家利益结合，认为自身进步就是国家进步。在此种伦理观渗透下，日本民众普遍对国家和君主保持忠诚，积极为国家作贡献。这样的思想传统促使日本百姓在自己学习、工作、生活等方方面面追求进步，推进日本技术、军事、经济层面的崛起，为日本的崛起奠定了坚实的思想基础。

三、形成对外学习的岛国性格

日本的岛国性格是在日本独特的地理环境下，在与周边文明接触过程中，结合自己的需要对外来文明与本土文明调适的结果。它起源于日本最初的岛

---

① 叶雷：《忠孝伦理：日本道德教化的展开与创新机制的内化》，《常州工学院学报》（社科版）2006 年第 2 期。

国文明,后来由于中日日趋频繁的文化交流,日本吸收儒教思想并将其本土化。江户末期,日本的封建社会出现危机,传统的儒教不再适应社会发展的潮流,西方文明则在此时显示出其旺盛的生命力,有着汲取外来文明优良传统的日本民族又将目光转向西方,在与西方文明的接触中,将其内化于岛国性格中。

日本的岛国性格在对外来文化的不断摄取、整合中完善,并产生了深远的影响。一方面,它使日本吸纳了外来的先进文明,克服了社会危机,摆脱了自身文明边缘的地位;借鉴儒家文化进行大化改新进入封建社会,成为东亚文化圈中的重要部分;迅速接纳西方文明进行明治维新,改变了自身沦陷的命运,逐步成为资本主义强国,实现了经济的快速发展。另一方面,日本固有的强烈危机感及在与外来文化的博弈中逐渐形成的"以我为中心,为我所用"的民族特性,促使其积极对外侵略扩张。

第三节　先进技术的发明

一、农业技术

日本从明治维新以来,以发达国家为目标进行了各方面的改革。在农业上,一方面采取聘请外国教师开办农业学校和农业试验场等措施,另一方面又听取有经验的老农的意见,从而来谋求农业技术的发展。在农业技术的演变中,所采用的农业技术措施如下:第一项技术措施是育苗方法。这是根据长野县高寒地区农民以油纸保温折中育苗法提出来的,这个寒地育苗法既稳定,又能早种,从而可避免冷害,在暖地栽培中引入杀虫剂和采用早熟品种,可做到早种早收,躲避了台风的袭击和作物的早衰,因而获得了高产。第二项技术措施是根据影响提高水稻产量的早衰原因和不良土壤的情况,强调包括排水的土壤改良,作为应急措施来完成。同时还推广了施用无硫酸根肥料,增施铁肥,进行合理灌溉等。第三项技术措施是从 1949—1968 年,召开了全国性的水稻生产评比会,邀请有关农林省、农业试验场和大学的各种技术专家,共同协作,进行高产田的现场考察,使高产栽培技术措施,更加具体明确和普及,其中的间断灌溉法就是通过水稻生产评比会总结出来的一项新技术。第四项技术措施是从 1950 年开始,推广应用了高效农药动力机械、除草剂、耕耘机,1965 年开始,水田应用了拖拉机,到 1970 年应用了捆束机、康拜因收获机、插秧机等①,这些农机具的推广和应用,对于提高劳动效率、生产水平以及水稻产量,都有一定贡献。

二、纺织技术

日本纺织技术经历了多个发展阶段。在庆应 3 年(1867 年)日本纺织进入创业期,此时主要依靠从英国进口的纺织机,生产范围有限、规模小、产量低。在明治维新结束后的 20 年里,日本纺织进入蓬勃发展时期,日本国内相继诞生 20 个民办纺纱公司并开始细纱机国产化。在大正时期,日本纺织技术进入成熟期,纺织机械进口达到高峰,国产化比率提高,甚至能够向英国出售纺织机专利技术。后经战争的破坏,日本纺织技术发展速度较之前稍微放缓,但总体保持不断进步超越的良好态势。②

三、汽车技术

日本汽车的制造工艺始终有较高的水平。日本汽车制造把传统的常规工艺与现代的先进工艺、把老设备与新型设备巧妙地结合在一起,形成了适合多品种、系列化、小批量生产的先进、实用、有效、经济的制造技术。日本汽车生产技术一共可分为三个时期:1970 年前,低频熔炼炉、自动压力机、自动多工位热成机和数控机床等机器在日本普及,完善了日本汽车工艺的批量生产体制。1971—1975 年间,依靠工业机械手、新切削工具、高强度钢板的应用,日本汽车工艺更上一层楼。1976 年起,自动机床的灵活度提高,从锻造、机械加工到焊接的每一步程序都有了大幅度的提升,汽车制造技术不断提高。③

---

① 户苅义次、李璋模:《日本农业技术的演变》,《黑龙江农业科学》1980 年第 6 期。
② 王素琴:《日本纺织技术发展史》,《棉纺织技术》1983 年第 5 期。
③ 吴启金:《日本汽车工业发展历程》,《中国机电工业》2003 年第 6 期。

四、科技立国战略

20世纪70年代,日本提出"技术立国"战略,采取综合性措施,将重点从产业技术的引进模仿转变为强化自主基础性研究,并持续增大投入,使技术水平得以不断提高,并在半导体等领域走到了世界前列。政府主导的大科学发展模式开始有起色,企业研发力量逐渐增强,大学的基础研究也在积蓄力量,这些成为这个时期科技发展的亮点。重要的政策措施包括四个方面:第一,组织技术预见,系统化地预测和定位前沿重点领域。第二,增大对基础研究的稳定投入。第三,推进"产学官"合作制度。第四,国家主导和支持大科学项目。①

科学技术进步是第一生产力,综观西方老牌资本主义国家的崛起道路,无一不是从工业革命、科技进步开始的。日本农业技术和生产有了一定的提高,耕地面积有所扩大,国内粮食产量得到较大幅度提升,部分解决日本国内粮食紧缺、大量从国外进口粮食的严峻问题,满足最基本的生活需要,缓解社会矛盾。纺织技术的革新是英国第一次工业革命的起点与代表,日本也以纺织业为中心展开了浩浩荡荡的工业革命。截至20世纪初工业革命结束时,日本的工业、交通运输业、贸易、金融等都有巨大的发展。总之,纺织技术的进步带动的不仅是单个产业的发展,更是日本资本主义大工业发展的重要推手。汽车技术的革新,其主要作用是为日本创造一个新的经济增长点,开拓日本积累财富的途径。科技创新立国战略针对的是日本高新技术产业,在这个战略的指引下,日本高新技术产业不断进步。技术进步推动日本新产业的出现,促进经济发展,为崛起积聚了科技力量与支持。

第四节　经济的发展

一、汽车产业的拉动

汽车产业一直是日本国民经济的重要支柱,它既是日本技术进步的重要

---

① 胡智慧、王溯:《"科技立国"战略与"诺贝尔奖计划"——日本建设世界科技强国之路》,《中国科学院院刊》2018年第5期。

标志,也是日本经济增长的重要引擎。日本依托国内各产业的协调发展、发达的要素市场、高度的产业聚集及高效的劳动生产率等固有的生产属性,加之日本政府选择了贸易保护、较积极的财政政策、现代公司制度、现代管理制度等一系列有利于汽车产业发展的制度和政策,使历时近百年的日本汽车业长期雄踞世界前列。1901 年,美国汽车公司在东京开设第一家专卖店;次年便帮助日本制造第一辆本土汽车,逐步为日本培植了汽车产业的萌芽。第二次世界大战拉动日本汽车产业迅速壮大,民用汽车进入超常发挥阶段。进入 20 世纪 70 年代后,日本汽车利用价格、服务和宣传等优势,打破欧美汽车的垄断局面,打开海外市场,最终实现海外市场全球扩张,创造汽车奇迹。从日本国内市场看,最顶盛时期即 20 世纪 70 年代至 21 世纪头 10 年间,汽车产业在生产总额上占制造业的 10%—15%,是日本的第一大产业,远远超过排位第二的家电产业(占日本制造业的 5%),设备投资额和研发费用约占全部产业的 10%,汽车出口额约占出口总额的 20%,没有汽车工业就没有制造业。从对其他产业的拉动看,据测算,每生产一辆丰田牌汽车,就要拉动 2 吨钢材,1 吨橡胶,0.5 吨玻璃,0.1 吨皮革,7 万日元的电子、化工产品及其他 14 万日元的元器件的生产,直接产生 20 万日元的生产效益。从间接就业角度看,每生产一辆丰田汽车,就会带动 5 个人就业。以日本 1985 年生产 1227 万辆汽车推算,间接拉动 6000 万人就业,占日本国民的一半。从国际市场来看,在 20 世纪的最后 25 年里,日本汽车企业就确立了其世界领导地位,日本车甚至占据世界汽车产业 30%的市场份额。可以说,没有汽车业,就没有日本经济的半壁江山。[①]

二、家用电器产业的推动

日本的家用电器产业是第二次世界大战后发展起来的新兴工业,发展速度十分惊人。家用电器产品的大批生产,广泛销售,不仅在日本国内引起了家庭生活的巨大变化,而且以其质优价廉,新颖多样的强大竞争力风靡世界市场,日益占据垄断地位。日本家用电器工业的发展,可分为六个阶段。第一阶段是摸索学习阶段。从明治维新(1868 年)至第二次世界大战全面展开(1941

---

① 　杨兵、何跃:《汽车——拉动日本经济的第一引擎》,《辽宁经济》2014 年第 12 期。

年),主产品是电灯泡和收音机。在这一阶段,依靠外国(主要是美国)的资本,学习外国的技术,许多家用电器厂创业初期因陋就简。第二阶段为战争时期(1941—1945年)。政府停止从欧美引进技术,出于战时宣传的需要,对收音机采取了按军需品处理的优先生产政策。东芝垄断崩溃,日立、松下等企业集团兴起。第三阶段为战后混乱(1945年)至日本经济进入高速发展之前(1956年)的战后时期。日本再次从国外引进技术,为即将来到的电视时代做了充分的技术准备。第四阶段是1956—1965年,为"第一次家用电器热"阶段。1958年家用电器的国内销售量比1955年增加78.8万,表现出爆炸性的增长。1961—1967年,保持了每年平均增加30%以上的急速增长速度,这一阶段带头产品是电视,产品结构中的"三大件"(日本人称为"三种神器")是电视、电冰箱、洗衣机。第五阶段是"第二次家用电器热"(1965—1977年)。1963年后,由于上述"三大件"市场趋于饱和,家用电器爆发性的增长告一段落,生产萧条。企业竭力从技术开发(主要是彩色电视),降低成本中求出路。经过4年的低潮期,随着市场追求更高级的家用电器和技术开发的结果,重新达到高速经济发展时期高于20%的增长率的水平。这一热潮中,彩色电视、电子烤炉、空调是"新三大件"(日本人称为"新三种神器")。随后家用电器工业发展成为有巩固地位的大工业。第六阶段(1977年开始)为扩大出口,海外投资和开发更高档的家用电器阶段。在日本国内市场已趋饱和,彩电有秩序地向美国等地出口,扩大在东南亚等地区的海外投资,就地生产。同时,大力开发继彩电以后的主力产品,主攻方向是磁带录像机和家用电视磁盘录音机等高档产品。后者的产量,日本已居世界第一位。①

三、经济高速增长

日本经济经历多个发展阶段。1905年,日本取得日俄战争的胜利,夺得俄国在中朝两国的权益,靠着从中国和朝鲜夺取来的资源,日本工业发展迅速,成为工业体系完备的资本主义工业国。但由于发展历史较短,此时日本工业产值只占世界总产值的1%。在第一次世界大战爆发后,日本工业发展形

---

① 卢太宏:《日本家用电器工业的发展》,《赣江经济》1982年第2期。

成高潮,经济结构发生显著变化,工业产值开始超过农业产值,且对外贸易活跃。20 世纪 20 年代,日本经济处于稳定发展期,工业发展缓慢,直至第二次世界大战爆发,日本经济遭受重创。但经历 1945—1956 年这 10 年的短暂恢复期,1955—1970 年,日本经济重新出现增长,这段时间在战后日本经济史上被称为"高速增长"时代。在这期间,日本经济以年平均 10%的速度增长,整个工业实现了重工业化,国民经济实现了现代化,成长为资本主义世界第二经济大国。20 世纪 50—60 年代日本经济的高速增长,是以大规模的固定资产投资为主要基础和动力的。在大规模设备投资和引进先进技术的推动下,整个日本经济出现了高涨的局面,国民生产总值实际增长了 3.2 倍,年平均增长 10%;工矿业生产实际增长了 6.6 倍,年平均增长 15%,其中轻工业为 11%,重化工业为 19%,这个增长速度被世界各国看作"经济奇迹",它使日本经济达到了世界水平,实现了经济现代化,成为一个发达的资本主义国家。①

依托早期的技术进步,日本找到新的经济增长点——汽车产业。日本接受美国的援助,打造第一辆本土汽车,产生汽车产业的萌芽。自此之后,日本汽车成为日本经济发展过程中的中流砥柱。正是由于在当时物美价廉的日本汽车打破了欧美长期垄断,日本经济才出现了转机。尽管战争失败给日本经济狠狠一击,但战后汽车产业和电器产业这两个支柱性产业的发展将日本经济拉出低谷,并创造出此后 15 年的经济奇迹。通过向外出口汽车、电器,日本积累了大量的外汇储备,谋得了巨大的经济利润,国内的发展有了巨大的经济支持。20 世纪 90 年代,日本成为仅次于美国的第二经济大国,经济实力远超世界上的其他国家。正是有了雄厚的资金支持,日本的崛起之路才能走得稳而且强势。

第五节 军事力量的崛起

一、培养武士

武士起源于封建时期,是近代日本最早的武装力量。日本从 6 世纪展开

---

① 国晖:《发展型国家的经济奇迹——论 20 世纪六七十年代的日本》,《时代金融》2016 年第 9 期。

了封建化的过程。987 年,日本中央政权基本完善,开始在地方设立国司,国司行使向庄园征税的职权,而和庄园领主矛盾尖锐化。11 世纪初,国司的权力一落千丈,庄园既不受国司管辖,也不受郡司支配,成为独立的经济实体和政治力量。"庄官""地头"和领主为了兼并其他庄园,又对抗国司而武装庄民。庄民成为武士,武士联合组成"郎党",庄园武装力量迅速发展,从两个庄园发展到一个地区,到 11 世纪中期,逐渐形成超越庄园范围的地区性的武士集团。早期的武士阶级大都出身于地方农村,以武艺为业,粗野而疏于文道,甚至大部分是文盲。随着武士阶级政治地位的提高,加强文化修养和讲究为人之道成为当务之急。但中世纪的日本,长期处于乱世,武家赖以生存的仍然是武力,时时刻刻离不开战斗,整个武家社会的风尚就是"尚武""尚强力",虽然也注重文道礼仪,但更多体现的是武断的色彩。反映在教育上是重武轻文,重视实践能力的训练和尚武精神的培养。武士在本质上依然是军人,而武士团体在本质上也是军事集团。在道德培养上他们更侧重于"忠诚和对社会的奉献",即强调对君主或对集体的忠重于对双亲或家庭的孝。幕末武士阶级中涌现出的新的领导力量成为 1868 年明治维新和后来改革的推进力量,也正是这些武士文化的承载者,在明治维新后确立了"军事立国"的国家发展路线,并把武士文化扩大为日本的全民文化,把武士道发展为近代军人精神和国民道德,并向全体国民灌输,从而为发动军国主义侵略战争奠定了思想基础和社会基础。①

二、推行富国强军政策

富国强兵是明治维新的最终目标。在强兵方面,是建立新的军制。1873 年,明治政府颁布《征兵令》。实行义务兵役制,取消了武士垄断军事的特权,仿照欧美组建一支常备军。为了确保这支常备军的实力,明治政府一方面大力改进军事装备,引进新式武器。并设立现代化军工企业,仿制先进武器以作保障;另一方面,设立军事院校,培养军事人才。但是日本的军队由军部指挥,

---

① 王志、王晓峰:《日本封建武士教育及其特征》,《南昌航空大学学报》(社会科学版)2017 年第 2 期。

军部只向天皇负责,称为"皇军",不受内阁干涉。1878 年发布的"军人训诫"第一条就要求军人把天皇当作"神"来崇拜。所有的军人都接受武士道教育。强调"忠君""尚武"等精神。这一切都决定了这支军队从开始就保留了浓厚的封建军国主义色彩,成为日本帝国主义对外侵略的核心力量。[1]

三、建立现代化军队

变幻莫测的国际环境和动荡不安的国内局势迫使日本政府着手建立现代化军队,筹备全新的军事力量,为日本崛起提供军事力量的支持。明治初期,日本陆军编制采取镇台制,最初军队采取镇台编制是为了维持国内社会治安和镇压动乱,为政府的各种社会经济改革保驾护航。1891 年,日本军队由镇台制改为师团制,标志着日军在作战思想上从本土防御型向对外作战型转变。明治政府成立后,又接收了幕府的海军操练所和海军传习所,并且整编了幕府和各藩的军舰、人员及装备,并以此为基础建立了海军。日本为夺得制海权,不断操练海军、提高海上军事力量,在第一次世界大战后便成为继英美两国海军之后的世界第三海军。除军制、军备现代化外,日本加紧军事指挥体系和军事工业现代化进程,加强军队权力集中化和效率化,日本军队的武器装备大大改善,军队战斗力大大增强。有了强大的军事力量加持,日本加快对外扩张的步伐,多次向周边国家发动侵略战争,夺取战争赔偿款与生产资源,用武力手段保障国内经济顺利、稳步地发展。[2]

无论是早期的武士,还是近代的现代化军队,日本的军事力量始终都是维护它崛起的重要支撑。武士阶层的反抗推动明治维新的诞生,帮助日本摆脱危机,破除封建主义制度的不良影响,扫清顽固势力的阻碍,促使日本走向资本主义的全新发展道路。现代化的军队则助力日本近代的对外战争。在强势军队的助力下,日本掠夺财富,积累资本;并且对内安邦定国,对外震慑威胁,为本国崛起提供稳定的国际、国内环境。

---

[1]　孙绍红:《日本军国主义的历史脉络》,《西安政治学院学报》2015 年第 4 期。
[2]　李庆辉、张玉平:《甲午战争前的日本军事改革》,《大连城市历史文化研究》2017 年第 1 期。

第六节 外部环境

一、宽松的国际环境

宽松的国际环境为明治政府在国内进行资本积累、谋求独立发展提供了基础。明治维新发生在 19 世纪 60 年代,当时世界正处于自由竞争资本主义时期,列强夺取殖民地的高潮也尚未形成。西方殖民主义者大多将目光投注在印度、中国这样既有广阔市场又有丰富资源的国家。最初通过武力打开日本国门的美国陷入了南北战争,停止了对日本进一步的掠夺。而与此同时,英、法、俄在亚洲的主要殖民地受到民族解放运动的牵制,如当时中国的太平天国运动等。西方列强不仅放松了对日本的侵略,还希望利用日本作为牵制俄国和侵略中国的工具,反而开始扶植日本。

二、对外殖民掠夺

日本政府通过对外侵略、进行殖民扩张,不断从世界其他国家掠夺资源和财富,用于本国发展。可以说,日本的崛起是建立在对其他国家人民剥削的基础上的。明治维新后,日本政府制定了"殖产兴业""文明开化""富国强兵""脱亚入欧"等改革政策,以求加快国内的经济发展和社会改革,增强综合国力,尽快走上通往"大国"之路。日本的"大国"战略是以武力扩张为手段,以地区乃至世界称霸为最终目标的。在推行"大国"战略目标时,日本又表现出双重性,一方面对西方暂时屈服以待时机;另一方面向邻国扩张,"弥补"损失。[1] 从 19 世纪 70 年代起,日本即开始向邻国进行一系列尝试性扩张,获得了侵略利益。日本通过甲午战争、八国联军侵华战争、日俄战争等一系列对外战争,逐渐成为亚洲的"大国"、强国。日本接连从战争中获益,又刺激了其重工业特别是军事工业的发展,积蓄了发动新的侵略战争的力量。近代日本形

---

[1] 史桂芳:《日本的"大国"战略与第一次世界大战前后的对外扩张》,《军事历史研究》2014 年第 4 期。

成了发动战争—发财—强军—再发动战争的循环,战争使日本迅速积累财富,也成为日本走向"大国"的捷径。

稳定的外部环境使刚刚走上资本主义道路、实力尚且弱小的日本有了一个喘息的机会。正是由于列强将主要目光集中在中国等国家,战略性地扶持了日本,日本才能在发展过程中免受外界的打扰,专心发展。在列强,尤其是美国的大力支持下,日本实力不断提升,趋向繁荣稳定的发展状态。待到日本强大后,对外的殖民掠夺,又可以为日本夺得发展所需的各类原料和资金。在列强帮扶和主动对外扩张殖民的双重加持下,日本在崛起的道路上不断前行。

第七节　其他因素

一、大力普及教育

教育的大力普及是日本飞跃式发展的重要因素。在日本建立现代垄断资本主义国家制度之前经历了古代农奴制、中世纪封建农奴制(奈良、平安时期)、幕府武家统治(镰仓、室町、江户)的封建社会时期和明治维新的近代时期。伴随着社会历史的更替演变,教育的发展轨迹也从原始走向了近代和现代,完成了贵族教育—平民教育—义务教育的历史演变。①

教育的大力普及为日本积累丰富人力资本,人力资本积累又在其经济追赶中发挥了积极的驱动作用。20 世纪中叶,日本战后经济迅速恢复和发展,60 年代末开始成为世界经济大国,到 80 年代,人均国民收入及工业技术水平已经达到欧美发达国家水平,部分工业技术甚至已有所超越,成为仅次于美国的世界第二经济大国。日本能够创造世界经济发展史上的奇迹,除了有利的国际环境外,在国内条件下,深化教育体制改革,为充分发挥人力资本的经济效能创造制度环境;普及国民基础教育,提高劳动力人口的整体科技文化素

---

① 刘旭东:《教育进步:日本贵族教育—平民教育—义务教育的历史演化》,《河北联合大学学报》(社会科学版)2014 年第 6 期。

质;增加人力资本投资,把人才培养列入国民收入倍增计划等使战后日本人力资本在经济追赶中发挥了极为关键的驱动作用。①

日本"贵族教育—平民教育—义务教育"的发展模式,打破了教育方面千百年来的阶层固化,让教育不再是只供皇室与贵族享受的奢侈品,成为平民也能消费得起的一般商品。接受教育的对象扩大化,有利于全国文化水平的提高,降低文盲率,提升整个国家国民的文化素质,在国际上塑造以文化立国、文化大国的形象。普及教育的意义不仅仅只是树立良好的国家形象,更能维护社会的稳定,为国家输送更多高层次的人才,积累人才储备。首先,如果日本始终都将教育专供于皇室、贵族阶级,阻碍教育的传播、普及,那么日本的阶级固化问题会更加尖锐。统治阶级控制着整个国家、享有大量的财富,甚至他们的子孙后代也会继承他们的一切权力与财富,普通群众只能日复一日、年复一年的继续被统治、被剥夺、看不到任何阶级上升的希望。那么终有一天,饱受统治阶级压迫的民众会团结到一起,推翻贵族的统治,日本国内的战争一触即发。一旦给了民众和贵族同样受教育的机会,就相当于是给了平民一个看得见的希望,或许他们可以通过教育摆脱较低的阶级和贫困的命运,日本国内的平民就会因此暂时平复制造暴乱的心情,降低国内战争爆发的概率。从某种意义上来说,普及教育可以说是贵族主动对平民进行"表面安抚"的行为,一方面,贵族满足平民的要求,给予他们受教育的权利;另一方面,平民受教育的质量远低于贵族,大部分平民也没有足够的金钱支撑家中子弟的教育,难以威胁贵族阶级。这样,处于统治地位的贵族阶级就不费一兵一卒地解决了潜在的威胁。其次,教育机构中普遍存在"昏庸者可凭门第升迁,干才极难脱颖而出"的现象,贵族子弟才不配位,难以担当起国家发展的重任。将教育普及到国内全部适龄群众,有利于吸纳各阶层的有才之士,按需培养、将他们用于国家发展所需的各个工种,增加人才储备。日本能推翻幕府的黑暗统治,学习西方、迅速从落后的封建国家转变为工业国,并且取得仅次于美国的第二个经济大国的地位,每个重要的阶段和转折点都离不开出生平民却才华横溢的受教

---

① 李辉、于钦凯:《人力资本积累在战后日本经济追赶中的驱动作用及其启示》,《现代日本经济》2004 年第 6 期。

育群众,教育的普及化为日本近代的腾飞提供了丰富的人力支持。

二、采用终身雇佣制

日本的终身雇佣制度被称为第二次世界大战后日本经济成功的"三大神器"之一,它是日本企业所长期采用的一种劳动雇佣制度,因其独有日式风格而享誉全世界。日本终身雇佣制对于日本战后经济的崛起可谓是功不可没。对企业而言,日本企业把凝聚力极强的家文化融入了企业的管理当中,即使在经济萧条、经营困难时期,企业也不会轻易解雇员工,员工和企业之间形成了一种信赖关系。这样便有利于企业协调劳资关系和人际关系,减少企业管理控制的投入和提高效率,从而确保企业员工队伍的稳定,降低雇佣成本。由于实行了年功序列工资制,使员工的工资在进入企业的很长一段时间内一直维持在较低的水平上,这就加速了企业的资本积聚,为企业经营管理的现代化提供了必要的物质基础。在终身雇佣前提下,企业为能培养出掌握专业知识和技能并且忠于企业的熟练工人和技术人员队伍,进行了长期而可观的资本投入,大大提高了成本。而这些人才也不愿意随便跳槽,因为一旦跳槽,之前的待遇将随之消失,一切都得从头开始。所以,企业与员工都不愿背弃彼此。这就为企业实现长期雇佣创造了条件,在员工培训方面就可以不间断和反复地顺畅实行。企业的技术革新和设备自动化会引起劳动力过度剥削的情况发生,因此有可能遭到工人的抵制。但在终身雇佣的条件下,企业可通过培训等方式便可以在企业内就把人员调整的问题给解决了,不会出现失业的状况。这样一来企业就可以采用节省劳动力的新技术和新设备,加快其技术进步。对社会而言,新毕业的学生通常都会认真地选择一个能将自己的一生都托付的公司,从而促使有发展前景的公司汇集优秀人才,收到有效配置人力资源的效果。因工龄的积累直接影响从业人员的收入,所以有效地减少了从业人员跳槽、离职的现象。同时,因终身雇佣制的实施,企业不随便解雇员工,使失业率大大降低,人们安居乐业,有利于社会治安,减少社会中的不稳定因素。[①]年轻化、知识化、专业化、技能化、创新化且高度忠诚的员工是日本崛起的宝贵

---

① 杨颖:《浅析日本终身雇佣制的优势与弊端》,《东方企业文化》2007 年第 7 期。

财富,员工积极进取,努力提高技能水平,并且做到把公司当作自己的家,心甘情愿地为公司作贡献,推进日本各产业的发展进步,最终助力了整个国家的崛起。

第八节　日本奇迹破灭

日本的崛起离不开政治、思想、技术、经济、军事、外部环境、普及教育和终身雇佣制等诸多因素的共同努力。但日本国土狭小、人口稀少、资源匮乏,经济对外依赖严重,自身存在不足。又因为对外关系处理失误,挑起第二次世界大战却失败造成政治主权不完整、军事权力丧失、经济遭到破坏和守旧的人事雇佣制度,丧失崛起的优势因素。先天不足,后期乏力,日本崛起的奇迹在第二次世界大战结束后正式宣告破灭。

一、先天不足

从地形看,日本具有山多坡陡、平原狭小、"地灾"频生的特点。日本南北狭长,平原较少,零星分布在河流下流及沿海,多为人口密集城市。境内多山地和丘陵,占国土面积的71%,大多数山为火山。日本地震频发,每年发生震感有1000多次,是世界上地震最多的国家。由于地形复杂,日本河流短、小、急,流域面积小,落差大,急流和瀑布众多,水力资源丰富,但有明显的涝旱两季,部分河流甚至会在夏秋汛期泛滥成灾,冬季干涸断流。① 从自然资源来看,日本土地资源不够丰富,农业用地即耕地资源更显得比较贫乏。日本耕地平均每人仅约442平方米。森林在国土中所占的面积则比较大。日本森林约占陆地面积的2/3,是世界上森林覆盖率最高的国家。由于对木材的需求量很大等原因,日本每年仍然要大量进口木材。日本矿产种类丰富,但数量不足,主要依靠进口,只零星储藏铜、煤、硫黄及石灰石等。与世界上其他同等人口规模的国家相比,无论从其矿物的蕴藏总量还是从人均占有蕴藏量来说都

---

① 高茜等主编:《世界经济贸易地理》,中国人民大学出版社2013年版,第124—125页。

是比较贫乏的。目前,在各种矿物资源当中,只有石灰石资源尚可称之丰富,而其他资源特别是石油、煤炭、铀等能源资源则尤显缺乏。这一点在其需要耗费大量矿物资源的工业高速发展以后显得更加突出。从国内市场来看,日本国土总面积 377880 平方千米,约相当于俄罗斯的 1/45,中国和美国的 1/25,人口约为 1.27 亿,年增长率下降,并出现负增长率。狭小的国土面积,少量的国内人口,日本国内市场无法消耗本国生产的工业产品,只能将目光转向国际市场。

二、政治主权不完整

第二次世界大战后,作为战败国的日本丧失了原有的政治地位。1945 年 8 月 15 日日本宣布投降后,美国旋即以"同盟国军"的名义派出 10 余万军队进驻日本。在国际社会的干预和美国独家占领及直接控制之下,日本丧失了政治、军事和外交自主权,从战后初期到 20 世纪 50 年代中期,日本不得不实行对美国的"一边倒"方针,完全听从美国的指挥追随美国的冷战政策,充当美国在远东的防务小伙计。[①] 之前,日本一直都是亚洲国家中的翘楚,综合国力和政治地位都远超周边国家。但在第二次世界大战后,这一切都不复存在。战后,联合国成立,在五个常任理事国中,也没有日本的位置,日本被当时的主流政治力量排挤在外,在国际政治上的话语权被剥夺。而且,由于受到美国操控,日本政府暗中听取美国的部署安排,对国家缺乏实际领导,政治主权不完整。

三、经济对外依赖性较强

日本除了由于本国资源匮乏,对国外原料市场依赖大外,由于工业品大量外销,本身生产能力巨大,大进大出的贸易结构使日本经济对外依赖性也很强。例如,1973 年中东石油危机爆发,能源价格增长,严重打击了日本经济。日本政府采取了增加财政开支、扩大公共投资、对垄断资本减税、发行赤字公债等反萧条的措施,到 1975 年经济有所回升,但一直维持在较低的水平。日

---

① 张薇:《日本谋求政治大国地位的成因》,《思想理论教育导刊》2002 年第 4 期。

本经济增长形势的转变暴露了其作为贸易加工国,受国外市场影响较大、对海外依赖性强的特点。近代日本对外出售的产品主要是汽车零件、家用电器等工业产品,但随着日本工业的"召回门""一地一价"等丑闻的爆发,日系产品的信誉度直线下降,与此同时,中国等国家的制造水平也逐步提高,在有些方面甚至赶超日本,日本产品不再像过去一样受到广泛好评,对外出口额度减少,本国又消费不了这么多商品,出现大量库存积压。这充分表明,日本主要依靠国外的商品市场,经济对外存在严重依赖性。

四、"广场协议"破坏经济

从 1980 年起,美国国内经济出现两种变化,首先是对外贸易赤字逐年扩大,到 1984 年高达 1600 亿美元,占当年 GDP 的 3.6%。其次是政府预算赤字的出现。在双赤字的阴影下,美国政府便以提高国内基本利率引进国际资本来发展经济,外来资本的大量流入使美元不断升值,美国出口竞争力下降,于是扩大到外贸赤字的危机。在这种经济危机的压力下,美国寄希望于美元贬值来加强美国产品对外竞争力,以降低贸易赤字。1985 年 9 月 22 日,美国、日本、联邦德国、法国以及英国的财政部长和中央银行行长(以下简称 G5)在纽约广场饭店举行会议,达成五国政府联合干预外汇市场,诱导美元对主要货币的汇率有秩序地贬值,以解决美国巨额贸易赤字问题的协议。"广场协议"签订后,五国联合干预外汇市场,此后,在美国政府强硬态度的暗示下,美元对日元继续大幅度下跌,"广场协议"揭开了日元急速升值的序幕。

"广场协议"对日本经济则产生难以估量的影响。因为,"广场协议"之后,日元大幅度地升值,对日本以出口为主导的产业产生相当大的影响。为了要达到经济成长的目的,日本政府便以调降利率等宽松的货币政策来维持国内经济的景气。从 1986 年起,日本的基准利率大幅下降,这使国内剩余资金大量投入股市及房地产等非生产工具上,从而形成了 20 世纪 90 年代著名的日本泡沫经济。这个经济泡沫在 1991 年破灭之后,日本经济便陷入第二次世界大战后最大的不景气状态,一直持续了十几年,日本经济仍然没有复苏之迹象。

五、产业结构失衡

产业结构失衡也是日本崛起失败的原因之一。尽管 20 世纪 50—70 年代高速的经济增长给第二次世界大战后的日本带来了复兴的希望,但日本经济的高速增长是畸形的增长,它是在第二次世界大战后资本主义世界总危机进一步加深、美英等老牌帝国主义逐渐相对削弱的情况下出现的,反映了资本主义发展不平衡的规律。日本经济的高速发展是一种畸形的发展,不但表现在重工业和轻工业的比例失调方面(1970 年重工业比第二次世界大战前增长 12 倍多,而轻工业只增长一倍多),而且表现在严重破坏农业方面。日本经济畸形发展的基本原因是:对内,采取低工资、高积累、破坏农业,造成产业后备军的办法,对劳动人民进行剥削;对外,采取掠夺原料、倾销商品、资本输出的办法,剥削发展中国家的人民,并力图兼并工业发达的地区,重新划分势力范围。日本在这个基础上,一方面,在美国的扶植下,利用美国的侵略战争和美国援助,迅速发展起来;另一方面,利用国家和金融机构的资金并引进大量新技术和外国资本,对重工业和化学工业进行大规模的设备投资和设备更新,迅速膨胀起来。日本表面繁荣的经济建立在这样很脆弱的基础上,根基不牢,后期难以继续满足崛起的经济需求。

六、丧失军事控制权

丧失军事控制权是日本奇迹破灭的重要原因之一。1945 年,日本天皇宣读《投降书》,第二次世界大战以日本的失败而告终。作为战败国,日本的军事主权被限制,军队控制权被剥夺。根据战后协议规定,战后日本只允许保留不超过 10 万人的准军事部队,不得保留空军、具有远洋作战能力的海军、大吨位舰只、潜艇以及大规模杀伤性武器。不得将军队派遣出本国国土以外的地方。不得宣扬军国主义,不得发展和制定进攻性战略。国防费用在财政开支中的比例不得超过战后规定的比例和额度。不得在距离他国较近的地方修建军事基地等。失去了自有军队的日本就如同失去双翼的鹰,即便还有继续与世界上其他国家争夺霸主的雄心壮志,缺乏军队的支持,日本也只能是心有余而力不足。因为一旦日本冒出任何威胁到其他国家安全、利益的苗头,那么其余国家为了避免出现世界大战那样的惨烈后果,势必会集中起来对抗日本,而这样的后果是日本不敢承担也承担不起的。

七、对外关系处理失误

在日本崛起的历史进程中，美国算是一个非常重要的盟友，可以说，正是由于美国的扶持，日本才能够在东亚崛起。但受传统好战思想和军国主义思想的影响，日本高估自身实力，贸然发动战争，亲手将美国推到自己的对立面。由于日美两国奉行完全对立的东亚政策，日美在东亚必然会发生利益碰撞，两国之间也一定会爆发一场战争，只是日本将这个时间提前了。日本从 1941 年中就开始向东南亚扩张，引起了这个地区主要强国的不满，为了给日军一点警戒，美国冻结了对日的贸易，其中重要的是高辛烷石油。没有石油，日军的战争机器就无法运转，舰艇抛锚，等于无法继续侵略，为了确保正常侵略，掠夺石油，日军决定冒险一掷。1941 年 12 月 7 日，日军成功实施了珍珠港突袭。日军的这一场成功的突袭，让日军在第二次世界大战中更显得锐气十足。

就其战略目的而言，对珍珠港的袭击从短期和中期的角度来看是一次辉煌的胜利，从长期的角度来看珍珠港对日本来说是一个彻底的灾难。珍珠港事件立刻将一些本来意见不齐的国家动员起来了，尤其是将美国团结进来，要一起战胜日本。这次袭击彻底地将美国和其雄厚的工业和服务经济卷入了第二次世界大战，日本既失去了崛起道路上的一个强有力的盟友，又为自己树立了一个劲敌。

八、终身雇佣制的弊端显现

终身雇佣制曾经是日本崛起的重要助力，但随着时代的进步与发展，种种弊端也逐渐暴露出来。首先，终身雇佣制使劳动力始终被封闭在一个企业内，与社会统一的劳动力市场相隔离。虽然劳动者可以省去失业的忧虑，但也会因此失去其他更适合自己的选择。这样的劳动"绑缚"造成了日本的劳动条件长期低于欧美各国水平的状况产生，而且由于劳动力市场的封闭性，导致成熟的大型企业里人员过剩，而更需要优秀人才的成长型企业里却出现人才短缺现象。从整个社会来看，影响了人力资源的有效配置。其次，因为一个员工要在一个企业里工作一辈子，如果能胜任本职工作且游刃有余以及与上司和同事之间的关系也能相处融洽，那么就是再好不过的事了。但如果有一方面不和谐，甚至哪一方面都不称心，就会变成最麻烦的事情。因为在终身雇佣前提下，迫于雇佣制度的限制及社会传统的压力，既不能改善现状，又不能跳槽，只有不断地忍耐，妨碍积极性和能力的发挥，时间一长势必会产生心理问题，到了一定程度就会影响到家庭乃至社会，对社会来说，这不仅是一种损失，更是一种隐患。最后，终身雇佣制造成从业人员高龄化，工资负担加重，产生凭年头混资格的思想，影响企业生产效率的提高，也不利于企业技术管理人员的配备以适应企业发展的需要。①

　　日本的衰落既有自身的原因也有外界的影响。地域狭小、资源的先天不足是日本发展的首要阻碍，它迫使日本不得不依靠外部国家，既要依靠他们进口生产原材料，又要依靠他们出口本国剩余工业产品，高度依赖其他国家。日本又因为自己的盲目选择、极度自信，与自己最有力的盟友交恶，发动世界大战，波及世界上大部分国家，迫使其他国家联合抵制日本，削弱日本的国际地位、军事力量。日本将自己的崛起建立在外部支持的薄弱基础上，"根基不牢、地动山摇"，失去其他国家支持的日本崛起奇迹轰然倒塌，日本的崛起也就告一段落。

本 章 小 结

　　纵观日本的崛起—衰落的历史进程，有许多值得我们借鉴的地方。从崛起过程来看，在政治体制上，日本先建立中央集权制度，随后紧跟时代潮流，发展资本主义，建设君主立宪制国家，最终确立资本主义制度，将落后的封建国家建设成为新兴的资本主义国家。在思想上，日本强调忠君爱国的思想，在传统好战思想的引导下，壮大军事实力，全国上下一心为国家作贡献、谋发展。在岛国性格的影响下，积极吸收儒家思想和西方先进文明，将优秀文化融入日本的发展进程中。在技术上，日本积极向西方学习，从基本的农业、纺织技术，到现代化的汽车技术和高科技创新，日本着力提高本国技术水平，解决技术难题。在经济上，日本依靠汽车产业和电器产业拉动经济增长，经济实力仅次于

---

① 　杨颖：《浅析日本终身雇佣制的优势与弊端》，《东方企业文化》2007 年第 7 期。

美国,坐上第二把交椅。在军事上,日本注重军队改革,顺应时代发展、自身崛起的要求,使军队能够满足不同发展时期的新要求,为日本崛起筑起一道坚固的城墙。在外部环境上,日本与列强交好,获得他们的援助;同时向外扩张,主动掠夺资源。此外,日本的人才是崛起的一张王牌,正是有了一批批优秀青年的加入,日本的崛起才有了雄厚的人才支撑。

但日本的崛起还是失败了,最终走向衰落,从本国环境来看,日本自有资源不足,难以支撑发展所需的原料;国土面积狭小,现有常住人口不足,人口增长率下降甚至出现负增长,未来人口数量仍将处在低水平,国内市场需求不足,无法消耗本国所生产的产品。从政治体制来看,第二次世界大战结束后,作为战败国的日本丧失原本的政治地位,被剥夺多项国家基本权力,受美国管控和独家占领,政府丧失对国家的领导权,政治主权不完整。从经济来看,日本依靠国外的市场,既要通过国际市场进口生产所需的原材料,又要在国际市场出口本国剩余的工业产品。日本经济存在对外依赖性强的固有弊端,容易受外界的影响而产生剧烈波动。第二次世界大战后签订的"广场协议"使日元大幅升值,严重影响对外出口产业,使日本在国际市场受挫;又使国内资金大量涌入房地产等非生产性产业,形成严重的泡沫经济,日本经济元气大伤,一时间难以恢复。除了外部环境对经济的影响外,日本制定的产业政策也存在严重的机构失衡,重工业轻农业的政策造成日本经济表面繁荣、基础不牢的现象。从军事来看,第二次世界大战时日本法西斯主义给世界人民带来巨大伤害,为防止日本法西斯主义死灰复燃,战胜国对日本军事权力进行管控,日本军事权力受到剥夺和限制。日本军队的作战能力与往日不可同日而语,无法为日本再次谋求崛起。从对外关系来看,日本与扶持其发展的西方盟友的关系一落千丈,尤其是和美国的关系,美国对日本的扶持本就建立在美国的利益需求基础上,关系并不稳固,加上日本逐渐壮大后威胁到美国利益,又偷袭珍珠岛,美日两国间的同盟关系遭到严重破坏。日本外部既没有强有力国家的支持,自身在国际中也没有较高的地位,话语权受限制。从人力资源来看,日本没有顺应发展的要求变化,始终沿用终身雇佣制的老一套,造成人力资源分配不当、员工生产积极性降低,进而影响企业发展,给社会和国家带来隐患。日本崛起依靠的是政治、思想、技术、经济、军事、外部扶持和人力资源等因素的共同作用,而日本崛起失败也与这些因素密不可分。

日本的崛起与没落只是世界格局和秩序演进过程中的一部分。国际舞台的主要政治力量从自身利益出发,经过不断的消长变化和重新分化组合,由量变发展到质变,形成一种相对稳定的均势的结果,构成世界格局。世界格局并不是一成不变的,随着不同国家力量的此消彼长,世界格局也在不断演进中,世界秩序也同步发生着变化。

第四章　世界格局与德国的发展逻辑

提起德国,世人往往思绪多端:褒贬毁誉、喜恶敬惧诸念纷纭。它在政治、经济、文化、科技、军事等领域,涌现出一大批世界级顶尖人物,正面的、反面的莫不登峰造极。它有不少物质文明和精神文明成就雄踞世界前列,广泛造福于整个人类;同时它又是两次世界大战的挑动者,给人类造成了旷古未闻的浩劫。它屡屡大分大合,大起大落,盛极而狂,狂极而衰,兴风作浪而又为风浪所摧挫。和日本一样,德国也曾接近世界霸主的地位,最终却也只能眼看着自己不断走向滑坡,距离霸主之位越来越远。

843 年,查理帝国分裂,莱茵河右岸讲德语的东法兰克王国成为后来德意志王国的基地。919 年,德意志王国正式创立。到 12 世纪,德意志封建化基本完成,封建等级制度基本确立,封建经济有了显著的发展。在 14 — 15 世纪,德意志城市手工业处于繁荣时期,工业分布广并具有广阔市场。此时的德意志经济发展蓬勃,是德意志经济史上的第一个小高峰。

15 — 16 世纪,德意志经济有显著发展,但仍然落后于欧洲其他国家。到了 16 世纪后期,德意志经济开始衰落。新航路开辟后,德意志远离欧洲商路,贸易地位一落千丈,进一步被隔绝于西方世界的贸易圈外。国内长期存在的政治分裂、经济分散问题和农奴制的恢复又阻碍了手工业、农业生产力的提高和工业的发展。所以,当欧洲其他主要国家的资本主义经济蓬勃发展的时候,德意志经济则衰落了。

18 世纪初,在德意志诸邦之中,普鲁士脱颖而出,成立普鲁士王国,并得到国际认可。1866 年,普鲁士通过普奥战争的胜利确立自己在德意志众邦中的领导地位,严重威胁到法国在欧陆的霸权。1870 年普法战争爆发,普鲁士击败法国,完成了德意志统一,取代了法国在欧洲大陆的霸主地位。

1914 年,德国以萨拉热窝事件为借口,挑起第一次世界大战。在战争期间,德国经济破坏严重。1924 年后,德国经济开始恢复,工业设备普遍得到更新,生产实现了标准化,逐步接近战前水平。但经济危机随即而来,引起德国政治混乱和社会动荡。

1939 年,在希特勒的领导下,德国进攻波兰,挑起第二次世界大战,结果依旧战败。战后德国国内农业、运输业和对外贸易都有不同程度下降,并且作为战败国,德国被一分为二,国家二次分裂。1990 年,德国重新实现统一,经济呈现出空前活跃的状态,与此时进入衰退期的英、美等国家形成了鲜明的对比,但好景不长,后期德国失业人数不断上升、经济发展缓慢。从此,德国经济步入缓慢增长中,逐渐远离世界霸主地位。

第一节　政治体制的演进

一、邦国林立,各自为政

德国中世纪的历史就好像中国的春秋战国时代,邦国林立,各国互相攻伐。1231 年 5 月,神圣罗马帝国皇帝弗里德里希二世颁布了"有利于诸侯的大法规"。确认皇权放弃在诸侯领土上行使司法、护送、铸币和关税、建造城堡和城市的主权,"禁止城市通过市场和道路的强制,通过接纳贵族和教会的自由人加入市民的权利共同体,抵制诸侯建立领土"[①]。国王明确担保维护诸侯的权力,同时保证诸侯铸币的有效性,给他们为自己的城市设防的权力。这个法令的颁布成为德意志历史上的一个转折点,它标志着诸侯邦国的合法性得以确认。从此,德意志进入了诸侯割据的邦国时代。

二、局部建立封建制度

德意志的封建化过程开始于查理大帝统治时期,但发展缓慢且不平衡。9

---

① ［德］赫伯特·格隆德曼等:《德意志史第一卷》(下册),张载扬等译,商务印书馆 1999 年版,第 35 页。

世纪初,封建关系在士瓦本已有了相当发展,在萨克森却刚刚萌芽。在 10—11 世纪初,日耳曼人的农村公社逐渐解体,村舍内部发生阶级分化,农民份地和村社的共有地逐渐被封建化的贵族所兼并。失地农民不得不依附于贵族,领种份地并服劳役。有时整个马克都从属一个封建主,形成封建庄园。1024 年,日耳曼的法兰克尼亚王朝开始。这一时期,12 世纪初,德意志的封建经济有了较大发展,封建化基本完成,封建等级制度随之建立。①

三、确立资本主义政治制度

德国资本主义社会的演变和发展,经历的是一条不同于西方主流国家英、法、美三国的发展道路。德国资本主义兴起于 18 世纪中叶,工业革命启动于 19 世纪 30 年代,大大晚于英、法。英、法工业革命轰轰烈烈开展的时候,德意志民族还处在邦国林立的封建分裂割据状态,是一个落后的农业社会。以英、法为主的新生工业对农耕冲击由西渐东,巨大工业革命浪潮使德意志民族坐立不安,加之拿破仑战争的铁蹄,使德意志的普鲁士邦在 19 世纪初引发了施泰因、哈登贝格改革,破除了传统的封建农业体制。这场改革使普鲁士迈上了农业资本主义道路。农业资本主义道路为整个工业发展提供了巨额资金和廉价劳动力,为德国工业化打下了坚实的基础。后期由于工业革命、资产阶级革命、两次世界大战等重大事件的爆发,德国在分裂统一再分裂再统一的历史进程中不断调整,最终在第二次世界大战结束后,德国资本主义走上健康和全面发展的道路。

早期的德国由于长期分裂、各自为政和邦国间频繁的内部战争,始终处于混乱状态,缺少德意志各邦国普遍遵守的政治制度。尽管在法兰克尼亚王朝时期,德意志建立了封建制度,但长期的分裂使这次封建进程也仅局限于莱茵河右岸的邦国,并没有在整个德国普遍开展。直至资本主义制度的最终确立,德国发展才有了主心骨,结束了长久以来德国因为各个邦国分权而治,没有统一政治制度的局面。德国在资本主义思想的指引下,走上新的发展道路,为日后的崛起打下了坚实的政治基础。

---

① 赵晓雷:《外国经济史》,东北财经大学出版社 2018 年版,第 34—35 页。

第二节　思想文化的突破

一、军国主义传统

军国主义传统在德国由来已久,在其历史上有极为重要的地位,根植于德国人民的基因之中,影响德国挑起两次世界大战。从德意志民族崛起到神圣罗马帝国结束,这段时期是军国主义传统的雏形阶段。在这期间,德国产生了骑士文化,被统治阶级接受,渗透到德国各个阶层和社会统治的各个领域中。骑士团将"协同主义""苦从主义"和"服从主义"作为精神指导,激励他们发动对外战争、侵略周边小国,使德意志成为欧洲大陆的重要国家之一。从德意志统一到第一次世界大战爆发前,这一时期,德意志第二帝国走向世界强权之路,也是军国主义疯狂发展的历史时代。在军国主义影响下,俾斯麦等带领德意志步入了现代化的进程。首先,解决了民族生存问题,实现了德国的统一,结束了分裂割据局面。其次,生产力得到了快速发展,使国家以迅雷不及掩耳之势跃入资本主义强国之列,成为欧洲列强之首。在这种传统的指导和牵引下,战争是无法避免的,军国主义传统发展到了登峰造极的地步,导致了第一次世界大战的爆发。第一次世界大战结束后,德国陷入了危机之中,为第三帝国的产生提供了条件和契机,使纳粹的"鬼影"就此植入了德国人民的心中,军国主义传统在希特勒的指导下又一次创造"辉煌",显示它的威力,致使第二次世界大战拉开帷幕。在第三帝国统治下,军国主义传统步步走向高峰、成熟,走向极端化——发展为纳粹主义、法西斯主义,最终第二次世界大战爆发。至此军国主义传统达到顶峰,走向第二次高峰。①

军国主义传统思想的形成与德国人民基因中内含的好战性格密切相关。早期的德国士兵在军国主义传统的激励下,实现民族崛起、国家统一,加快发展速度,步入现代化进程。后期的军国主义开始走向另一个极端,当时的德国政府异化军国主义,将其作为对外发动战争、进行殖民掠夺的重要思想来源,

---

① 刘端芳:《德国军国主义传统的形成》,《牡丹江教育学院学报》2008 年第 3 期。

挑起第一次世界大战。在国内爆发危机后,又继续误导民众,宣扬纳粹主义、法西斯主义,再次挑起第二次世界大战,给德国和世界上其他国家的人民都带来沉重的灾难。此时的军国主义体现出消极的一面。

二、李斯特幼稚工业保护理论

德意志联邦由 38 个主权邦组成,保持着各邦的独立性和不可侵犯性,各邦之间甚至邦内的省区之间都各有自己的关税壁垒和地方税率,严重地阻碍着商品的流通和市场的形成。另一方面,在经过了法国大革命的冲击和大陆封锁政策的保护之后,德国的资本主义工业已向前迈进了一大步。但是,在大陆封锁政策结束后,英国的积压商品大规模地涌入欧洲大陆。法、俄等国严格实行保护关税政策,把关税当作民族的围墙和砥柱。而德国由于缺乏坚强的中央政权,对内无法形成统一的国内市场,对外无法形成统一御外的关税,在商战中处境恶劣,国内工业遭到英国商品倾销的致命打击。在这种形势下,摆脱外国自由竞争的威胁、促进德国大工业的发展成为德国资产阶级的迫切要求。1841 年,李斯特发表了他的主要论著《政治经济学的国民体系》,完整详尽地表述了他关于保护幼稚工业的思想。这本书立即在德国引起了巨大的反响,为德国资本主义指明了生存发展之路。[1]

幼稚工业保护理论的核心思想包括:第一,经济发展阶段论,李斯特将一国经济发展的历程分为五个阶段:原始未开化阶段、畜牧阶段、农业阶段、农工业阶段、农工商业阶段。他认为,在不同的经济发展阶段应采用不同的贸易政策,自由贸易并不适用于每个经济发展阶段。在农工业阶段的国家应采用保护主义的贸易政策,原因是此时本国工业虽有所发展,但发展程度低,国际竞争力差,不足以与处于农工商业阶段国家的产品相竞争。如若采用自由贸易政策,不但享受不到贸易利益,还会令经济遭受巨大冲击。第二,生产力论,不管是亚当·斯密的绝对优势说还是大卫·李嘉图的比较成本说,都显示了明显的贸易利益。对此,李斯特认为,自由贸易固然有益,但这样的贸易利益不

---

[1] 邓浩:《经济一体化与幼稚工业的保护——论李斯特保护幼稚工业学说及其现实意义》,《金融经济》2008 年第 2 期。

足以作为贸易自由化的依据。原因是自由贸易理论是基于静态分析方法和世界主义的立场之上，这与现实世界不符。这样的贸易利益应被视为静态的贸易利益，按照比较优势进行贸易，尽管在短期落后国家能够获得一些贸易利益，但从长远来看，该国生产财富的能力却不能得到应有的发展。任何时候，各民族的利益都高于一切。当自由贸易损害到一国实际或潜在利益的时候，该国有权考虑自己的经济利益。在经济发展的过程中，比较优势是动态且可培养的。落后的国家在面临发达国家强有力的竞争时，为了"促进生产力的成长"，有理由采取产业保护措施。针对当时的经济背景，李斯特指出，对于德、美这样的处于农工业阶段的国家如果与处于农工商业阶段的英国进行自由贸易，虽然表面上在短期内能够获得贸易利益，但在长期将损害其生产力，制约其创造财富的能力。一个国家要追求的是财富的生产力，而非仅仅是财富本身。"财富的生产力比之财富本身，不晓得要重要多少倍；它不但可以使已有和已经创造的财富获得保障，而且可以使已经消灭的财富获得补偿。"①第三，国家干预论，像重商主义一样，幼稚产业保护理论也强调国家在贸易保护中的重要作用。李斯特认为，政府不能作为"守夜人"，要做"植树人"，应制定积极的产业政策，利用关税等手段来保护国内市场。第四，关税保护制度，李斯特认为，应采用关税制度来实现贸易保护主义。在该制度的设计上，应体现以下几点：第一，差别关税：以对幼稚产业的保护为出发点，对不同的产业征收不同的关税。比如对于国内幼稚工业相竞争的进口产品征收高关税，同时以免税或低关税的方式来鼓励国内不能自行生产的机械设备的进口。第二，有选择性地保护：并非对所有工业都加以保护，保护是有条件的。只有那些经过保护可以成长起来的，能够获得国际竞争力的产业，才对其加以保护。对于那些通过保护也不能成长起来的产业则不予以保护。第三，适时调整：对幼稚产业的保护不是无休止的，而是又限期的，超过了规定的限期，该产业即便没有成长起来，也要解除对它的保护。

李斯特主张经济落后国家应实行贸易保护政策，以抵御外国竞争，促进国

---

①　[德]弗里德里希·李斯特：《政治经济学的国民体系》，陈万煦译，商务印书馆1997年版，第118页。

内生产力的成长,另外还有各国发展阶段不同,采用的对外贸易政策也应不同。他提出的幼稚工业保护理论为当时内无统一市场、外无统一关税的德国指明发展道路,使发展尚未成熟的德国资本主义工业在英、法、俄等老牌帝国的封锁下得以存活,为德国资本主义发展积存力量。在幼稚工业保护理论的影响下,德国资本主义在保护主义的篱笆下茁壮成长,逐渐走向强大。

三、民族意识觉醒

德国的民族意识萌芽于启蒙运动时期。17世纪末18世纪初,随着启蒙运动的发展,法国成为全欧洲乃至世界的思想文化中心。政治上分裂、文化上落后的德国开始遭到法国大规模入侵,各阶层纷纷效仿法国。这种现象使部分激进的知识分子对德国历史进行思考、颂扬本国文化。他们唤醒了近代民族意识的觉醒,而且奠定了近代德国民族主义的雏形,即文化民族主义。但这种民族主义局限于文化领域,没有形成广泛的社会运动,不能彻底唤醒德意志。直到拿破仑入侵普鲁士,普鲁士战败,这种文化领域的民族主义才上升为政治民族主义。铁血宰相俾斯麦打着民族主义的旗号,通过颂扬民族精神和利用人民的爱国情感,发动三次王朝战争,最终统一德意志。统一后的德意志凭借自身实力,开始跻身世界强国之列,此时的民族主义却逐渐失去理性,走向极端。民族主义变异后的民族沙文主义和极端民族主义,使德意志不满足现有利益,誓要夺取阳光下的地盘,并排斥、屠杀犹太人。德国人正是陶醉在这种极端的民族自豪感和民族优越感中,一步步走上对外扩张的道路,最终发动两次大规模的世界战争。

德意志民族主义在德国统一前后经历了巨大的变化。德国统一前,德意志的民族主义曾发挥过积极作用。民族意识激发了德意志民族社会改革的浪潮,帮助德国由分裂割据实现国家统一。在这种情况下,民族主义起着重要的进步作用。但国家统一后,德国的民族主义却发生了巨大的变化、民族意识出现了偏差,一步步向民族沙文主义、军国主义、极端民族主义演变,将民族主义推向极端。威廉二世为推行世界政策,更是对这种异化的民族主义推崇备至。正是在这种极端民族主义思想的影响下,德意志国内出现一股狂热的军国主义、扩张主义和民族沙文主义潮流,最终挑起第一次世界大战。第一次世界大战失败后,希特勒利用民族主义、人民情感,大肆鼓吹纳粹运动。希特勒将这种复兴的民族主义与法西斯主义结合,最终导致第二次世界大战的爆发,给人类带来空前的灾难。这时的民族主义却显现出它消极的一面。

第三节　先进技术的发明

一、第一次工业革命

第一次工业革命开始时,德意志还是个四分五裂的国家,有数十个邦国和自由市。同时,各地发展极不平衡,并非所有邦国都同时开始了工业革命。以普鲁士为带头人,并不断扩大在全德意志的影响,从而推动了经济的发展,是德国工业革命的一大特点。19世纪30年代,在英、法等西欧国家工业革命的成功指引下,德国工业革命开始起步。英国的工业革命诞生于纺织业,普鲁士的资产者逐步引进英国的机器,使用机器的纺织厂开始建立。就在这时,普鲁士政府出面,联合了18个相邻的邦国,于1834年建立起关税同盟。18个同盟国互相取消商品进口关税,还统一了税制。这个全德性质的关税同盟,率先突破了政治上的分裂局面,在经济领域促成了全德意志的统一市场,为工业革命的腾飞注入了新的血液。

二、第二次工业革命爆发

19世纪,随着资本主义经济的发展,自然科学研究取得重大进展,1870年以后,由此产生的各种新技术、新发明层出不穷,并被应用于各种工业生产领域,促进经济的进一步发展,第二次工业革命蓬勃兴起,人类进入了电气时代。德国是第二次工业革命的主导国家。德国在电气、内燃机、化学工业和炼钢工业四个重要领域均取得了重大成就,出现了一大批科学家和科学成果,并居于世界领先地位。第二次工业革命推动了德国经济飞速发展。20世纪初,德国的工业总量超过了所有欧洲国家。德国第二次工业革命的特点是:第一次工业革命和第二次工业革命交错进行;迅速将科学理论、发明转化为生产力,并大力发展新兴工业;轻重工业同步发展。

（一）电气技术

第二次工业革命前，德国已经在电气领域奠定了广阔而真正的科学知识基础，这极大地促进了电气时代德国一批重要发明的诞生。1866 年，西门子在英国人法拉第的电磁感应作用原理的基础上提出了发电机的工作原理，制成了人类第一架大功率直流电机，首次完成了把机械能转换成为电能的发明。1910 年，德国已有 195 家电气公司，资本总额达 12 亿马克。德国电气工业的总产值，1891—1913 年增加了 28 倍，德国电气制造业规模在欧洲是最大的。电气工业成为现代德国最大的一项工业成就。20 世纪初，在所有电气的特殊应用上也是德国居于世界领导地位，如炼钢及其他冶金部门使用的电炉，铁路电气化，用电气发动农业机器，甚至发动犁，利用电解方法由空气中获取氮素等。电能的使用，电气工业的兴起，是一场划时代的深刻变革，它揭开了工业化的新纪元，人类跨入了电气时代。①

（二）内燃机技术

德国内燃机的创制和使用，解决了长期困扰人类动力不足的问题。19 世纪七八十年代，以煤气和汽油为燃料的内燃机相继诞生。1897 年，压缩点火式内燃机的问世，引起了世界机械业的极大发展。内燃机的发明又促进了发动机的出现，发动机的发明又解决了交通工具的问题。随着内燃机的广泛使用，石油的开采量和提炼技术也大大提高。②

（三）化工技术

德国化学工业独占世界鳌头。1871 年，俄国学者门捷列夫首创"元素周期表"，奠定了化学研究的理论基础。对于化学工业的发展，德国具有特殊便利的地理条件。化学工业所需要的原料德国都极其富有，普鲁士的萨克森省富有极纯的岩盐。利用这些条件，德国在 19 世纪最后 30 年内发展了化学工业，领先于其他国家。③

（四）炼钢技术

德国钢铁工业历史悠久，早在 1815—1820 年就引入了英国的"搅拌法"

---

① 李富森:《论德国第二次工业革命的成就与特点》,《临沂大学学报》2012 年第 3 期。
② 李富森:《论德国第二次工业革命的成就与特点》,《临沂大学学报》2012 年第 3 期。
③ 李富森:《论德国第二次工业革命的成就与特点》,《临沂大学学报》2012 年第 3 期。

冶炼技术。1811 年,德国弗里德里希·克虏伯在埃森城建造一个小熔铁炉,发明了一种生产铸钢的新方法。1865 年,德国巴哈·曼勒斯曼发明了轧制无缝钢管的工艺和设备,填补了钢材加工的一个空白。1867 年克虏伯父子发明了坩埚法,进一步推动了冶金工业的发展。在 20 世纪 80 年代,德国采用托马斯—吉尔克莱斯碱性转炉炼钢法。此后,高炉建筑不断改善,轧钢技术有了很大的发展,合金钢、不锈钢、型钢等开始生产,德国钢铁工业迅速发展,并把英法两国远远抛在后面。在 19 世纪后半叶的钢铁时代,德国脱颖而出,跃居欧陆之冠。在此基础上,德国建立了一个变化无穷的冶金工业体系。[1]

德国虽然是第一次工业革命的迟到者,却是第二次工业革命的急先锋。国家统一的完成,为德国开辟了统一的国内市场;普法战争胜利后法国 50 亿法郎的赔款,增加了德国经济发展所必需的资金;得自法国的阿尔萨斯和洛林的矿产,为工业发展补充了重要的资源;此外,作为后期的资本主义国家,德国更易于采用新技术和新设备。基于以上四点原因,德国成为第二次工业革命的发源地。第一次工业革命和第二次工业革命交叉进行,有力地推动了德国一系列新兴工业诞生。在经历了第二次技术革命的突破之后,统一的德意志帝国已进入高度工业化发展的新阶段,跨进了西方资本主义世界最为先进的技术工艺时代,也正是通过这场新技术革命,德意志变成了世界第二工业强国。

第四节　经济的发展

一、普法战争,统一市场

对德国而言,普法战争是其资本主义经济发展的里程碑。普鲁士为了统一德国,在 1864 年及 1866 年先后击败了丹麦及奥地利,但法国却仍然在幕后操控着南德意志诸邦,阻碍德国统一。为此,在普鲁士首相俾斯麦的策动下,以西班牙王位继承问题制造争端,并发出"埃姆斯密电"激发出普、法两地人

---

[1]　李富森:《论德国第二次工业革命的成就与特点》,《临沂大学学报》2012 年第 3 期。

民的民族仇恨,令法皇拿破仑三世于 1870 年 7 月 19 日对普宣战,普鲁士借此团结德意志民族,进攻法国。战争的胜利使国家最终实现了全部的统一,为德国经济的发展提供了良好安定的政治环境,同时通过战争的掠夺和索赔,为工业发展注入了新的资金,增加了丰富的矿产资源,增强了德国的经济实力,奠定了雄厚的经济基础。战争的胜利,使德国统治阶级对外侵略扩张的野心进一步膨胀起来。为此,大肆扩充军备,军火生产迅速发展,极大地带动了重工业的发展,德国资本主义经济呈现跳跃式发展。到 19 世纪末,其实力超过法国和英国,仅次于美国,成了欧洲头号工业强国。

普法战争使德国最后完成了政治上的统一,为其经济的发展创造了十分有利的条件。统一的实现,使德国形成了统一的国内市场和独立完整的经济体系,为德国经济的快速发展提供了极为便利的条件。普鲁士的胜利,一方面消除了原来的分裂割据状态,为经济的发展创造了统一安定的环境;另一方面,中央集权的德意志帝国的建立,使资产阶级得以利用强有力的国家政权,确立了统一的政治和经济制度。政治上,把原属各邦的军事、外交、立法和经济等大权一律收归中央;经济上,实行了全国统一的金融货币体制,在德国建立以金马克为基础的货币制,并且统一了度量衡,制定了全国的商业法规和交通运输条例,从而消除了商品流通的种种障碍,加速了统一的国内市场的形成,为资本主义经济的发展扫清了障碍。

同时,赔款的索取为德国工业发展提供了充足的资金。普法战后从法国夺取的 50 亿法郎的赔款为德国工业的迅速发展提供了充足的资金。德国把 50 亿法郎的巨额赔款大部分投资于军备建设,特别是用来加强工业生产的发展上。大量资金的注入,使德国在战后出现了创办企业和修筑铁路的新高潮。阿尔萨斯和洛林两地区的获得,使德国获得了矿产资源及工业基地。随着工业革命的开展,经济发展的重要条件之一就是资源的占有量,阿尔萨斯和洛林地区自然资源丰富,是一个重要的政治经济区域。阿尔萨斯地区的取得,使德国的棉纺织业急剧增长。据统计,德国在合并了阿尔萨斯的棉纺织业后,纱锭数增加了 56%,织布机增加了 88%,印染厂设备增加了 1 倍。而洛林地区则拥有欧洲最丰富的铁矿资源,作为早期工业化时期的基础资源,德国是极为缺乏的,因此洛林的割让,为德国工业的发展提供了雄厚的基础保障。这两个地区处于德法交界处,便于与德国统筹规划、统一管理。如洛林的铁矿和与之邻近的普鲁士的鲁尔煤矿结合起来,成为德国重工业发展的重要基地。英国资产阶级经济学家凯恩斯就曾说:"更真实地说,德意志帝国是建立在铁和煤上而不是建立在铁和血上。"普法战争极大地推动了德国交通运输业的发展。德国的一位经济学家在1903年写道:"可以这样说,通过战争赔款,法国替我们完成了我们的主要铁路网。"正是19世纪70年代和80年代重工业的发展,为交通运输的巨大进展奠定了坚实的基础。

资源的掠夺和资金的投入,使德国经济实力大为增强,因而经济得到迅猛发展,其工业生产增长的速度是异乎寻常的,远远超出了英法两国的发展速度。随着资本主义工业的迅猛发展,德国在资本主义世界中的经济地位大大提高了。1870—1913年,德国在世界工业生产总值中的比重由13%上升为16%,到1910年,德国工业总产值已超过英国,成为欧洲头号工业强国,仅次于美国而居世界第二位。综上所述,普法战争对德国的经济影响是巨大而深远的。普法战争促进了德国经济的迅猛发展,使之一跃成为世界经济强国,这充分说明德国的经济成就已远远大于它的军事力量,而成为德意志帝国稳定和发展的基石。

二、第一次世界大战前经济增长迅速

19世纪末20世纪初,德国工业发展迅猛。1860—1870年德国工业生产总值年平均增长率为2.7%,1870—1880年为4.1%,1880—1890年为6.4%,1890—1900年为6.1%,1900—1913年为4.2%。1870年后,德国工业生产的增长速度仅次于美国,居世界第二位。1910年后,德国在世界工业总产量中的比重跃居第二位,而且在工业发展中,重工业和化学、电气等新兴工业发展得最为迅速。到第一次世界大战前,德国已在最新技术基础上建立起完整的工业体系,重工业在整个工业中占据优势。① 德国工业的迅速发展,特别是重工业和新兴工业部门的迅速发展,使德国在生产的集中和垄断方面超过了英、法两国。工业的高度集中和垄断引起了银行业的集中和垄断。另外国家干预

① 赵晓雷:《外国经济史》,东北财经大学出版社2018年版,第42—43页。

经济的历史传统以及俾斯麦实行的国有化政策,又使德国的国家垄断资本主义得到迅猛发展。卡特尔和辛迪加普遍发展,少数巨大的托拉斯和康采恩通过参与制控制了许多的卡特尔和辛迪加,银行业与工业紧密结合,国家垄断资本主义不断发展,德国在第一次世界大战前成为一个垄断资本主义高度发展的国家。

经济的迅速崛起为德国增添信心,加上本国资源不足、无法满足发展需求等问题逐渐显现,德国试图通过战争来重新瓜分世界,坐上霸主宝座。于是,1914年8月,德国以萨拉热窝事件为借口,首先向俄法两国宣战,挑起第一次世界大战。战争开始后,德国政府加强了对经济的控制,国家垄断资本主义得到迅速发展。德国政府对战争过分乐观,认为这场战争一定会以德国短时间内取胜而告终。现实恰恰相反,这次战争从1914年7月一直持续到1918年11月德国宣布投降,第一次世界大战以同盟国的失败而告终。经济增长带来的称霸世界的信心伴随着第一次世界大战失利而烟消云散,德国对世界霸主地位发起的第一次冲击宣告失败,以经济支撑崛起的发展道路也因此破产。

第五节　军事力量的崛起

一、军事体制改革

(一) 调整兵役体制

普鲁士在19世纪初期对拿破仑的民族解放战争中建立起了普遍义务兵役制式的军队。它由常备军、后备军和国民军组成。普鲁士这种由常备军、后备军、国民军构成的兵役制度一直沿用到第一次世界大战,最大限度挖掘了本国的兵力潜力,但是这一制度最大的缺陷在于常备军数量偏少,后备军、国民军训练质量过差,战斗力得不到保证。经历了约50年和平的普鲁士,预备役制度逐渐衰变为乡村俱乐部,征兵制也尽量少用。奥地利、巴伐利亚的冲突局势,进行的首次战争动员,混乱状况迭出不穷,就验证了这一弊端。普军中的领导阶层敏锐地认识到,增加常备军的数量和军队战斗力、调整旧有的兵役体制是应付即将到来的统一战争的当务之急。军事改革计划的宗旨是削弱后备军,加强野战军即常备军。本次改革提高了这些小邦军队的战斗力,缩小了小邦军队与普鲁士军队的实力差距,使普鲁士军队的综合实力在稳步中得到提高,并在随后的普法战争中发挥了重要的作用。[1]

(二) 完善军官制度

最初,军官团与贵族有着极为紧密的联系,普鲁士形成了贵族集团凭借强大的政治经济势力垄断、掌控军官职务的局面。毛奇就任总参谋长后,建立军官学校,培养新一批的军官,提高军官的能力和素养,完善军官制度。普鲁士对军官培训制度的继续完善,体现了对未来战争的前瞻性,在进一步增加军官数量的同时,也保证了军官培养的质量,提前使军官适应了未来战争中战争规模扩大化、动员机制复杂化、新战略战术指挥方式的要求,为普鲁士取得战争的胜利提供了强有力的保障。[2]

二、制造先进军事设备

除了优秀的将士,先进的军事设备也是德国早期一次次取得战争胜利的重要法宝。例如第二次世界大战苏德战争初期,德国取得重大军事胜利的重要原因在于德国在军事态势、军事实力、军事装备以及官兵素质等方面有优于苏联的优势。经过充分的准备,到苏德战争爆发前,德国集中了中西欧国家的经济和军事资源,实力达到顶峰。德国同被它占领的国家一起生产钢3180万吨,煤产量达4040万吨,石油产量达到一个新的水平6389万吨。德国利用其强大的经济资源,在较短的时间内建成300个以上的大型军工厂,军事生产能力大大提高。1941年德国生产了11000多架飞机,5200辆坦克和装甲车,7000多门火炮,170万支枪。此外还有大量掠夺来的武器以及仆从国和被占领国的军工企业。德国武器装备的优势不但表现在数量上,而且表现在质量上。首先,德国领先于世界上其他国家,研制出了大量新型坦克装甲车,坦克的电台和光学仪器在第二次世界大战中始终位居首位,并且具备装甲厚、性能

---

[1] 袁洋:《论普鲁士军事改革1858—1871》,硕士学位论文,华中师范大学历史系,2013年,第22页。

[2] 袁洋:《论普鲁士军事改革1858—1871》,硕士学位论文,华中师范大学历史系,2013年,第25页。

好、火力强等特点。其次,德国首先研制出喷气式飞机,空军装备有性能优越的"梅塞施米特"飞机,速度快,灵活性高。德军配备的容克轰炸机,载重量大,速度快。最后,德国军事运输能力大于苏联。苏联各边境铁路很难适应运载大量部队的要求。德国人通往立陶宛边境的铁路,其通行能力每昼夜 220 列火车,而苏联通往东普鲁士边境的铁路,每昼夜只能通 84 列火车。① 德苏两国军事设备对比悬殊,德国取得重大胜利,苏联遭受严重挫折是预料之中的结果。

科学的军事体制、先进的军事设备为德国对外扩张提供支持。义务兵役的改革避免长期和平稳定的国际、国内环境造成德国士兵精神懈怠、作战能力下降。通过扩大常备军比例,为德国积累了一批具有作战能力的士兵,形成一支具有基本战斗力、随时待命的军队,避免再次发生早期与奥地利作战过程中出现的士兵数量不足、能力低下的局面。军官制度的改革破除了过去军官与贵族结合的落后传统,选拔出身普通家庭的军官,扩大军官选拔的阶层。并对这些军官进行教育培训,使其学习先进军事理论,时刻保持高度的警觉性和敏锐力,具有率领士兵作战的领导能力。破除军官选拔的阶级歧视,除了丰富军官来源外,更重要的是稳定德国社会。传统的选拔制度必定会使普通士兵心存不满,长期压迫下容易引起反抗。改革后的选拔制度给普通士兵晋升的希望,稳定国内局面,一致对外。领先于世界上其他国家的军事设备又是德国对外扩张之路的基础,如果仅依靠体制的改革,德国的军事力量只能是瘸腿式进步。没有先进的军事设备,任凭德国军事体制再科学,都无法与拥有先进武器的英国、法国、苏联等老牌国家抗衡。正是在科学体制、先进设备的共同作用下,德国才取得早期统一战争的胜利和后期殖民扩张的成功,为德国崛起助力。

第六节　对外殖民扩张

随着实力的膨胀,德国从谋求欧洲霸权转变为谋求世界霸权,抛弃"大陆

---

① 陈军平:《试论二战苏德战争初期德国胜利的军事原因》,《当代经理人》2006 年第 2 期。

政策",开始推行"世界政策"。制定和推行世界政策的代表人物是德皇威廉二世,他于1895年1月宣布"德意志要成为世界帝国",曾公开宣扬其对外政策的新路线,即大力扩大殖民地,积极扩建海军。这标志着德国正式迈出了海外扩张、殖民掠夺的步伐。以八国联军侵华战争①为例,1894年甲午中日战争中国战败,与日本签订《马关条约》,中国国际地位一落千丈,西方列强掀起了瓜分中国的热潮。随着民族危机的加深,中国人民反抗帝国主义的斗争日益高涨,西方列强以镇压义和团运动为由,发动侵华战争。战败的清政府与列强签订《辛丑条约》,在经济方面,就向各国共赔款4.5亿两白银,以关税、盐税和常关税作担保,分39年还清,年息4厘,本息共9.8亿两白银。仅《辛丑条约》的战争赔款,德国就获得近5600万两白银,附加战争过程中对战败国家财富掠夺,德国迅速积累了一笔可观的财富,为本国发展注入资金。除战争赔款外,战后殖民地的划分也是德国对外扩张带来的新收入。1897年,德国出兵占领胶州湾,大大加强了德意志帝国在中国的军事和政治势力,为其更大程度地攫取在华权益、干涉中国内政、镇压中国人民的反抗斗争打开了方便之门。占领胶州湾还极大地提高了德意志帝国在世界诸大国中的地位,使其影响从欧洲大陆扩大到远东和太平洋地区,为德国参与远东和太平洋地区事务奠定了基础,为德国争霸世界开辟了道路。②

对外殖民扩张不仅给德国带来了巨大的经济利益,更带来了意想不到的政治利益。经济上,德国通过发动侵略战争从战败国获得巨额赔款,割占殖民地,掠夺原材料,弥补国内资源缺口,推动资本主义经济发展。政治上,在英法等老牌资本主义大国的紧逼下,德国对外扩张的每一次成功都是对本国国力的一次彰显。"世界政策"、殖民战略的成功实施,提高德国在欧洲乃至世界的地位,使德国在国际社会站稳脚跟,为以政治崛起谋求大国崛起的第二条道路奠定基础。

---

① 由当时的大不列颠与爱尔兰联合王国、美利坚合众国、法兰西第三共和国、德意志帝国、俄罗斯帝国、日本帝国、奥匈帝国、意大利王国为首的八个主要国家组成。

② 孙立新:《海洋战略与德占胶州湾》,《北京师范大学学报》(社会科学版)2010年第3期。

第七节 注重职业教育

注重就业能力的培养,注重个性化的教学理念——"因材施教",注重每个学生在认知能力、学习能力和创新能力方面的培养,给德国工业发展输送一大批专业人才。"双元制"职业教育模式最早可以追溯到中世纪,由于当时手工业的快速发展,德国传统学徒制开始兴起。在18世纪至19世纪前半叶,由于第一次工业革命的到来,机器生产开始逐渐代替手工业生产,此时,德国的职业教育开始逐渐发展壮大。之后,随着第二次工业革命的到来,为顺应理论知识与实践知识并重发展的历史潮流,"双元制"职业教育模式在德国确立,并发展至今。①

"双元制"职业教育模式在不同发展阶段都发挥着重要作用,为德国输送了大批人才。中世纪时,职业教育兴起,促进德国手工业进步。第一次工业革命时期,大量学徒工学习先进纺织机器,掌握机器生产的原理,提高传统工业生产效率。更重要的是,这些年轻的工人在探索过程中,发现新动力,推动第二次工业革命的到来,使德国用较短的时间成长为工业强国。第二次工业革命后,德国的职业教育强调理论与实践并重,培养既有扎实理论基础,又有丰富实践经验的高素质人才,为德国崛起提供人才支撑。

第八节 德国奇迹破灭

德国一共向世界霸主的宝座发起两次冲击,第一次世界大战的经济崛起,第二次世界大战的政治崛起。德国为了顺利实现大国崛起的梦想,在政治、思想、技术、经济、军事、外部环境和人才培养等方面都做了充足的准备,积累巨

---

① 董毅、顾莹:《德国"双元制"职业教育模式的经验与借鉴》,《科技经济市场》2019年第8期。

大的发展优势。但事与愿违,德国的两次努力最终都以失败告终。

一、先天不足

德国地势北低南高,河流主要是向北流入北海,主要河流有莱茵河、易北河、威悉河、奥得河、多瑙河等,河流水位平稳,坡降不大,利于航运,多为国际河流,各大河流间有运河沟通,已经形成覆盖面广的内河航运网,具有巨大的经济和航运价值。较大的湖泊有博登湖、基姆湖、阿莫尔湖、里次湖,温度大起大落情况很少,降雨分布在全年,常年适中的气温和充沛的雨水为多种作物的种植创造了条件。从自然资源上看,德国自然资源匮乏,除了部分矿产储量较为丰富外,在原料供应及能源方面主要是依赖进口,尤其是矿物原料(钢、铝土矿、锰、磷酸、钨和锡)对外国的依赖特别大。德国拥有少量铁矿和石油,天然气需求量的 1/3 可以由国内满足,2/3 的初级能源需要进口。德国主要矿产资源有硬煤、褐煤、钾盐等,主要分布在德国西部。褐煤可开采量约为 940亿吨,主要分布在莱茵兰勃兰登堡州南部和萨克森州。①

国内匮乏的自然资源只能满足德国早期发展需求,随着工业部门增多,对生产资源的需求也随之增多,资源缺口也越来越大,国内资源已经无法满足生产需要。为了弥补资源缺口,德国需要向其他国家大量进口原材料,对国际原料市场依赖度高。国际市场上的原料也不是源源不断的、价格也不是一成不变的,德国后期可能还会面临材料价格高昂、买不到原料等问题。缺少生产必需的原料,生产就难以为继,这时,国内资源不足的弊端就会显现出来。

二、国家再分裂

第二次世界大战结束前,关于怎样处置德国是东西方争论的焦点之一。战胜国既定的德国政策随着时局的变化而改变,德国成为冷战双方的角斗场,难逃被分裂的命运,德国分裂其实是东西方争霸的结果。1949 年 5 月 10 日,德国被分裂为东西两部分。德国西部统治机构经西方占领国当局的同意,宣

---

① 高茜等主编:《世界经济贸易地理》,中国人民大学出版社 2013 年版,第 166—167 页。

布将该地区成立为德意志联邦共和国,波恩为首都,并于 23 日正式通过了
《德意志联邦共和国基本法》。在这一过程前后,德国的苏占区也发生了深刻
变化。早在 1945 年 10 月,苏联占领当局就已将其权力移交给德国东部各级
地方政权机构。1946 年,德国共产党与德国东部的社会民主党合并,正式组
成德国统一社会党。统一社会党在德国东部政权机构中迅速占据了主导地
位。1949 年 10 月 7 日,德国人民委员会举行第九次会议,通过由统一社会党
制定的《民主德国全国阵线宣言》,提出德国人民争取祖国统一的纲领,要求
建立统一的德意志民主共和国。同日,人民委员会还通过一项决议,决定成立
"临时人民议院",并组织"德意志民主共和国政府",德国东部全部行政权力
正式移交给德意志民主共和国。至此,德国分裂为两个主权国家,即德意志联
邦共和国和德意志民主共和国。

德国的分裂标志着从普法战争胜利后的统一大市场不复存在,同时也意
味着德国政治主权不再完整。国家一分为二从根本上切断了德国的崛起。一
个国家分属两个国家掌控,代表这个国家并不完整,没有统一的方针政策,在
国际上也丧失了独立国家的权利。分裂后的德国不能再支持国内经济、军事
的发展,民众也丧失了民族自豪感、信仰破灭。国家分裂引发经济、军事、文化
等多领域的崩塌,继而造成德国崛起失败的结果。

三、经济上两次战争带来的经济冲击

第一次世界大战时,德国经济遭受严重破坏。在协约国的封锁下,
1913—1918 年,德国的进口额缩减了 3/5,出口额缩减了 3/4。战时军事工业
上升了 10%,民用工业下降了 59%,整个工业生产下降了 43%。农业生产方
面,1914—1918 年与 1909—1913 年比较,年平均播种面积缩减了 14.8%,总
收获量缩减了 26.7%;1918 年的物价较 1913 年上升了 4 倍。第一次世界大
战结束后,西方战胜国利用《凡尔赛和约》对德国进行掠夺。根据和约,德国
丧失了 1/8 的土地、1/12 的人口、3/4 以上的铁矿资源、2/5 以上的生铁产量、
1/3 以上的钢产量、1/5 的煤产量,以及 1/7 的耕地面积。此外,和约还剥夺了
德国的全部殖民地,没收了全部国外投资,规定了巨额的战争赔款(2260 亿金
马克,相当于现在的 3890 亿美元)和实物赔偿。1919 年,德国的工业总产量

只及第一次世界大战前水平的 33.8%。① 自 1924 年起,德国经济开始恢复,进入了战后相对稳定期。在协约国推出的"道威斯计划"及德国开展的"产业合理化"运动的双重作用下,1927 年德国工业接近战前水平。直到 1929—1933 年,世界经济危机爆发,德国经济的恢复势头停止,转而直线下降。经济危机引起政治混乱和社会动荡,希特勒借机开始法西斯的第三帝国统治,挑起第二次世界大战。结果第二次世界大战失败,德国经济尚未走出经济危机的阴影,就再遭重创。第二次世界大战期间,为征集庞大军费,政府推行增税、国债和通货膨胀政策,财政、信贷及货币流通状况严重恶化。从 1944 年第三季度起,德国工业生产开始直线下降,农业、运输业以及对外贸易都受到不同程度的冲击。1945 年战争结束后,作为战败国的德国光是给苏联的赔款金额就将近有 200 亿美元,除此之外,还有英国、法国、波兰等其他国家,加起来的赔款金额超出想象。第一次世界大战的赔款未清,第二次世界大战失败又带来新的巨额赔款。在一些关键的工业领域,苏联因基础设施和工业设备损失巨大,要求德国进行实物赔偿,对东区工业设备进行拆迁、搬运,德国因此几乎损失了全部的工业设备。此时的德国经济可谓是雪上加霜,无法再为德国崛起提供资金支持。

四、军事权力受限

第二次世界大战结束后,德国除了政治、经济受打压外,军事也受到限制。1945 年 8 月,美、苏、英签署《波兹坦协定》,规定苏、美、英、法四国共同占领德国,解除德国武装,铲除或控制可供军事生产的德国工业。德国失去军队所有权,东西德分属于两个阵营中的不同国家管制,也难以形成统一的军事组织。1955 年联邦德国加入北约,获准组建一支归北约指挥但属于联邦德国的国防军。为防止德国军国主义死灰复燃,对这支军队和德国设定诸多限制:联邦德国不能制造原子、生物和化学武器,以及导弹、火箭、潜艇等大型武器;两年内不得生产一般性武器;部队兵力不得超过 12 个师。此时的德国虽然艰难地获得了军队所有权,但没有获得完整控制权,且受到种种限制。与战前状态完全

---

① 赵晓雷:《外国经济史》,东北财经大学出版社 2018 年版,第 34—35 页。

相反,德国的军事力量严重受限,军事战略目标也从过去的对外扩张被迫转向防御。国防政策的最高目标变成确保德国的和平、自由和独立,并规定联邦国防军是一支纯粹防御性军队,实施必要的安全预防措施,不掌握和谋求大规模杀伤性武器。国防政策的主要内容是军事战略从本土防御转向危机处置和预防,确保德军在需要时迅速重建本土防御能力。和美国、俄罗斯等军事大国相比,德国的军事落差确实存在较大差距。论军事实力不如美国,美军在德国有军事基地,限制德国军力扩张,而且民众厌恶战争。尽管德国军事科技水平很高,但规模远不如美国企业,尤其在航空领域与美国相差很大,德国的飞机主要依靠国外尤其是欧洲国家的进口,军事实力受到限制。缺少一支属于德国、由德国指挥的军队,军工产业被破坏,军事设备水平落后、军事产业规模小、军事战略被迫调整,这些因素都使战后德国的军事发展受到限制,德国已经不能再参与世界霸主地位的争夺。

第二次世界大战的失败宣告德国由经济发展谋求国家崛起转向政治军事推动国家崛起的道路是不可行的。第二次世界大战给德国带来国家分裂、经济滑坡、军事受限的后果,德国对内失去政治、经济、军事三重优势,对外受到世界其他国家的防备限制,皇威廉二世提出的"要将德意志建成世界帝国"的梦想彻底破灭,德国的崛起之路在这一刻戛然而止,开始进入漫长的战后恢复期。

五、第二次世界大战后经济恢复困难

第二次世界大战结束后,德国进入战后恢复期,国家实力有所提升,但再也恢复不到战前巅峰水平。从经济发展来看,20 世纪 50 年代的德国有过近10 年的"经济奇迹时期"。工业生产年平均增长率高达 11.4%;工业产值从487 亿马克增加到 1647 亿马克,增长了 2.4 倍;国民生产总值从 233 亿美元增加到 726 亿美元,增长了 2.2 倍;国民生产总值在 1959 年、1960 年超过法国和英国,第三次成为资本主义世界的第二大国。60 年代后,德国经济发展有所减缓,但工业生产仍保持着每年 5.8% 的增速。70 年代,石油危机席卷全球,德国经济进入中低速增长期。1990 年,两德正式统一,德国经济呈现出空前活跃的状态,但好景不长,1992 年德国国内生产总值即刻下降,失业人数

不断上升。① 在高科技领域起步晚、投资力度小、产业转型不到位,加上战争遗留的巨额赔款,德国经济的稳定、高速增长就此结束。从产业来看,曾经作为国家经济支柱的汽车产业衰退。德国汽车制造业,代表的是高效、可靠、精确、力求完美和永不停歇的创新精神,是"德国制造"的金字招牌,更是德国的荣耀。而如今,德国汽车制造业却深陷丑闻,国际声誉岌岌可危。数十年间,德国汽车艰难铸就的金字招牌黯然褪色。从人口来看,德国自身人口的老龄化趋势明显,由此造成劳动力短缺,而外来移民的流入并不能弥补这一缺口,经济发展缺少必要的人才支撑。

尽管第二次世界大战结束后,美苏两国出于冷战目的为德国提供经济援助,避免德国经济在战后走向崩溃局面。德国自身也积极加入欧洲复兴计划、欧洲经济合作组织等国际组织,试图与其他国家重新建立友好关系,缓解了战后德国的尴尬局面。但德国的重建是在废墟上开始的,受战争破坏,国内环境恶劣;国际上,其他国家对德国抱有防备心理,经济危机层出不穷,给本就风雨飘摇的德国带来更多更严峻的挑战。此外,德国支柱产业的衰退、严重的人口老龄化趋势又是德国崛起面临的新难题。在历史遗留和现实困境的双重压迫下,德国战后恢复之路充满艰辛,已无力探索国家崛起的第三条路径。

本 章 小 结

德国同日本一样,也是努力崛起、接近成功但最终又走向衰落的国家。从崛起的历程上看,在政治制度上,1648 年欧洲各国签署《韦斯特法利亚和约》,最终以法律形式确立了德意志的分裂,这是德国历史上的第一次分裂。各邦国共享"德意志神圣罗马帝国"的名称,邦国间保持独立、各自为政,中央权力几乎不存在。法兰克尼亚王朝时期,德国局部建立封建制度,整体仍保持邦国林立、分权而治的政治体制。直到 18 世纪中叶,德国资本主义的萌芽兴起,确立起资本主义政治制度,摆脱了原本分裂、贵族统治的落后制度,整个德国才有了一个全局性的政治体制。在思想上,军国主义传统思想根植于德国人民心中,激发人民好战、崇尚武力的潜在性格,提升军事实力和战斗激情,加紧对

---

① 赵晓雷:《外国经济史》,东北财经大学出版社 2018 年版,第 44—45 页。

外扩张步伐。面对国内市场分裂、国外市场受阻的不利局面,学习李斯特幼稚工业保护理论,对尚未发育成熟的资本主义工业进行政策保护,使其免受英法等老牌资本主义国家的贸易冲击,为刚出现萌芽、处于弱势地位的资本主义保留住一丝希望。受法国对德战争失败的影响,德国先进的知识分子率先觉醒,文化民族主义在这一阶层诞生,影响力有限。后随着拿破仑的铁蹄入侵德国大陆,文化民族主义上升为政治民族主义,辐射整个德国,激励德国民众团结在一起,反抗法军压迫,取得普法战争的胜利,完成德国的第一次统一。尽管德国统一后的民族主义走向异化,导致德国频频对外发动侵略战争、挑起两次世界大战,造成严重后果,但民族主义曾经在德国统一、发展的历史进程中发挥的积极作用也是不可抹去的。在技术上,第一次工业革命爆发时,德国处于分裂状态,错失第一次工业革命的发展机遇,落后于其他国家。但德国后来者居上,吸收第一次工业革命的优秀成果和成功经验,在国内开展第一轮工业革命,并引领第二次工业革命的浪潮,发明以电气技术为代表的新生产技术,两次工业革命交叉进行,助力德国迅速成长为先进的资本主义工业强国。在经济上,德国凭借普法战争的胜利,结束国家分裂状态,建立统一大市场,并获得巨额战争赔款和矿产资源,为工业发展注入资金与生产原料。第二次工业革命的技术使德国国内涌现一批新产业,在多领域占据世界重要位置,积累大量财富,经济实力在第一次世界大战前大大增强,推动德国选择经济发展助力国家崛起的发展道路。在军事上,德国对本国军事制度进行整改完善,培养一支素质过硬、能打胜仗的专业化军队。并且改善军工设备,增加武装设备的数量,增强质量,军事实力远超其他大国。在外部环境上,德国首先通过对外殖民扩张掠夺财富,谋取发展所需要的资金。同时又划分殖民地,加强在被殖民地国家的政治和军事势力,极大地提高了德意志帝国在世界诸大国中的地位,为德国争霸世界开辟了道路。在人才的教育培养上,德国开创"双元制"职业教育体制,培养学生的知识和职业技能,为德国崛起输送高层次的人才。

即便有了这么多有利的因素,德国为实现国家崛起做出的两次努力,最终仍以失败告终,德国的崛起在第二次世界大战后拉下了帷幕。从国内环境来看,德国同样存在先天不足的问题,国内的资源量只能满足1/3的生产需求,需要从国外大量进口原材料,对外依赖性强。国际市场上的原料价格也存在波动,德国为进口原料除了要耗费大量资金外,还容易受到世界原料总量不足的影响,原料采购过程存在不稳定性,可能会影响生产。从政治体制来看,德国因第二次世界大战失败再次分裂,普法战争胜利后形成的统一大市场不复存在,国家主权遭到破坏,一分为二的国家政治,直接打碎德国长期以来的民族自豪感,引起经济、文化等一系列的滑坡,从根本上切断了德国的崛起道路。一个不完整且战败的德国在国际社会也失去了大国的政治地位,无论是国内政治主权,还是国际地位,德国的政治状况都不乐观。从思想来看,德国的民族主义出现异化、走向极端,使德国挑起两次世界大战,给德国和世界人民都带来难以磨灭的伤害。这种充满暴力、血腥的思想与追求和平的外部环境格格不入,必然会引起其他国家的抵制。从经济来看,第一次世界大战失败,德国本就面临国内工业严重受挫和大额战争赔款的双重困境,经济因为受到战争冲击出现滑坡是在所难免的。本就不利的经济状况加上全球金融危机的波及,德国爆发了严重的经济危机,为了走出危机,德国又发起第二次世界大战,试图通过这场战争的胜利重新掠夺资源和财富,将德国的危机转嫁到其他国家。但事与愿违,德国再次战败,既损失大量的生产设备,又背上新的巨额债务。旧账未平新账又起,两次战争的赔款给经济带来巨大的压力,国内又没有可以继续用于生产的工厂设备,德国的经济在第二次世界大战后已无力再为德国崛起提供支持。从军事来看,为了避免纳粹主义卷土重来,德国的军事受到限制,缺少由德国指挥的专业军队、落后的军工设备,军事实力不能和战前的巅峰状态相提并论,德国被迫采取防御性的军事战略,退出世界霸主的争夺。第一次世界大战的失败标志着德国经济衰退,以经济发展拉动国家崛起的第一次尝试失败。第二次世界大战的失败则彻底宣告德国与世界霸主地位无缘,因为这次战争给德国带来的是政治、经济、军事多领域、多层次的冲击,德国元气大伤,集中力量进行战后恢复。可是德国在第二次世界大战后的恢复效果并不理想,即便美苏两国基于各自的考量对东、西德进行扶持,德国也积极加入欧盟等组织,与其他欧洲国家报团取暖,但受第二次世界大战和全球大环境的影响,德国第二次世界大战后经济恢复缓慢。在国内,德国汽车曝出丑闻,销量下滑,支柱型产业受创,给德国经济蒙上了阴影。此外,德国人口老龄化趋势严重,国外移民无法弥补德国年轻劳动力的缺口,经济发展后继乏力。德国的两次努力都宣告失败,德皇威廉二世提出的将德国建设成为世界性帝国的梦想也宣布破灭,德国曾接近于世界霸主的宝座,但也仅限于曾经接近。

国际舞台的主要政治力量从自身利益出发,经过不断的消长变化和重新分化组合,由量变发展到质变,形成一种相对稳定的均势的结果,构成世界格局。世界格局并不是一成不变的,随着不同国家力量的此消彼长,世界格局也在不断演进中,世界秩序也同步发生着变化。德国的崛起与没落也只是世界格局和秩序演进过程中的一部分。

第五章 世界格局与美国的发展逻辑

第一节 美国崛起与霸权确立

所谓崛起,是指一个国家由弱至强、综合国力上升的动态过程,既包括经济、军事等硬实力的支撑,也需要文化、国际权利等软实力的提升,也许是长期的实力的不断增长,也许只是昙花一现。探寻美国这个大国如何从一个散乱弱小的殖民地到崛起并维持长期霸权的逻辑,是个复杂但有趣的过程。

一、政治条件

(一) 国内科学的政治体制——三权分立

美国是联邦制国家,实行三权分立与制衡相结合的政治制度和两党制的政党制度。所谓三权分立,就是把政府分成独立的三个部门,各自行使宪法所授予的职能。立法权、行政权和司法权的分立,但三权分立不仅意味着分离权力,还意味着三个部门的互相制衡。

现在所说的美国分权制衡制通常是1787年宪法所确定的,事实上,三权分立原则的起源可追溯至亚里士多德时代,而美国三权分立的起源早在美国建国初期就确认了。在启蒙时代时,仅少数哲学家如约翰·洛克与詹姆斯·哈林顿在其著作里提倡这原则,孟德斯鸠是其中一个三权分立的著名支持者。受孟德斯鸠著作的影响,美国自独立初始就确认了分权体制。然而起初所确认的分权制度具有一定的缺陷性,即只强调三权分立,却忽视了权力之间的相互制约和平衡,造成了立法机关权力滥用的后果,为后来宪法的制度提供了宝贵的经验教训。

1787 年宪法确立的美国分权制衡体制弥补了曾经的分权制度的不足,在三权分立的基础上,还强调权力制衡的原则。它的基本形态是:三权在组织机构上各自独立,独立行使各自的权力,同时三权相互制约、保持平衡。一方面,美国实行立法权、行政权和司法权的分立。①关于立法权,美国国会拥有唯一的立法权力。在不授权原则下,国会不会在其他机关委派任何立法代表。②关于行政权,美国总统拥有行政决策权,其主要职责为"监督法律之忠实执行"。根据这些字眼,宪法并没有要求总统本人去执行法律,而是要求总统的下属官僚完成这些职责。宪法授予总统监督法律之忠实执行的权力,使其可以中止某位行政官员的任命。美国国会本身并不会中止这样的任命或阻止总统施行这个权力。③关于司法权,它是审判案件与争论的权力,由美国最高法院与由国会随时下令设立的次级法院所有。另一方面,三权相互制约与平衡。宪法赋予每一部门制约其他部门的武器。例如,作为武装部队总司令的总统掌握最高指挥权,但战争拨款由国会批准,因为总统的权力并不会延伸至非行政机关。但法院的法官必须由总统在经由听取国会建议与获得国会同意后所委派。行政官员与法官的薪金由国会所决定,但国会不能增加或减少总统的薪金,或减少法官在其任期内的薪金。国会也会决定其议员的薪酬,但是美国宪法第二十七号修正案限制了国会议员薪酬增加的生效期,等等。

对于美国的政治体制,美国一直都有不同的声音。很多政治学家相信三权分立是美国相较卓越的决定性因素之一。约翰·金敦(John Kingdon)提出此论点,其指出三权分立为美国独特的政治结构的发展作出了贡献。孟德斯鸠认为只有权力之间有彼此能够相互制衡的机制才能创造出一个无私的政体。美国的实践证明,这一制度对稳定美国政局,调节国家权力的运行,保障公民权利等方面发挥了重要作用。三权分立并互相制衡,对美国的政治现代化产生了推动作用,在调节国家权力运行上发挥重要作用,自我纠错能力强,保障了美国人民的自由平等和民主,稳定了美国政局。事实上,美国在建国初期的政治体制并未比其他国家更具科学性,甚至还在学习别的国家抛弃不用的旧制度,从而产生了大量问题。而在 18 世纪制宪之后的两百多年时间里,美国吸取教训一步步改进,根据环境的变化不断改革自己、调试自我,这才形成了其独特的政治制度的优势,推动美利坚合众国从一个散乱、落后的国家成长成一个世界强国。

（二）雅尔塔会议与国际政治强权

1944年年底,第二次世界大战进入了最后结束的阶段,德意日法西斯败局已定,随着反法西斯盟国军事行动的发展,结束战争和安排战后世界而产生的一系列政治问题需要迅速解决,特别是应该制订盟军在反希特勒德国战争最后阶段的协同一致的军事行动计划,确定处置战败的德意志帝国的基本原则、对日作战、实现战后世界国际安全问题的基本原则等问题。1945年2月4日到11日,美国总统罗斯福、英国首相丘吉尔和苏共中央总书记、苏联部长会议主席斯大林在克里米亚半岛雅尔塔举行了第二次世界大战期间最重要的一次国际会议,史称"雅尔塔会议"。

雅尔塔会议的目的在于讨论欧洲战后重组方案,主要内容是战后处置德国、波兰、远东和联合国的问题。① ①对于德国,决定由美、英、法、苏四国分割,并且提出了德国交付战争赔偿计划,以及要彻底消灭德国军国主义和纳粹主义。②对于波兰,三国决定波兰东部边界大体上以寇松线为准,在若干区域作出对波兰有利的5—8千米的逸出,同意波兰在北部和西部应获得新的领土,西部边界划分未能解决,留待波兰政府成立时解决;波兰政府的组成是波兰问题的核心,经过激烈争论,同意以卢布林的波兰临时政府为基础进行改组,容纳国内外其他民主人士。③关于远东问题,苏联承诺在欧洲战争结束3个月内对日作战,其条件是:维持外蒙古的现状,库页岛南部及邻近岛屿交还苏联,大连商港国际化,苏联租用旅顺港为海军基地,苏、中共同经营中东铁路和南满铁路,千岛群岛交与苏联。④关于联合国问题,同意苏联的乌克兰和白俄罗斯加盟共和国为联合国创始会员国,决定美、英、法、苏、中五国为安理会常任理事国,规定实质性问题常任理事国一致同意的原则。此外,会议还讨论了希腊、南斯拉夫、意大利等欧洲国家的有关问题。会议签署了《雅尔塔协定》,通过了《被解放的欧洲的宣言》和《克里米亚宣言》等文件。

这场会议只限于美苏英三国的秘密会晤,并未邀请法国,是一场典型的大

---

① 崔健:《雅尔塔会议中盟国间的斗争与利益分配》,《知识经济》2009年第9期。

国绝对主宰战后世界格局的会议。三国代表仅 27 人，却决定了成万上亿人的命运。当事人之一丘吉尔在回忆录中还原了当时的情景："我拿过半张纸，写出：罗马尼亚：俄国——90%，其他国家（也就是英国和美国）——10%，希腊：英国（与美国一起）——90%，俄国——10%……解决这个问题所需要的时间比把这件事写出来还要快。我们就这样解决了这些与千百万人生死攸关的事情。"这就是第二次世界大战后期丘吉尔与斯大林之间在巴尔干划分势力范围的"百分比协议"①。

综上所述，雅尔塔会议是第二次世界大战中的一次重要国际会议，对第二次世界大战后的世界格局产生了极其重要的影响。一方面，雅尔塔会议的结果实际上确立了美国和苏联两国拥有世界霸权的地位。通过这次会议，协调了苏联与美英之间的关系，加强了反法西斯统一战线的团结，有利于动员盟国全部力量，最终打败德日法西斯。并为促进战后和平稳定局面的形成起到重要积极作用，为联合国的建立奠定了基础。但是从另一方面来说，在牵涉到其他国家特别是中国的主权利益问题上，美国和苏联按照自己的利益和意志、牺牲他国利益达成妥协，划分势力范围，违背了世界各国平等合作，尊重主权完整的原则，有大国主宰一切的霸权政治表现。尤其是秘密协定中有关大连、旅顺和中东铁路的条款，是三大国为了自身的利益，牺牲别国的非法产物，是强权政治和帝国主义的霸权逻辑。中国是反法西斯战争中作出重大牺牲和巨大贡献的四大盟国之一，而这些条款的订立，不但事先未征得中国政府的同意，甚至对中国还作了一段时间的隐瞒，严重损害中国的主权利益。可以说，雅尔塔体系的本质是一种大国牺牲小国利益的秘密交易，美国利用其在世界上的强权谋取了客观的政治红利并确立其国际政治强权。

二、文化优势

在全球化、信息化、制度化的今天，任何国家的成功与否不仅取决于自身的军事和经济实力又或是政治优势，也取决于其文化、制度及价值观念所代表

---

① 孔寒冰等：《雅尔塔怎样影响着东西方的命运——雅尔塔会议七十年后的思考》，《世界知识》2015 年第 4 期。

的软实力,美国之所以发展迅速,离不开其文化优势,即软实力为美国的发展注入活力的源泉,为美国的崛起和霸权的维持起到了关键作用,而未来国际竞争的重点仍在于软实力较量上。

美国文明起源于欧洲,在美国独立之前,北美 13 个州的居民绝大多数来自于欧洲的移民。但美国文明又不仅仅是欧洲文明的简单延续,而是欧洲文明与美国荒原的新的历史的结合。文化的开放性、包容性、进取性是美国文化的三大特征,也是美国文化的优势。[①]

第一,美国文化具有开放性。文化开放是指"世界各国精神产品的交流和交换,是各国文化的相互影响、吸收、融合以及矛盾和斗争"[②]。孙中山认为,"大凡一个国家能够强盛的缘故,起初都是由于武力发展,继之以种种文化的发扬,便能成功"[③]。因此在孙中山的文化观中,"开放"是主旋律,物质文明和精神文明共同对国家发展起着重要的作用。而美国文化正是具有开放性的特征,例如,美国人生活中的不拘小节,穿衣追求个性;又如美国对欧洲教育思想的学习,对英国技术的吸收;还有思想道德文化层次的开放——个人主义是美国人价值观最基本的要素,美国《权力法案》第一条修正案就规定了个人自由的权利。[④] 第二,美国文化具有包容性。美国文化的兼容性很强,首先表现在各种政治思想可以在美国存在。如美国受法国孟德斯鸠三权分立思想的启蒙,确立了三权分立的政治体制。其次,美国文化的包容性在于美国容纳了各国文化之精华且各种文化互相渗透、彼此交融。如德国移民带来了制作啤酒的技术,美国华人移民带去了优良的种植技术,墨西哥移民创作了许多音乐、戏剧作品等,丰富了美国文化。中国社会科学院世界史所的顾宁研究员在《美国文化与现代化》一书中这样写道:"美国文化具有开放性的特征,它包容其他国家的优秀文化并不断地丰富自己。美国文化多元性和包容性既是其现代化进程的反映,也对其现代化进程有所推动。"[⑤]第三,美国文化具有进取

① 李其荣:《开放·包容·进取——美国文化的优势》,《学术界》2005 年第 4 期。
② 叶自成:《对外开放与中国的现代化》,北京大学出版社 1997 年版,第 246 页。
③ 《孙中山全集》第 9 卷,中华书局 1981 年版,第 242 页。
④ 陈虹:《论美国权利法案及其变迁》,《大观周刊》2011 年第 9 期。
⑤ 顾宁:《美国文化与现代化》,辽海出版社 2000 年版,第 1 页。

性。美国人的乐观进取精神是美国得以成功的动力所在。1985年1月21日,里根总统在第二任就职演说中这样说道:"我们这些当代美国人并没有沉溺于回首往事。在这块幸福的土地上始终存在着更加美好的明天。"这句话形象地道出了美国人乐观进取的民族性格。美国人的进取精神表现在两个方面:冒险和雄心。首先,美国人敢于探险,第一个美洲人是外来移民,最早的移民可能是通过白令海峡来到美洲大陆的。随后来了更多的移民。美国人的探险活动也很多,例如阿什利探险、巴特利特探险、博纳维尔探险等。其次,美国人热衷于追求权利自由与保护。美国《宪法》为美国人追求权利奠定了基础,随后美国公民权利始终受到重视。美国南北内战时消除了奴隶制,保护了美国人民的权利与人格独立,随后法律不断修正出新,更好地扩大和保障美国公民的权利。

正是美国文化的开放性、包容性和进取性,美国文化包含世界智慧,推进了美国的现代化,推动了美国多元文化的形成与发展,创造了美国文化的丰富多彩。而美国文化的进取性也使美国人善于抓住时机,战胜困难、不断追求美好的生活,美国人的乐观精神支撑着美国一次次顽强地挺过各种危机,维持世界强国地位屹立不倒。总之,美国独特的文化魅力是美国发展的动力,在美国的崛起和霸权的维持中起到了关键作用。

三、技术与人力优势

科学技术标志着人类改造世界的智能水平,马克思说:"自然界没有制造出任何机器,没有制造出机车、铁路、电报、走锭精纺机等。它们是人类的手创造出来的人类头脑的器官,是物化的知识力量。"[①]世界经济发展史证明,一个先进国家经济的崛起是由于其技术创新活动的兴起。一个落后国家经济的衰落则是其技术创新活动的衰落。英国最先进行了工业革命,但英国的技术扩散使美国成了工业革命最大的获益国,可以说,美国的技术是在英国的基础上得以发展的。美国的工业革命虽然晚于英国、法国、德国,但发展速度远超法国,后又超过英德两国,自此长居领先地位。纵观美国两

---

① 《马克思恩格斯全集》第46卷(下),人民出版社1980年版,第219页。

百多年的经济发展史,技术创新始终贯穿其中,更有学者说:"美国的经济发展史,事实上就是一部技术创新史。"可见,美国的科技创新对经济发展的意义与价值。

美国的技术发展是一个演化与进化的过程,对美国崛起的助力并非一蹴而就。1776—1884 年,在美国进行了农业革命或农业机械革命时期的技术创新[1],这一时期,美国的技术创新受自然环境与技术基础的限制。后来,在美国第一次工业革命时期(1807—1875 年)[2],美国的技术创新主要是靠引进、模仿和改进欧洲技术。到了美国第二次工业革命时期(1876—1940 年),技术对经济的影响才初步显现。虽然是由英国引导的第一次工业革命,但先进的技术在美国不可避免地迅速扩散,不仅推动了美国经济的迅速发展,更是推动了美国技术的崛起。美国的技术已由单纯模仿阶段进入应用和独创时期,爱创新的美国人逐渐表现出了他们对科技创新活动的狂热与天赋,以爱迪生为代表的个体发明家开始重新规划美国技术进展的路线和速度。到第一次工业革命末期,美国的技术创新增长迅猛。以美国从 1790 年到 1860 年期间每十年的发明专利数为准,1851—1860 年间的专利数几乎达到 1790—1800 年间的 100 倍,达到 30335 项,而 1790—1800 年间这一数字仅为 309 项。[3] 例如,通过对英国技术的模仿,铁路成为 19 世纪上半叶美国经济的主导,其相关技术创新和煤、铁、钢等的行业需求刺激了美国经济的发展。同样使美国受益的是英国引导的电力技术革命,美国迅速引进英国的无线电技术,在 1899 年美国就出现了应用于海军的战舰的无线通讯设备。就这样,在英国技术发展的基础上,美国不断进行投资研究,技术创新活动效果显著,为美国经济的突飞猛进注入活力。

当然,技术创新的主体是人,早期美国的技术发展离不开人力的推动。在 1920 年以前美国的移民政策比较宽松,接纳了大量来自西欧的移民。1890 年,纽约市民的 80% 都是移民或者移民的后裔,芝加哥同样如此,87% 的市民

---

[1] 何京:《美国农业机械化的发展及对我国的启示》,《湖南农机》2003 年第 5 期。

[2] 李明传:《美国技术创新的历史考察》,武汉大学出版社 2013 年版,第 52 页。

[3] United Stated Bureau of the Census, "Historical Statistics of the United Stated", *Colonial Times to* 1970, Washington, 1975, p.959.

是移民或移民的后裔。① 可谓是一块强力吸引人才的磁铁。后来第二次世界大战期间大批欧洲人逃到美国,为美国增加了相当多的劳动力。更重要的是,人员的流动带动了资本和技术的流动,美国对移民的宽容为美国吸收别国技术创造了机会,通过外国技术和资本流向铁路、电力技术及制造业,美国的制造业得到了很好的发展。

因此,美国的技术优势并不是一开始就居于领先地位,早期正是靠英国的技术扩散推动了美国技术水平的提升。但与英国不同,在美国技术扩散的速度、美国人创新意识觉醒的速度异常地快。第二次世界大战以后,美国技术的发展轨迹开始发生全新的变化,技术优势才一步步凸显。但美国自然资源丰富与劳动力成本高并存的矛盾,富有自由特色的市场经济制度,三权分立的政治制度,美国人爱冒险、爱创造的精神,为美国的创新水平引领世界潮流埋下伏笔。

四、经济基础

(一) 优越的自然条件

美国具有优越的先天优势,地势广阔,包含各种自然景观,气候适中,资源丰富,为美国经济发展提供良好的起点。美国位于西半球,位于北纬25度和49度之间,从大西洋到太平洋几乎横跨了整个北美洲大陆,由美国本土、阿拉斯加州及夏威夷州3个部分所组成;土地面积有3026781平方英里,比欧洲的面积大2/3以上,面积排名为世界第四。除了水资源丰富,还蕴含着各种农业、矿产和森林资源。其独特的自然优势促使美国各地区迅速找到发展的契机。

埃尔斯沃思·亨廷顿曾发觉文明与气候之间、脑力和体力劳动与气候之间,有着密切的关系。② 福克讷也认为有利于人类迅速发展的气候必须是具有足够长久的温暖季节以生产丰富的粮食,必须有一定的寒冷外,还必须有适

---

① [美]艾伦·格林斯潘、阿德里安·伍尔德里奇:《繁荣与衰退》,束宇译,中信出版集团2019年版,第322页。

② Ellsworth Huntington, *Civilization and Climate*, Third Edition, New Haven: Yale University Press, 1924, pp.391−392.

当的健康环境。所有这些条件,殖民者都在美国大部分地区找到了。[①] 例如人们最重要的粮食小麦,在每年的雨量少于 10 英寸或多于 45 英寸时,一般就不能种植出来。美国每年的平均雨量是 26.6 英寸。尤其是阿巴拉契亚山以东的每年平均雨量是 30 英寸到 50 英寸,具有理想的土壤温度和雨量,这个地区最有利于农业的生产。美国的气候、水资源与地形优势,为农业的发展打下了坚实的基础,再加上美国重视农业科技的发展,农业成为美国经济的稳定支柱。美国粮食产量,在美国本土得天独厚的自然条件的支持下,除了农业得到迅速发展以外,美国各地区还拥有丰富的矿产资源和森林资源。例如科迪勒拉区域所蕴含的铜、铁和金银的矿藏,造就了这个地区的巨大价值;底特律凭借其资源优势几乎生产了美国大部分的汽车。种种优势结合,无论是农业发展还是自然资源的优势又或是水运的便利,都为美国的经济发展提供了良好的起点。

（二）南北战争统一市场

自独立运动之后,美国的发展并非是一帆风顺的。19 世纪工业革命传到美国,美国经济迅速发展,同时美国获得了西部的大片领土,在西部接连成立新的州。当时美国分裂为两个完全不同的经济体。

在北方,资本主义经济发展迅速,从 19 世纪 20 年代起,北部和中部各州开始了工业革命,到 50 年代完成。1860 年,北方工业生产居世界第四位,总产值达 18.8 亿美元。而在南方则依赖种植园黑人奴隶制度,更多地投入精力去扩大棉花的种植。1860 年南方已有黑人奴隶 400 万人。[②] 而且南方不断地试图推广奴隶制,每当新州成立之际,就在该州内发生南北两方容许或禁止奴隶制存在的斗争。就这样,奴隶主利用其在国会及政府中的统治地位,连续取得胜利,激起北方广大人民的愤慨。南北矛盾和斗争自 19 世纪初起日趋激烈。由于南北双方奉行的政策不同,使宗教界也面临着严峻的考验,教会间互不信任、互相抨击,导致了分裂。双方矛盾到 19 世纪 50 年代在局部地区已酿成武装冲突。在奴隶主的进逼面前,北方人民发起了声势浩大的"废奴运

---

① 福克讷:《美国经济史　上卷》,王锟译,商务印书馆 2018 年版,第 15 页。
② 《美国南北战争》,西陆网,2019 年 7 月 14 日,见 http://www.xilu.com/zhuanti_180568.html。

动",南方黑奴也不断展开暴动。在人民斗争的推动下,北方资产阶级开始主张废除奴隶制度。1860 年 11 月 6 日,林肯当选总统引发了长期积累起来的政治危机,矛盾愈演愈烈。1861 年 4 月,美国爆发内战,即南北战争(American Civil War),这是美国历史上唯一一次内战,参战双方为北方美利坚合众国和南方的美利坚联盟国。战争以南方联盟炮击萨姆特要塞为起点,最终以北方联邦胜利告终。

给美国带来深刻的影响。战争是曲折且残酷的。南北两方都曾预想通过速战速决打败对方。事实证明,战争比原先所作的任何权威的预测都更持久,更具破坏力。参战的 350 万人中绝大多数为志愿兵。战争造成 75 万名士兵死亡,40 万名士兵伤残,不明数量的平民也遭到波及。① 对美国来说,战争所引起的第一项经济上的后果便是它使北部和西部陷入了严重的经济恐慌。而且林肯只是废除了南方叛乱诸州的奴隶制,这些黑人虽然被解放了,但是并没有获得和白人一样的权利。黑人在内战后的重建时期仍受到多方面的歧视和种植场主的剥削,但在政治上取得公民权及选举权,从奴隶枷锁下解放出来。

但南北战争对于美国来说更多的是积极影响。南北战争是工业革命后的第一次大规模战争,在此期间确立了战术、战略思想、战地医疗等现代战争的标准。最重要的是,北方在战争中的胜利,在巩固国家统一的同时确立了北方大资产阶级在全国的统治地位。自从那个时期以后,国内就没有任何一个地区能够强大到可以动用武力。在政治上,联邦政府建立了最后的主权,它也标志着美国社会历史上的一个分界点。南北战争之初本为一场维护国家统一的战争,后来演变为一场为了黑奴自由的新生而战的革命战争。南方奴隶制度是生长在美国社会的赘瘤,它严重窒息了北方工商业的发展。这场内战消灭了奴隶制,加速了北部的"工业革命",加速了全国工人组织的联合运动,从而为美国的资本主义迅速发展扫清了障碍,在美国历史发展中具有划时代的影响。而且战后美国农业得到了繁荣发展,这些都为美国跻身于世界强国之列奠定了基础。

---

① 《美国南北战争的几个问题》,新浪网,2005 年 4 月 4 日,见 http://news.sina.com.cn/c/2005-04-04/073955463955.shtml。

（三）第一次世界大战期间的财富积累

到 1914 年，欧洲的军队已经在一种剑拔弩张的局势下，做好了充足的备战准备，民族主义和帝国主义的对抗结合在一起形成了一种危险的状态。欧洲列强之间的矛盾纷繁复杂，基本矛盾有三对，即法德矛盾、俄奥矛盾和英德矛盾。在资本主义国家向其终极阶段，即帝国主义过渡时产生了广泛的不可调和矛盾，亚洲、非洲、拉丁美洲、大洋洲的殖民地和半殖民地基本上被列强瓜分完毕，新旧殖民主义矛盾激化、各帝国主义经济发展不平衡、秩序划分不对等的背景下，帝国主义国家围绕着争夺世界霸权和殖民地①，为重新瓜分世界和争夺全球霸权而爆发了一场世界级的帝国主义战争。

1914 年 6 月 28 日（塞尔维亚的国庆），奥匈帝国皇储斐迪南大公夫妇在萨拉热窝视察时，被塞尔维亚青年加夫里若·普林西普枪杀，成为第一次世界大战的导火线。② 一个月后，奥匈帝国在德国的支持下，以萨拉热窝事件为借口，向塞尔维亚宣战。接着德、俄、法、英等国相继投入战争。交战的一方为同盟国的德意志帝国和奥匈帝国，以及支持他们的奥斯曼帝国、保加利亚。另一方为协约国的英国、法国和俄罗斯帝国以及支持它们的塞尔维亚、比利时、意大利、美国等国。原属同盟国的意大利，考虑到利害关系，加入了协约国方面作战。日本为了在东亚扩张势力和侵略中国，以 1902 年缔结的"英日同盟"为借口，在 1914 年对德国宣战，并迅速占领德国在中国山东的势力范围。③ 1917 年，美国参加对德作战，中国等国也相继投入战争，协约国的阵营增加到 27 个，俄罗斯爆发"二月革命"和"十月革命"，退出了帝国主义战争。④ 后来德军渐渐开始瓦解。1918 年 11 月 11 日，德军正式投降。第一次世界大战至此结束。⑤

这场战争是欧洲历史上破坏性最强的战争之一。大战历时 4 年，30 多个国家，15 亿人口卷入战争，大约有 6500 万人参战，1000 多万人丧生，2000 万

① 人民教育出版社历史室：《世界近代现代史》，人民教育出版社 2000 年版，第 129 页。
② 人民教育出版社历史室：《世界近代现代史》，人民教育出版社 2000 年版，第 131 页。
③ 人民教育出版社历史室：《世界近代现代史》，人民教育出版社 2000 年版，第 132 页。
④ 人民教育出版社历史室：《世界近代现代史》，人民教育出版社 2000 年版，第 132 页。
⑤ 郁汉冲、董国超主编：《历史百科》，中国经济出版社 2013 年版，第 523 页。

人受伤,战争给各国造成了严重的经济损失和巨大的灾难。① 第一次世界大战是一场帝国主义之间的分赃不平衡的帝国主义战争,对交战双方来说,都是非正义的战争。第一次世界大战严重削弱了帝国主义的力量,摧毁了地处欧洲东部的基督教东正教国家俄罗斯帝国、地处欧洲中部的基督教新教国家德意志帝国等欧洲古老的封建帝国,英国、法国和意大利等帝国主义国家被削弱,昔日地跨欧亚非三洲的伊斯兰教封建军事帝国的奥斯曼帝国也宣告解体。另一方面,战争促进了亚非民族独立国家的形成和殖民地人民的觉醒。战后初期,资本主义国家的无产阶级革命运动和亚、非、拉美的民族解放运动出现了高涨的新局面。

第一次世界大战加速了世界权力中心从欧洲向美国转移的步伐,美国成为最大受益者。1917 年 4 月美国加入了第一次世界大战,根据美国 1917 年 4 月公布的一个军事草案,约 117000 名美国人在兵役中死亡,其中一半以上死于疾病,联邦政府的支出大幅增加。然而,美国从第一次世界大战所获取的益处远比其牺牲的多得多。在第一次世界大战期间,美国是经济的领导者,凭借世界市场的生产工厂、交战双方的军火供应商、决定战争的平衡砝码三重角色收取政治、经济红利,是协约国主要的军需和消费品供应商,并为协约国提供了大量的贷款,从最大的债务国变成最大的债权国、最大的黄金储备国和纯粹的资本输出国。到 1919 年,协约国欠美国的债务占美国国债的一半以上,超过 100 亿美元。第一次世界大战结束时,协约国共欠美国 120 亿美元贷款,其中英国向美国借了 50 亿美元,法国向美国借了 40 亿美元,世界黄金储备的40%在美国手中。② 在远东太平洋地区,“门户开放”的原则在华盛顿会议上为列强各国所认可,成为远东太平洋地区的现实;在欧洲,战败国德国的经济几乎达崩溃的边缘,美国资本乘机大举进入欧洲;此外,英、法等战胜国在战后的相对衰落,又使美国商品得以在世界各地原属欧洲列强的势力范围内迅速抢占。并且海外市场大幅扩张、国内工农业大幅发展、商业大幅发展,等等。

---

① 人民教育出版社历史室:《世界近代现代史》,人民教育出版社 2000 年版,第 129 页。
② [美]艾伦·格林斯潘、阿德里安·伍尔德里奇:《繁荣与衰退》,束宇译,中信出版集团 2019 年版,第 210 页。

1914 年流入美国的资金达到 22 亿美元,美国出口到丹麦、荷兰、挪威和瑞典的贸易额仅 1.88 亿美元,1915 年上升到 3.3 亿美元。[①] 1915 年美国向英帝国出口比 1914 年增加了 11.67 亿美元,是美国 1914 年出口到德国的将近 7 倍。1916 年美国向英帝国的出口更是增长了 60% 以上。[②] 1913—1930 年,海外投资从 20 亿美元增至 150 亿美元,30% 投放在欧洲。总之,第一次世界大战时期,美国不仅成为世界上最大的债权国与资本输出国,同时也是与欧洲列强并驾齐驱的世界政治大国。所有这些,都让人们感到美国世纪的临近。

(四)危机与罗斯福新政

经济繁荣背后暗藏危机。第一次世界大战后,通过巴黎和会和华盛顿会议,确立了凡尔赛—华盛顿体系,暂时调整了列强间的关系,矛盾趋于缓和,资本主义世界相对稳定,20 世纪 20 年代,各国经济都有了不同程度的发展,整个资本主义世界出现经济繁荣景象。美国的经济得到了飞速发展。到 1924 年,美元掌握的黄金总额已达世界黄金储存量的 50%,控制了国际金融市场,世界金融中心由伦敦移到纽约。当时的美国被称为世界金元帝国。主要资本主义国家的经济"繁荣"一时,但繁荣的背后孕育着危机。事实上当时的美国少有人正视危机的警告,胡佛总统的鼓舞给了人们盲目的信心,而随后 1929 年 10 月 24 日(黑色星期五)美国纽约股票市场崩溃,经济大危机迅速席卷整个资本主义世界。在 1929—1933 年之间,美国经济崩溃,饥饿和恐惧感迅速在这个瘫痪的国家内蔓延。

这次经济大危机涉及范围特别广,影响到整个资本主义世界,造成工业、农业、商业和金融部门的危机。而且持续时间比较长,从 1929 年到 1933 年,前后共 5 个年头。1933 年与 1929 年相比,整个资本主义工业生产萎缩,资本主义世界贸易总额减少了 2/3。数字可以最直观地体现美国的痛苦,大危机这几年,实际 GDP 下降了 30%,失业率从 1929 年的 3.2% 上升到 1933 年的 24.9%。美国失业率已经远大于当时世界 16 大工业国的平均失业

---

① H.C.艾伦:《大英帝国和美国——1783~1952 年英美关系史》,阿肯图书 1969 年版,第 666 页。

② H.C.艾伦:《大英帝国和美国——1783~1952 年英美关系史》,阿肯图书 1969 年版,第 663 页。

率:11.4%。① 在美国随处可以看到这样的景象,美国失业者在百老汇前排长队等待救济;密西西比河畔,农产品价格下跌,农场主们将一桶桶的牛奶倒入河中,无数的奶牛、羊羔被杀死,整船的咖啡豆被倒进大海。就这样,经济危机使工厂破产,银行纷纷倒闭,工人失业,资本家大量销毁商品,破坏生产。经济危机给资本主义世界以沉重的打击,激化了资本主义制度固有的矛盾,引起了资本主义各国的政局动荡。

面对严重的经济大危机,胡佛和罗斯福在总统竞选中表现出了截然不同的态度,两者分别秉持着自由放任经济和国家应实行新政并干预经济的原则,最终罗斯福以 2280∶1575 的票数优势当选美国总统。新政分两个阶段展开②,第一次新政是试验时间,提供的任何想法都可能被试用;第二次新政,更有意识地转向左派,政府当局急切地推动改革。

第一次新政(1933—1934 年)是救济、复兴与改革。为贫困家庭提供救济是新政府最紧迫的问题和第一目标。因而,罗斯福政府首先成立联邦紧急救助署。通过这一机构,联邦政府向破产的州和地方紧急救助项目注资 5 亿美元(大约相当于现在的 250 亿美元)。③ 哈里·霍普金斯是在大萧条期间联邦紧急救助署的负责人及 1935 年政府设立的工作进步管理署领导者。工程项目管理署的工作重点是创造就业机会,该机构在道路建设、防洪工程等公共项目中雇用了数百万人,霍普金斯认为这些项目对经济基础设施的贡献是次要的。另一个类似机构是民间资源保护组织。所有这些救助行动都体现了哈里·霍普金斯的救助理念:只是向失业的人提供资金上的援助是不够的,政府还必须为他们创造就业机会和技能培训,并保护他们的自尊。④ 正所谓"授人以鱼不如授人以渔"。在 1933 年也是实施新政的第一年,联邦、州和地方应急

① [美]艾伦·格林斯潘、阿德里安·伍尔德里奇:《繁荣与衰退》,束宇译,中信出版集团2019 年版,第 208 页。
② [美]加里·M.沃尔顿、休·罗考夫:《美国经济史》,王钰等译,中国人民大学出版社2018 年版,第 428 页。
③ [美]加里·M.沃尔顿、休·罗考夫:《美国经济史》,王钰等译,中国人民大学出版社2018 年版,第 429 页。
④ [美]加里·M.沃尔顿、休·罗考夫:《美国经济史》,王钰等译,中国人民大学出版社2018 年版,第 430 页。

工作计划雇用的工人超过 200 万人（劳动力的 4.3%），最高纪录是在 1936 年，有 370 万人（劳动力的 7%）在此项计划中被雇佣。① 第二个目标就是复兴。政府干预的最显著的一个进展是随着《全国工业复兴法》（Natiomul Industrial Recovery Act，NIRA）的公布开始的。其目标是提高价格和工资，通过减少工时来增加就业，以及通过竞争者试图维持产量来防止降价。关于《全国工业复兴法》的有效性，美国的经济学家一致认为该法规并没有扩大收入，只是重新分配了收入。但是也有学者不这么认为，例如高迪、艾格尔逊认为，此法规通过创造通胀预期促进了经济的复苏。第三个目标是改革。改革主要是金融体系和农业部门的改革。金融体系在 1929—1933 年的紧缩之后变成了废墟。罗斯福政府和两党的支持者着手振兴和改革金融体系的以下几个方面：银行体系、联邦储备体系、抵押市场、证券市场与国际金融体系。第一是挽救银行的倒闭。银行体系的改革中最重要的是建立针对商业银行和储蓄银行的保险公司，建立存款保险制度。这一举措使银行倒闭数量大大减少，存户的损失在很大程度上得以减轻。第二是加强对证券市场的监管。在股票市场的崩溃下美国大量投资以破产告终，证券交易委员会应运而生。这个机构被授予广泛的权力来监督证券交易所、其交易规范以及新证券的发行。第三是对抵押贷款市场的改革。当萧条与危机来临时，银行将取消抵押品赎回权，借款人最终一无所有。罗斯福政府通过建立房屋所有者贷款公司解决了这个问题。该机构向金融机构购买了有问题的抵押贷款，然后向借款人发放了新的抵押贷款，用长期摊销（每年专付一小笔本金）取代传统的短期气球抵押贷款②。第四是结束美国的金本位制承诺。1933 年 4 月 5 日美国颁布了一项总统令，要求所有持有人把他们的黄金（除了稀有硬币）交给美联储来交换联邦储备券。美国金本位制的承诺已经过去。而对于农业，罗斯福政府主要是通过限制供给压缩产量，在一定程度上提高了农民的收入，等等。

第二次新政（1935—1941 年）目标是建立福利国家。1932 年之前，工人

---

① 加里·M.沃尔顿、休·罗考夫：《美国经济史》，王钰等译，中国人民大学出版社 2018 年版，第 431 页。

② 这种贷款前期每期所需偿还金额相对较小，但在还款到期日还款金额较大，像气球般"前小后大"，故名气球贷。

遭遇收入损失,必须依靠自己的积蓄或亲友、有组织的慈善机构等的帮助。大危机期间,联邦政府迅速展开了救济努力,这段时间的救济负担使联邦政府焦头烂额并充分认识到了应对收入严重损失的永久性计划的必要性。1935 年《社会保障法》规定了以工人支付收入的 1% 到最高 3600 美元①的款项为基础的联邦养老和遗嘱保险计划②。它进一步向有需要的老年人、未成年子女和盲人提供援助。随后的修订补充进了其他群体。该法案是作为"保险"计划构造的,其中工人和雇主各缴一半保险费,等等。

新政给美国留下了深刻的印记,开创了国家干预经济的先河,缓解了大萧条带来的经济危机和社会矛盾,改变了政府与民众的关系。第一,罗斯福新政是一种资本主义生产关系的局部调整。它建立了广泛的规范经济生活的制度和方案:证券交易委员会、最低工资的规定、社会保障、失业补偿等。第二,新政维护了资本主义制度,开创了资产阶级政府大规模干预经济生活的先河。政府的权力得到加强,而州和地方政府的权力则相对缩小,进一步提高了美国对国家资本主义的垄断程度。第三,新政取得了显著成效,缓解了社会矛盾,使美国渡过了危机,经济缓慢恢复,人民生活得到改善。当然它也有局限性,由于产生危机的根源依然存在,它不能化解资本主义社会的固有矛盾,也无法使美国避免新的危机。

(五) 布雷顿森林体系与金融霸权的确立

1944 年 7 月,西方主要国家的代表在联合国国际货币金融会议上确立了该体系,因为此次会议是在美国新罕布什尔州布雷顿森林举行的,所以称为"布雷顿森林体系"。关税总协定作为 1944 年布雷顿森林会议的补充,连同布雷顿森林会议通过的各项协定,统称为"布雷顿森林体系",即以外汇自由化、资本自由化和贸易自由化为主要内容的多边经济制度,构成资本主义集团的核心内容。

大危机和第二次世界大战在宣告了金本位制垮台的同时,也宣告了英国作为世界经济领导者的终结。国际货币体系分裂成几个相互竞争的货币集

---

① 以消费者价格指数为通货膨胀指数换算,大约相当于 2011 年的 60000 美元。

② 加里·沃尔顿、休·罗考夫:《美国经济史》,王钰等译,中国人民大学出版社 2018 年版,第 443 页。

团,各国货币不断贬值,国内外金融局势动荡不定。然而,同为战胜国和前世界经济领导者,英国自然不甘心被排除在战后国际金融体系的制定过程之外。这就出现了所谓的"凯恩斯计划"与"怀特计划"之争。第二次世界大战后期,美英两方各为已战,就战后国际货币体系的构思与设计互不相让。由于美国在世界经济危机和第二次世界大战后登上了资本主义世界盟主地位,其凭借战后拥有全球 3/4 黄金储备和强大军事实力的大国地位,"怀特计划"成为布雷顿森林会议最后通过决议的蓝本。1944 年 7 月 1 日,44 个国家或政府的经济特使在美国新罕布什尔州的布雷顿森林召开了联合国货币金融会议(简称"布雷顿森林会议"),商讨战后国际货币体系问题。经过 3 周的讨论,会议通过了以"怀特计划"为基础制定的《联合国家货币金融会议最后决议书》以及两个附议,即《国际货币基金协定》和《国际复兴开发银行协定》,确立了以美元为中心的国际货币体系,即布雷顿森林体系。

"布雷顿森林体系"的主要内容包括以下几点:第一,"双挂钩原则",主要表现在两点:一是美元与黄金挂钩。各国确认 1944 年 1 月美国规定的 35 美元一盎司的黄金官价,每一美元的含金量为 0.888671 克黄金。各国政府或中央银行可按官价用美元向美国兑换黄金。为使黄金官价不受自由市场金价冲击,各国政府需协同美国政府在国际金融市场上维持这一黄金官价。二是其他国家货币与美元挂钩,其他国家政府规定各自货币的含金量,通过含金量的比例确定同美元的汇率。第二,实行可调整的固定汇率。《国际货币基金协定》(以下简称《协定》)规定,各国货币兑美元的汇率,只能在法定汇率上下各1%的幅度内波动。若市场汇率超过法定汇率1%的波动幅度,各国政府有义务在外汇市场上进行干预,以维持汇率的稳定。若会员国法定汇率的变动超过 10%,就必须得到国际货币基金组织的批准。1971 年 12 月,这种即期汇率变动的幅度扩大为上下 2.25%的范围,决定"平价"的标准由黄金改为特别提款权。布雷顿森林体系的这种汇率制度被称为"可调整的钉住汇率制度"。第三,各国货币兑换性与国际支付结算原则。《协定》规定了各国货币自由兑换的原则:任何会员国对其他会员国在经常项目往来中积存的本国货币,若对方为支付经常项货币换回本国货币。《协定》规定了国际支付结算的原则:会员国未经基金组织同意,不得对国际收支经常项目的支付或清算加以限制。

第四,确定国际储备资产。《协定》中关于货币平价的规定,使美元处于等同黄金的地位,成为各国外汇储备中最主要的国际储备货币。第五,国际收支的调节。国际货币基金组织会员国份额的 25% 以黄金或可兑换成黄金的货币缴纳,其余则以本国货币缴纳。会员国发生国际收支逆差时,可用本国货币向基金组织按规定程序购买(即借贷)一定数额的外汇,并在规定时间内以购回本国货币的方式偿还借款。会员国所认缴的份额越大,得到的贷款也就越多。贷款只限于会员国用于弥补国际收支赤字,即用于经常项目的支付。

布雷顿森林体系的产生是战后国际政治力量对比变化的产物,促进了战后资本主义世界经济的恢复和发展。"布雷顿森林体系"的突出特点就是其形成是在美国主导下的大国之间的一项联合行为,而不是像国际金本位制的实施是一个渐进的发展过程。1944 年 44 个国家参加布雷顿森林体系会议,1946 年会议上所签署的"布雷顿森林体系"即生效。对比曾经的金本位制的形成,英国并未集合国家又或是选取某一特定日期来宣布推行,金本位制的实行是个逐渐被接受的历程。这从侧面也反映了美国在全球经济中的话语权。经过两次世界大战尤其是第二次世界大战,超强的综合国力使美国成为布雷顿森林体系的掌控者,近半个世纪以来美国谋求大国地位与世界霸权的"门户开放"型全球扩张战略得以基本实现。和战前的金本位制相比,布雷顿森林体系的运行机制发生了重大变化。美国也由此成为国际货币体系新的领导者和规则的制定者,一个由美国主导的、全球开放性多边经贸与货币体系,必然更有利于美国经济的提速。无论是从布雷顿森林体系的确立过程,还是从布雷顿森林体系的内容来看,形成了以美元为中心的世界货币体系确立了美元的霸权地位,国际政治格局的转换最终完成,英国霸权无可挽回地为美国所取代。

由于资本主义发展的不平衡性,主要资本主义国家经济实力对比一再发生变化,以美元为中心的国际货币制度本身固有的矛盾和缺陷日益暴露。例如,金汇兑本位制本身的缺陷,美元与黄金挂钩,享有特殊地位,加强了美国对世界经济的影响。其一,美国通过发行纸币而不动用黄金进行对外支付和资本输出,有利于美国的对外扩张和掠夺。其二,美国承担了维持金汇兑平价的责任。当人们对美元充分信任,美元相对短缺时,这种金汇兑平价可以维持;

当人们对美元产生信任危机,美元拥有太多,要求兑换黄金时,美元与黄金的固定平价就难以维持。此外,还有储备制度不稳定、国际收支调节机制的缺陷、内外平衡难统一等缺陷。直至后来,因美元危机与美国经济危机的频繁爆发,以及制度本身不可解脱的矛盾性,该体系于 1971 年被尼克松政府宣告结束。值得注意的是,以布雷顿森林体系为基础的美元霸权并没有随布雷顿森林体系本身的瓦解而终结。作为布雷顿森林体系最重要的遗产,美元霸权仍然是当今国际金融体系的基本特征。面对目前全球经济失衡及其调整,美元霸权也正在面临新的挑战。

五、军事力量支撑

美国建立了世界上最强大的军事体制,从 1607 年一个偏居大西洋沿岸、穷乡僻壤的英国殖民地到 1776 年取得独立战争的胜利再到今天世界上唯一的超级大国,其军事力量就是美国崛起的凭仗。美国的军事发展可分为三个阶段:初生柔弱、逐渐成长、世界霸权。

第一阶段是初生柔弱。1776 年华盛顿带领北美 13 州抗战英国取得了独立战争的胜利,美国正式诞生。建国初期,针对北美军事制度在独立战争中暴露出的弊端,华盛顿对民兵制度进行了改革。[①] 他以英国为榜样,聘用普鲁士将军斯图本对美军进行严格的正规化训练,学习欧式战术和队列,终于创建出真正的正规军。但是美国建国初期,由于地方分权及各方利益的掣肘,美军难以摆脱困境。就外部环境而言,英国虽暂时撤兵,但仍集结在加拿大等待时机,虎视眈眈,随时将新生美国扼杀在襁褓中,以再次进行殖民统治;西班牙、法国也试图阻止美国向西扩张,并煽动印第安人攻击美国本土。就内部而言,人民起义也在美国频繁发生。可以说新生的美国在军事上面临着严峻的形势。终于在谢斯起义后,华盛顿极力主张建立一个强有力的中央政府。1787年制定的《美国联邦宪法》,确立了美国初步的军事体制和战略框架,其中最重要的是缩小州权,使军事指挥权集中统一。并由国会和总统领导军队,还设立军权分割的机制,以防止军事独裁的出现,等等。

---

① 陈海宏等:《他山之石:美国军事力量的发展与改革》,《军事历史》2016 年第 2 期。

第二阶段是逐渐成长。在这一时期,一是美国军队趋于职业化。美国以民兵为主的军事体制的弊端,在美英等战争中显露无遗:民兵难以同敌人的正规军对抗。迫于战争需要,在"可扩大的正规军"思想的指引下美国开始建立正式的军事教育机构和院校,美军逐渐走上职业化道路。1819 年,美国选派一批军人到法国留学,有效地促进了美国陆军的职业化教育。美国还组建了远洋舰队,并开始注意军事科学的理论研究,创作出一批军事著作。二是在1861—1877 年期间,美国完成了工业革命,成为世界第四工业大国;内战(南北战争)结束后,美国消除了奴隶制,资本主义在全国得到迅速发展。美国的外交政策开始向对外扩张试探。而且战争实践推动了军事战略的变化,产生了总体战略。基于此实行了国民经济总动员和义务兵役制度,组建庞大的军队,研制军事技术与装备,建立了庞大的后勤供应体制,等等。但还有很多缺陷,大量被动员入伍的兵员缺乏训练和经验,要花费相当大的人力、物力进行培训之后才能投入作战;后勤保障体系中的医疗保障极差;总体战的战术还没有得到革新,仍然采用手工时代的旧战术;等等。①

第三阶段是夺得世界霸权。19 世纪末至 1945 年,这是美国军事制度发展的深化和向外扩张时期。在半个世纪中,美国在完成了西进运动后,迈出了向海外扩张、夺取世界霸权的步伐。美国先通过美西战争打败了老牌帝国西班牙,后参加了两次世界大战,打败了它的两个最大的竞争对手日本和德国,如愿以偿地登上了世界头号超级大国的宝座。并且通过一次次的对外战争,美国的军事制度不断进行纵向深度改革,不断克服在战争中发现的问题,逐渐建立和完善了国民经济和人力总动员制、海外远征军体制以及战后的复原制度;建立了全球陆海空联合作战体系和全球后勤供应体系;建立了三级军事教育网络和平民军事教育制度。

美国自独立战争以后经过 200 多年的发展,成为世界最大的军事强国。美国军事制度发源于欧洲,之后又受英国、法国和德国的影响,但富有包容性和进取性的美国人通过对军事体制不断的改革创新并消除弊端,创造适应新时代的军事体制与技术,使纪律涣散、作战能力低的民兵,逐步成长为真正的

① 陈海宏:《他山之石:美国军事力量的发展与改革》,《军事历史》2016 年第 2 期。

职业军队,继而壮大成为世界上最强大的武装力量,推动了美国世界霸权的确立。

六、外部环境条件

(一) 早期独立的成长环境

从世界范围来看,美国地处远离欧亚大陆的"海洋辖区中心"。远隔重洋为美国建国创造了相对独立的优越环境,东西两面皆受海洋庇佑[1],欧亚列强又无暇顾及美国的崛起。美国最初 13 个原始殖民地位于阿巴拉契亚山脉东侧的狭长海岸平原,美国的大部分领土为法国和西班牙帝国的殖民地。对于欧洲帝国来说,真正的战争在另一半球,法国甚至不屑于用美洲来流放难民;而西班牙则授予其总督近乎无限的权力来管理美洲殖民地,只要金银的出口量达到其要求。欧洲的注意力并不在美洲,年轻的美国从纠葛的欧洲战事中获得了相对自由的成长空间。[2] 早期的美国版图拓张并没有面临任何严峻的地理挑战,为美国独立创造了条件。

(二) 相对稳定的发展环境

一方面,自独立战争之后,除了 1812 年美英战争外[3],美国本土几乎未受到任何显著的传统外部军事侵入。即使在当今,美国的国家领土仍然比较安全,不易受到常规力量的进攻。美国是全球仅有的既拥有先进的濒海地区又拥有广阔大陆腹地的重要大国,毗邻大西洋与太平洋的地缘区位使其能够将欧洲及亚太沿岸地缘政治区联结在一起,占据世界地缘海洋辖区的贸易与军事中心位置和领导地位。成为世界最重要的军事与经济大国。[4] 而且,从美洲尺度来看,其南北均为友好邻国,美国是美洲唯一的强权,控制着美洲大陆的核心。美国北部的加拿大拥有世界第二大的国土面积,是除美国以外美洲唯一的发达国家,是美国的忠实盟友。而美国南部为墨西哥,墨西哥及其以南

---

① 梅孜:《美国国家安全战略报告汇编》,时事出版社 1996 年版,第 10 页。

② John Mauldin, The Geopolitics of the United Stateds, Part1 : The Inevitable Empire, August 25, 2011 see http://www.mauldineconomics.com/images/uploads/pdf/mwo082511.pdf.

③ 1812 年战争,又称第二次独立战争,是美国与英国之间发生于 1812—1815 年的战争。

④ 索尔·伯纳德·科恩:《地缘政治学:国际关系的地理学》,严春松译,上海社会科学院出版社 2011 年版,第 100 页。

被称为拉丁美洲,是典型的地缘破碎地带,该区域均为发展中国家(除巴巴多斯外),资源丰富但经济发展水平较低,产业以农业生产和初级加工为主。自19世纪"门罗宣言"以来,拉丁美洲长期处在美国的控制之下,被视为其"后院"①。

另一方面,美国具有远见地远离两次世界大战主战场,期间综合实力取得跨越式增长。第一次世界大战期间,美国一开始不参与战争秉持中立态度热衷于做战争对立两方的军火中间商,赚取高额利润。后来第一次世界大战形势发生变化美国对德国宣战,其目的同样在于通过对协约国提供战争物资来谋取政治、经济红利。而且战争严重削弱了战胜国的经济和军事实力,更不用说战败国的衰败。就这样,美国利用其他大国打得不可开交的时机发展自己的力量,战后英美的实力差距越来越大,美国加强其在西半球的扩张,开始掌握世界经济霸权。第二次世界大战中美国延续其"和平"政策远离主战场,各方面损失都较小,战争几乎没有波及美国本土。通过向盟国提供军需坐收渔翁之利,第二次世界大战期间美国不仅经济发展得到机遇,军事、技术实力也都显著增强。战后德意日彻底衰落,英法国家内部也已破败不堪,而美国战后工业产量几乎翻倍。美国迅速上位,取代老牌帝国,成为国际经济、军事、技术等领域的主导力量。

第二节 霸权的维持与强化

一、文化优势的延续

在促进美国崛起与确立霸权的逻辑中,美国文化的优势在于其三个特征:开放性、包容性与进取性。霸权确立以后,美国文化优势为美国发展带来新动力。

第一,第二次世界大战以后美国进一步加强了文化的开放性。美国文化开放的基本形式主要有以下几种:一是美国致力于推动国际上人员流动来进

---

① 宋涛等:《大国崛起的地缘政治战略演化——以美国为例》,《地理研究》2017年第2期。

行文化交流。① 美国与其他国家教师、科研人员、体育以及政府官员等之间交流频繁,20 世纪末在美国学习的外国学生也非常多,1954 — 1955 年两年间有3 万多人,到了 1996 年之后的两年间就有了近 46 万名外国留学生,而且超过一半是亚洲人。② 二是美国具有广泛的文化交流渠道。美国的国会图书馆是世界文化开放的中心,美国图书馆的藏书丰富、设备先进,世界各国的学者可以到此进行思想文化交流。美国不仅图书馆事业发达,报刊在国外的发行量也非常大。三是美国非常重视学校教育尤其是高等教育,兴办各类教育,是美国文化开放性形成的基础。此外,计算机网络、卫星通信系统、电话的广泛运用,也为美国文化的进一步开放提供有利条件。第二,美国文化的包容性增强,如美国黑人创造的摇滚乐,很大程度上影响了美国的音乐审美主流。第三,美国文化始终保持着进取性。到了 20 世纪 90 年代,美国人的冒险精神不仅体现在对地理考察上,还表现在美国人对企业的风险投资上——创业精神。有学者在研究美国新经济问题时写道:"在美国,在成熟的资本市场的基础之上,风险资本为 20 世纪 90 年代的技术进步提供了重要的支持,同时,风险资本市场的繁荣和首次公开上市发行的活跃成为美国经济的独有特点,这也许可以部分地解释'新经济'为什么率先在美国出现而不是在欧洲或亚洲。"③也就是说,企业家的冒险精神和创业精神是美国新经济兴起与繁荣的支柱之一。

在美国维持霸权的各个领域中,都离不开文化的作用。无论是美国人对权利与公平的追求,还是对技术创新的探索,或是在经济领域的大胆投资创业,又或是灵活的外交政策,处处透露着美国文化的开放性、包容性与进取性。日本国际金融专家水野德隆调研后指出"美国充满了旺盛的创业家精神,因而,风险企业不断地出现。这些企业在股票市场上,积极调动研究开发、设备投资、扩大专利权等的资金。而日本的风险企业很薄弱,缺乏创业精神。美国的投资风险虽然很大,但是投资者决心也很大"。这表明了日本与美国文化的差异性,同时也说明美国文化对推动经济增长、技术进步进而维持霸权的作用。

① 顾宁:《美国文化与现代化》,辽海出版社 2000 年版,第 1 页。
② 邱申萍:《在美国的外国学生》,《美国大观》1998 年第 11 期。
③ 宋玉华等:《美国新经济研究——经济范式转型与制度演化》,人民出版社 2002 年版,第461 页。

二、技术与人才的强劲助力

(一) 高新技术领先地位的确立及维持

一方面,第二次世界大战后国内高新技术发展迅猛。第二次世界大战之后一段时间美国世界领先的高新技术主要有以下几种:半导体硅材料(20世纪50年代)、微型计算机(20世纪70年代)和生物工程(20世纪80年代)。以美国的生物技术为例,美国的生物技术及产业领先全球,尤其是在健康和生命科学领域,在国际上占据竞争优势。20世纪90年代以后,美国拥有世界上50%左右的生物技术公司和生物技术专利,相关产品的销售额占其市场的九成以上。[①] 而进入20世纪90年代,美国的经济形态发生了变化。以信息技术为特征的"新经济"率先出现在美国。信息技术是高新技术发展的重大成果和体现,这一时期,美国凭借其信息技术(IT)引领风骚,IT产业的发展水平在全球遥遥领先。据统计,1992年IT产业对美国GDP的贡献率为5.9%,总计371080美元,此后几年仍不断上升;从1995年到1999年,美国信息技术的发展促进经济增长约30%,信息技术的普及与应用,大幅度提高了生产效率。[②] 1998年,在信息技术产业及其相关行业从事信息技术工作的人数达740万人,占美国就业人数的6.1%。[③] 除了IT产业,新材料技术也是高新技术发展的物质基础,为现代开发新能源提供了技术保证,等等。

另一方面,美国通过对其高新技术的管控来维持国际技术优势。美国长期以来的技术管控政策对其霸权的维系起到了积极作用。技术增强对霸权具有推动作用,美国深刻地体会到了这一点。于是,在其维持技术霸权的路径上,美国通过建立出口与技术扩散的管制体系和产权保护制度,对其高新技术严格管控,杜绝技术扩散至其他国家,防止苏联、中国等敌对性大国也即潜在竞争者获得高科技军事技术,以持续维持本国的技术领先地位。尽管美国曾对一些新兴国家和发展中国家有过技术援助,但也仅限于低水平、粗放型的技术,这种技术的扩散并不会对美国本身构成威胁。就算是第二次世界大战后初期美国对欧盟和日本提供过较先进的技术援助,那也只是为了实现其遏制

---

① 成协祥、佘群芝:《国别地区经济》,中国财政经济出版社2005年版,第73页。

② 丁溪:《美国经济》,中国商务出版社2006年版,第311页。

③ 成协祥、佘群芝:《国别地区经济》,中国财政经济出版社2005年版,第72页。

苏联的军事目的。

对霸权国家而言,技术领先优势是维系其霸权的基础。而美国正是世界上最早重视高科技的国家。两次世界大战期间美国积累了大量财富,凭借着雄厚的科研经费,美国形成了一个完善的科技创新体系。不仅大力投资设立起多层次众多科研机构,培养了一批又一批的优秀人才和科研队伍,而且促进了大批高新技术产业的兴起,引领电子计算机、原子能、航空航天等领域的技术创新,成为世界高新技术产业的发源地,也推动了"新经济"的兴起与繁荣,并创造出一批批最先进的军事武器,为美国经济实力和军事力量的增强注入源源不断的动力。同时也要认识到,技术对美国霸权的推动作用不仅来自技术本身,更源于国际上技术扩散掌控权对国际政治、经济地位等的影响。一方面,世界上其他国家迫切需要引进美国的先进技术;另一方面,美国对国外的技术扩散仅限于非核心技术。因而美国通过技术管控来掌控技术扩散程度对国际关系产生了重要影响,使美国稳坐头号大国的宝座。

(二) 人才的进一步积累

在推动一个国家发展的作用中,技术与人才两个因素往往是不可分割的。因形成美国技术方面领先地位的主要因素不仅是丰富的自然资源,更要依靠人力资源的增长。美国的技术创新从模仿到赶超,从依赖他国技术到独立创新,到形成全球技术优势与人才优势,除国内技术基础牢固和对其高技术扩散的严控外,美国能够维持其技术霸权的另一个原因是,美国持续对人才进行培养和吸收。

一方面,美国一直都很重视对国内人力资源的培养。克林顿在任期间尤为重视对人力资源的投资,实施了对高中学生进行职业训练的"由学校向工作过渡"计划、帮助学生进大学并使学生有机会为社会服务的国家服务计划等。克林顿政府针对占工人总数75%的未受过完整的高等教育的高中毕业生,开展了一项全国性的培训计划。国家服务计划由国家为参加者提供低于市场价格的工资和每年高达4725美元的教育补助①,让参加者能在接受职业

---

① 成协祥、佘群芝:《国别地区经济》,中国财政经济出版社2005年版,第57页。

训练的同时接受大学或大专教育,这样参加者既能获得工资又能得到多种职业培训的机会。美国重视人力资源的培养还体现在终身教育制度上。终身教育制度,顾名思义,就是工作后仍继续进行进修、培训,或对失业工人的再培训计划,提高劳动者的素质。1990 年教育预算甚至超过了国防预算,1999 年美国对教育的投入为 6350 亿美元,占当年美国 GDP 的 7% 以上①,之后仍有增无减,可见教育在美国的重要性。

而且相较于英国的教育忽略实用性,美国既追求实用化又追求学术化。美国在推进大学高度自治的同时,提高学术水平和加强为社会、经济服务的使命,迫使一些大学管理者不断进行思想和实践探索,推动了第二次世界大战后美国的技术创新发生了重大的变化。这一时期,工业、政府和大学在研究开发中的角色发生转换,不再是传统的资金提供、技术研发模式。20 世纪 40 年代,政府开始作为龙头建立了国家大规模研究组织,吸收大量精英科学家和工程师;随后大学也开始自主建立研究机构,出现了科学研究、技术发展与工业生产相结合的自组织系统。与其他国家的工业经济的相关特征相比较,三者之间的角色转换正是美国经济先进性的体现。最终在 20 世纪五六十年代兴起了以斯坦福大学为代表的“创业型”大学,等等。美国的高等教育为美国培育了一大批实用性技术人才。1980 年日本经济专家水野德隆调查后毫不犹豫地说:“在美国高科技地带,一定有一流的大学和研究机关设在那里。”也就是说,美国的大学和科研单位成为培养新的高科技人才和创业家的重要基地。

另一方面,美国通过文化交流,对世界上各种优秀人才进行吸收,为他们提供最先进的实验设施、最充足的科研资金、最舒适的生活条件,使他们在美国大学里、公司里进行发明创造,从发展中国家及一些发达国家招揽了大量人才。20 世纪初,90% 的移民来自欧洲,而到了 90 年代,31% 来自亚洲,50% 来自美洲,只有 15% 来自欧洲。② 20 世纪 80 年代中期到 90 年代中期,美国共接收了大约 50 万名各类专业技术人才,其中 75% 来自发展中国家③,在这些高

① 成协祥、佘群芝:《国别地区经济》,中国财政经济出版社 2005 年版,第 77 页。

② [美]艾伦·格林斯潘、阿德里安·伍尔德里奇:《繁荣与衰退》,束宇译,中信出版集团 2019 年版,第 322 页。

③ 徐洛中:《新经济时代企业如何迎接 WTO 的挑战》,《中国远洋航务公告》2001 年第 7 期。

水平人力资源的支撑下,90 年代以持续的技术创新为重要特征的"新经济"在美国自然就兴起了。

美国一直致力于发展教育事业,源源不断地培养出各种专业技术人才,是美国技术创新得以持续的重要保障。美国还在全球范围内广招人才,提供厚待,吸收了不少人才。经过对人才的培养与吸收,美国拥有丰厚的科技人才资源,在 20 世纪 90 年代,美国人口虽只占世界总数的 1/22,但研究生数量却占一半,本科生占 1/3,科技人员占 1/4。[1] 正是美国优秀的人才支撑着技术的不断变革创新,使高科技产品不断地翻新,创新的技术又源源不断造就了一批又一批的人才。两者互相成就,共同为美国的崛起加速助力。

三、经济的螺旋式上升

在经济上,美国的领先优势达到空前地位。在第二次世界大战结束时,美国牢牢掌控了世界经济霸主地位,在资本主义国家中,美国的工业产值占比超过 50%,黄金外汇储备占比 75%,出口贸易占比超过 30%,国民生产总值占比更是达 33%。[2] 按 1964 年的美元价格计算,在 1950 年美国的 GDP(国内生产总值)达到 3810 亿美元,是苏联的 3 倍有余,更是比其他主要欧洲国家 GDP 之和还要多。即使是在欧洲复兴、日本崛起的七八十年代,美国的 GDP 占比也始终维持在 20% 之上。[3]

（一）三大世界经济组织与经济霸权的巩固

在两次世界大战中,美国坐收渔翁之利积累了大量的资本,第二次世界大战后期成为难以撼动的世界经济霸主。1944 年 7 月,随着布雷顿森林会议召开,英国无可挽回地将经济霸主地位和平让渡给美国,美元与黄金挂钩。1945 年,"布雷顿森林体系"建立了国际货币基金组织(IMF)和世界银行(World Bank)两大国际金融机构。稳定了美国货币的绝对优势。1947 年为解决国际经济萧条,稳定国际贸易秩序,美国邀请包括中国在内的 23 个国家签订《关税及贸易总协定》,它是世界贸易组织的前身。1995 年更具全球性的世界贸

---

①　成协祥、佘群芝:《国别地区经济》,中国财政经济出版社 2005 年版,第 77 页。

②　成协祥、佘群芝:《国别地区经济》,中国财政经济出版社 2005 年版,第 27 页。

③　保罗·肯尼迪:《大国的兴衰》(下),中信出版社 2013 年版,第 92 页。

易组织取代关贸总协定。

1. 国际货币基金组织(IMF)

国际货币基金组织是世界范围内的政府间国际组织。该组织是根据 1944 年 7 月召开的联合国家货币金融会议通过的《联合国货币金融会议的最后决议书》及其附件《国际货币基金组织协定》,于 1945 年 12 月与世界银行同时成立、并列为世界两大金融机构之一,其职责是监察货币汇率和各国贸易情况,提供技术和资金协助,确保全球金融制度运作正常。其总部设在华盛顿。

事实上,IMF 的组织机构由美国及欧盟控制,IMF 的投票权主要掌握在美国、欧盟手中。美国是 IMF 的最大股东,1980 年美国占有 17.69% 的份额,IMF 的总裁通常由欧洲人担任,而世界银行的一把手总是由美国人出任。因此,IMF 具有一定的不合理性:IMF 的基金份额和投票权分配不合理,在 IMF 的重大决策上,美国拥有一票否决权;IMF 竭力维护美元作为主要国际储备货币的霸权地位,忽视超主权储备货币的作用;IMF 调节国际收支平衡的能力不足,导致全球国际收支严重失衡等。IMF 这种以经济实力划分成员国发言权和表决权的做法与传统国际法的基本原则显然是背离的,引起了不少国家尤其是发展中国家的不满。

2. 世界银行(World Bank)

世界银行又称国际复兴开发银行,于 1945 年 12 月在华盛顿成立,也是联合国的一个专门机构。它成立初期的宗旨是致力于第二次世界大战后的欧洲经济复兴,之后转向全球性的发展援助,即为成员国生产性投资提供长期贷款和技术援助。世界银行是全世界发展中国家获得资金与技术援助的一个重要来源,目前主要是向发展中国家提供以政府名义担保的项目贷款,资助兴建周期长、利润偏低的项目。

世界银行的成员国必须是 IMF 的成员国,但 IMF 的成员国不一定都参加世界银行。世界银行与国际货币基金组织两者起着相互配合的作用。与国际货币基金组织(IMF)一样,世界银行的重要事项都需会员国投票决定,投票权的大小与会员国认购的股本成正比。成立之初美国认购的股份最多,有投票权 226178 票,占总投票数的 17.37%,对世界银行事务与重要贷款项目的决定起着重要作用。后虽历经几次改革,美国投票权比例有所减少但始终是最大投票权国家。而且根据不成文的规定,世界银行的行长一般是美国人。

3. 关税及贸易总协定(General Agreement on Tariffs and Trade)

这是第二次世界大战后近半个世纪推动和规范国际贸易并具有约束力的全球性多边贸易协定。我国是受美国邀请参加关税及贸易总协定签字的 23 国之一,属于关贸总协定的缔约国。关贸总协定在调节世界贸易方面发挥着重要作用。但由于关税与贸易总协定不是一个正式的国际组织,这使它在体制上和规则上有着多方面的局限性。总协定的有些规则缺乏法律约束,也无必要的检查和监督手段;总协定中存在"灰色区域",致使许多规则难以很好地落实等,损害了关贸总协定的权威性。而且总协定的条款中对不同的社会经济制度带有歧视色彩。例如,对"中央计划经济国家"进入关贸总协定设置了较多的障碍。正是由于关税与贸易总协定的上述种种局限性,使这个临时性准国际贸易组织最终被世界贸易组织(World Trade Organization,WTO)所取代。

1995 年 1 月 1 日世界贸易组织取代关贸总协定开始运行。其基本原则是通过实施市场开放、非歧视和公平贸易等原则,来实现世界贸易自由化的目标。1996 年 1 月 1 日,它正式取代关贸总协定临时机构。世贸组织是具有法人地位的专门协调国际贸易关系的国际经济组织,在调解成员争端方面具有更高的权威性,有"经济联合国"之称。其宗旨是:提高生活水平,保证充分就业,大幅度稳步地提高收入和有效需求;扩大货物、服务的生产和贸易;坚持走可持续发展之路,各成员方应促进对世界资源的最优利用、保护并维护环境;积极努力以确保发展中国家,尤其是最不发达国家在国际贸易增长中获得与其经济发展水平相应的份额和利益。与关贸总协定相比,世贸组织是一个国际组织,在管辖的功能方面更广泛,并且设有仲裁机构。世界贸易组织是世界上最大的多边贸易组织,与世界银行、国际货币基金组织并称为世界三大经济组织。

总体来说,三大经济组织中的两个总部都设在美国,且最大投票权国家也为美国,世界银行的行长一般也只是由美国人担任。关税及贸易总协定也是受美国邀请,为推动其目的——贸易自由化而签订。而且其成果也都是在一个少数国家小圈子内的非正式会议中决定,再扩展到其他成员国,而发展中国家在实际决策过程中基本上被排除和忽视。世界银行常常受到反全球化人士的批评，他们批评世界银行使用各种结构性调整措施削弱受贷国家政府的主权、追求经济自由主义和削弱国家的作用。因为世界银行在政治上受到一些国家（尤其是美国）的影响，因此其政策往往趋向这些国家的利益。可以说，世界银行的真正掌控者是世界银行巨头。通过三大经济组织，美国监察世界经济动态，制定贸易政策，主导世界经济。

（二）滞胀与里根改革

自罗斯福新政之后，美国政府在宏观经济政策上采用凯恩斯主义的需求管理政策，运用积极的财政政策和宽松的货币政策；在社会福利政策方面，福利范围和对象不断扩大，约翰逊政府（1963—1969 年）提出建设"伟大社会"的内政纲领。这些政策使美国经济在 20 世纪 50—60 年代进入"黄金时代"：50 年代三大经济指标实际经济增长率、失业率、消费价格指数年均分别为 3.38%、4.42% 和 2.18%，60 年代按不变美元计算的 GNP 年均增长 4.5%，工业生产年均增长 6%。① 但此后 20 世纪 60 年代末和整个 70 年代，美国经济经历了严重的经济"滞胀"，即高通货膨胀、高失业率和低经济增长率并存的现象。

在"滞胀"期间，美国经济进入衰退时期。1970 年美国的通货膨胀率为 4.5%，1974 年美国的通货膨胀率达到 14.4%，这个指标是第一次世界大战以后的最高水平，1980 年年初高达 18%。② 伴随着 1974—1975 年第三次世界经济危机③，1974 年 12 月，美国汽车工业下降幅度高达 32%，道·琼斯股票价格平均指数比危机前的最高点下跌近一半，1975 年失业率也达到了 9.2%，比战后的最高水平还高出 2%。随着美国的黄金储备日益减少，美元贬值加剧，直至最终以美元为中心的布雷顿森林体系崩溃。1973—1979 年，美国平均产出增长率仅为 2.12%，远远低于 20 世纪五六十年代的水平。资本投入的贡献在经济增长中每年下降 0.05%。劳动投入的贡献实际增加 0.27%，生产率的增长幅度下降 1.38%。美国生产率的提高、净投资率和收入的增加及总的经

① 成协祥、佘群芝：《国别地区经济》，中国财政经济出版社 2005 年版，第 29 页。
② 武拉平等编著《宏观经济学案例集》，中国人民大学出版社 2013 年版，第 153 页。
③ 1973 年 10 月，第四次中东战争爆发，阿拉伯石油生产国削减石油输出量，造成油价飞涨，立即打乱了西方国家经济发展的节奏，从而引发了经济危机。

济增长等各方面的指标落后于其他国家。这一时期,美国国民生产总值平均每年增长不到 3%,美国政府面临着严重通货膨胀和严重失业的两难困境。卡特政府尝试过解决滞胀难题,但是收效甚微。直到 20 世纪 80 年代,里根上任后实行一系列改革,才使美国逐渐走出"滞胀"。

里根改革使美国摆脱了滞胀困境。1980 年里根当选总统时,美国仍然处于滞胀的泥潭之中。1981 年 2 月里根政府公布了"经济复兴计划"。里根政府实行了历史上最大规模的减税计划。这项改革使美国各级政府的财政收入在国民生产总值中的比重下降,提高了货币政策的地位。通过里根政府对美联储的施压,美联储的货币政策变成了稳定经济增长。在社会福利政策方面,里根政府逐步扩大私人和地方经营的规模,减少政府的干预和财政负担。同时,在政府的财政预算方面,1981 年政府预算中社会福利支出减少 128 亿美元,1984 年减少 176 亿美元,并将联邦政府所承担的某些保障责任下放给州政府和各级地方政府。

通过里根政府的改革,政府对经济的干预程度明显下降,美国经济有所恢复。美国各级政府的财政收入占国民生产总值的比重下降,1981 年为 32%,1985 年为 31.6%,1987 年则降至 29.7%。在里根的任期间,实际 GDP 增长了约 1/3,通货膨胀率从卡特离职时的 12%下降至 5%以下,失业率从 7%下降至 5%,1982 年美国走出了最严重的经济危机,表明里根政府对"滞胀"所采取的政策发挥了良好的作用。1983 年之后,美国实现了连续 6 年多的经济增长,失业率在 1988 年年底回落到 5.3%[1],对西欧和日本产生了示范性的影响。同时也应该看到,里根政府为了实行这些政策并没有减少财政支出,反而给美国留下了巨大的政府财政赤字和贸易赤字,里根执政期间美国国债总额远超历届总统在任期间之和。[2]

总之,里根改革将美国经济成功地从"滞胀"的泥潭中拉出来,创造出第二次世界大战后美国持续时间最长的一次经济较快增长,并且改革红利一直

---

① 朱太辉、魏加宁:《美国里根政府改革的策略和战略值得借鉴》,《经济纵横》2014 年第 6 期。

② [美]艾伦·格林斯潘、阿德里安·伍尔德里奇:《繁荣与衰退》,束宇译,中信出版集团 2019 年版,第 46 页。

持续到克林顿执政时期,为美国 20 世纪 90 年代的"新经济"繁荣打下基础。但是,里根改革也为美国留下高财政赤字、高贸易赤字的新问题,削弱了美国的国际经济地位。

（三）华尔街繁荣与金融霸权的强化

以美元为核心的金融霸权是美国霸权的核心。一方面,美国国内华尔街异常繁荣。里根执政期间,是华尔街 20 世纪 20 年代以来最繁荣的时代。金融家是全国的"红人",投资银行为吸引股东承诺让人们立即致富,1987 年的各类文学和影视作品都过分美化了华尔街纸醉金迷的生活。大量资金迅速流入各种金融工具,1960—1990 年,纽约证券交易所的股票交易量从每天约 300 万股增至每天 1.6 亿股,2007 年甚至达到每天 16 亿股。① 金融家们却丝毫不满足于榨取回报,金融界的创新层出不穷,20 世纪 60 年代美国兴起了共同基金行业,进一步扩大和深化了美国的资本市场。到 2000 年,美国共有 9000 家共同基金公司②,为人们提供了更多投资选择。同时,各种金融工具的发明也为华尔街繁荣创造了技术条件,如比率分析工具。金融服务业也致力于研发各种借钱方式:杠杆收购、管理层收购和"垃圾债券"。"垃圾债券"往往指那些允许规模太小或者风险太大的公司发行但不允许其进入常规债券市场的债券,它们很大程度上助推了美国的创业革命,如特纳广播公司的创始人特德·特纳、巴诺书店的创始人伦纳德·里格尔等。经过十年的发展,"垃圾债券"占据了市场的 25%。但事实上,这种"垃圾债券"背后充满着隐患:1978—1983 年所发行的债券中,到 1988 年差不多 20% 违约。③ 许多购买这种债券的机构都破产了。但这并没有阻挡华尔街日渐繁荣的脚步,1995—1996 年,道琼斯工业指数超过了 3 个千点:4000 点、5000 点和 6000 点④,1996 年美国投

---

① [美]艾伦·格林斯潘、阿德里安·伍尔德里奇:《繁荣与衰退》,束宇译,中信出版集团 2019 年版,第 316 页。

② [美]艾伦·格林斯潘、阿德里安·伍尔德里奇:《繁荣与衰退》,束宇译,中信出版集团 2019 年版,第 317 页。

③ [美]艾伦·格林斯潘、阿德里安·伍尔德里奇:《繁荣与衰退》,束宇译,中信出版集团 2019 年版,第 319 页。

④ [美]艾伦·格林斯潘、阿德里安·伍尔德里奇:《繁荣与衰退》,束宇译,中信出版集团 2019 年版,第 320 页。

资者持有的股票总值占 GDP 的比重达 113%。美国的投资者越来越兴奋,金融界仍不断地进行各种创新,华尔街的热度越来越高涨。

另一方面美国牢牢维系其世界金融霸权。金融霸权主要包含三大结构:一是一体化金融市场;二是以美元等霸权货币为核心的结算体系;三是支撑各国货币合作的体系。① 在美国霸权的维持与强化中,并不主要通过武力和战争征服世界,更多的是利用金融手段掌控世界霸权。以美元为核心的国际货币体系,1944 年布雷顿森林体系建立之时就开始了,虽然在美元危机、美国经济危机及体系本身固有缺陷下,20 世纪 70 年代初布雷顿森林体系解体,但是这个体系实际还在延续,美元虽与黄金脱钩,但却与全球资源类商品挂钩,也就是全球大宗商品交易均以美元计价和结算,迄今为止仍是最重要的国际货币。而美国为维护这一体系确保其金融霸权,不惜发动战争。实际上,伊拉克、叙利亚等石油输出国都因"非美元货币结算"石油而身陷美国发动的战争,伊朗也为此而受到严厉的制裁。② 正是因为,以美元为中心的金融霸权是美国世界霸权的核心所在。

(四) 新经济的兴起与繁荣

20 世纪 90 年代,在美国前总统克林顿的几乎整个执政期间,美国经济出现了前所未有的一系列新现象:创纪录的长期繁荣、高增长,甚至出现低通胀伴随着低失业率。1996 年 12 月 30 日,美国《商业周刊》发表了一篇题为《新经济的胜利》的文章,对这种现象作了最早的回应。主编斯蒂芬·谢泼德指出,美国已进入一个新经济时代。新经济时代是以知识经济、虚拟经济和网络经济为标志,但新经济绝不是仅仅包括知识经济、虚拟经济和网络经济,真正的新经济时代应是传统产业与知识经济、虚拟经济和网络经济的全面结合。③

美国新经济兴起的原因在于:灵活变通的宏观经济政策、高科技与人才的支撑和国内外环境的推动。首先,里根政府的改革为新经济的兴起打下了基础。20 世纪六七十年代,里根政府采取的一系列措施,降低了政府的作用,使美国经济快速回升,将美国从滞胀中拉了出来。而后克林顿政府的经济政策

---

① 李晓、丁一兵:《亚洲的超越》,当代中国出版社 2006 年版,第 34—35 页。
② 钮文新:《美国为何不惜血本也要维护美元霸权?》,《中国经济周刊》2018 年第 14 期。
③ 徐洛中:《新经济时代企业如何迎接 WTO 的挑战》,《中国远洋航务公告》2001 年第 7 期。

是新经济兴起的重要保障。克林顿在任期间,采取了有别于前任的经济理论和经济政策,提出"新国家干预主义",重新重视政府在经济生活中的作用,既反对政府过度干预经济,又不完全实行自由放任的市场经济等,试图以政府之力协助本国经济,迎接来自外界的挑战。而克林顿的产业技术政策更是推动了美国高新技术产业的增长,在保持"世界唯一军事超级大国"地位的前提下,削减防务开支,加快国防工业向民用工业的转型。还有对人力资源和基础设施建设的投资政策,给美国带来了可观的收益。克林顿政府也一直把对外贸易政策放在重要的战略位置,制定了战略性出口产业政策,加强了美国高科技产业的国际竞争力。这些措施大大促进了美国信息产业的发展,使美国经济在 20 世纪 90 年代保持强劲的增长,推动了新经济的兴起,GDP 增长率、失业率、联邦政府赤字等主要经济指标都呈现出良好的发展态势。其次,高科技与人才的支撑。美国重视高科技是为其称霸世界的战略目标服务的,在冷战时期尤其如此。20 世纪 90 年代出现的新经济现象,则是冷战时期开发的军事尖端技术转为民用后发生的高新技术产业化的结果。第一,高度重视国防技术开发并推动军事技术民用化,成为推动"新经济"兴起的关键。1999 年,美国全社会用于信息产业的投资达到 5100 亿美元,比 1995 年增长了 110%,远远超过其他几个大国的同类投资数额。美国信息产业由一个弱势的新兴产业一跃成为主导产业和支柱产业。第二,美国重视人力资源的投资开发,不仅在国内投入大量资金进行培训,还在全球广招人才,尤其是吸收了大量发展中国家的高水平人才,为"新经济"的兴起注入动力。由此可见,在高水平人力资源的支撑下,以持续的技术创新为重要特征的新经济在美国自然就兴起了。最后,国内外环境的推动。一方面,新经济能在美国发生并走向繁荣也得益于美国成熟的国内市场环境。在美国大约有 90% 的科技型企业是按照风险资本的运作模式发展起来的,如英特尔、戴尔、微软以及后来的苹果等高技术产业的"领头羊",都是风险资本成功运作的典范。风险资本成为推动美国"新经济"走向繁荣的重要动力。另一方面,日益活跃的国际经济环境也给美国信息产业的高速发展创造了契机。这主要表现在两方面:其一,美国的高科技产品赢得了广阔的海外市场,确保了美国经济的持续增长;其二,国际资本大量流入美国,促进了美国的经济繁荣。

综上所述,在信息技术革命的推动下,众多因素共同发挥作用推动了"新经济"在美国兴起并走向繁荣。美国迎来了连续 10 年的低通胀、低失业率的增长,到 2000 年,美国经济总量比 1992 年翻了近一番,按照现价美元计算,国内生产总值从 1992 年的 6.3 万亿美元增加到 2000 年的接近 10 万亿美元。雄厚的经济实力为美国继续增加军费开支打下了坚实的基础。① 新经济对美国经济的发展发挥了重要的作用,高新技术的运用带来劳动生产率的较大提高,弥补了劳动力成本的增加,抑制了通货膨胀,通胀率和物价水平被控制在较低范围,迅速将美国国民经济引领到一个新的高度,支撑了国民经济的迅速增长。

四、军事力量的强化

第二次世界大战后的美国成为世界上最强大的国家,虽然苏联在军事上有能与之抗衡的实力,但美国军事实力仍在全球有着绝对的优势。在军事技术上,1945 年美国人率先发明原子弹,美国成为当时唯一拥有毁灭性武器——核武器的国家,还拥有全球最多、最强大的航母战斗群,是排水量达 10 万吨的巨无霸②,一时风头无两;美国当时还拥有最强大的海空军和全国各地多个军事基地③,即不仅拥有着最强大的兵力,还有在原子能上的巨大的技术优势。美国军事力量的不断强化迅速改变了世界的战略形势,成为美国霸权的核心基石。

一方面,国内军事实力不断增强。在"冷战"时期,尽管避免了大国间的战争,但是局部战争更加频繁和激烈。朝鲜战争和越南战争的失败,使美国称霸世界的全球战略受到沉重打击,给美国造成了强烈震撼。美国以前的军事体制已不能满足其称霸世界的需要。战略思想僵化不能适应核时代的特点;武装力量规模偏小、陆海空三军比例失衡等。④ 在此期间,美国对军事体制不

---

① 黄平、倪峰主编:《美国问题研究报告(2012):美国全球及亚洲战略调整》,社会科学文献出版社 2012 年版,第 56 页。

② 柳正龙:《霸权的"铁爪"——美国航母技术扫描》,《军事文摘》2017 年第 13 期。

③ 熊志勇、谷玉红:《试析美国问鼎世界时的实力》,《外交评论》(外交学院学报)2015 年第 3 期。

④ 陈海宏等:《他山之石:美国军事力量的发展与改革》,《军事历史》2016 年第 2 期。

断进行改革创新,逐渐形成了为美国全球战略服务的各种核军事战略和作战思想。在这些战略指引下,美国凭借雄厚的资金,大力研制武器装备,维持其武器装备在世界的领先地位,并完善了战略核力量、常规武装力量和预备役性质的国民警卫队三位一体的军事制度及平民军事教育制度;军事基地网络和各种军事集团遍布全球;等等。

另一方面,国际军事同盟功能持续加强。首先,强化军事霸权是美国维护国际战略安全和地缘政治利益的需要。第二次世界大战结束后,美国为在与苏联的冷战中占据优势,实施军事结盟战略,组建北大西洋公约组织(北约),缔结其他多边、双边军事同盟条约,以借助他国一切反苏力量扩大全球势力范围,控制全球所有战略要地、通道。① 自冷战时开始,美国的亚太盟友就发挥着美国亚太安全战略基石的作用,为美军提供军事基地、承担一定的防务费用,甚至是成为美国应对中国崛起的"排头兵"。② 1991 年华约解散,苏联解体后③,美国军事同盟非但没有弱化和分散,反而继续强化,为控制欧洲,美国实施北约东扩战略,挤压俄罗斯的军事和安全战略空间④,2004 年北约已经拥有 26 个成员国⑤;同时制定进取心强的全球战略,企图遏制任何有潜力可能挑战其军事霸权的国家或国家集团,以实现美军"一统天下"的美梦。

回顾美国的军事发展史,美国人从殖民地时期开始就热衷于从事军事活动。美国通过战争对富饶的北美大陆进行扩张,其版图急剧扩大。美国还建立过历史上最广泛的军事联盟并掌控其盟国,是在国外建立军事基地最多的国家,在别国策划或在背后发动了最多的军事政变,美国的军事活动和影响已经遍及世界的各个角落。而且美国拥有世界上最多、威力最大的毁灭性的核武器,拥有最先进的军事技术和装备。总之,美国军事力量这项硬实力的雄厚

---

① 吴祖荣:《美国全球军事霸权走衰》,环球网,见 https://opinion. huanqiu. com/article/ 9CaKrnK5Pzj,2017 年 11 月 24 日。

② 孙云飞:《霸权衰落下的责任转移:特朗普执政后的亚太同盟体系》,《世界经济与政治论坛》2017 年第 5 期。

③ 《1947 年 3 月 12 日美苏"冷战"正式开始》,凤凰网历史,见 http://news.ifeng.com/a/ 20130312/23003973_0.shtml,2013 年 3 月 12 日。

④ 林婕:《冷战后北约东扩与美欧关系》,博士学位论文,武汉大学历史系,2005 年,第 9 页。

⑤ 徐海燕:《走向全球化的北大西洋公约组织》,《当代世界》2007 年第 3 期。

正是美国维系霸权的基石。

五、外部机遇

（一）苏联解体美国成唯一超级大国

1991年苏联解体，标志着冷战结束，同时也意味着两极格局不复存在，自此美国成为世界上唯一的超级大国。① 在这之前，美国与苏联这两个"超级大国"及其各自的同盟国之间展开了几十年的斗争。1946年英国在任首相丘吉尔在美国发表"铁幕演说"，正式拉开了冷战的序幕。1955年华沙条约组织成立，两极格局自此形成。

第二次世界大战后，美国与苏联展开了一场世界霸权之争。美一方面在与苏争霸中对苏联的全面禁运，另一方面又通过对日本、西欧主动的技术扩散，即推行楔子战略的重要工具之一——对外技术援助，以及军事和经济上援助计划，帮助日本与西欧的重建，以阻止他们倒向共产主义阵营，拉拢其向美国靠拢并壮大对抗苏联的力量。即便是盟友国家，美国也会采取严格的扩散管控政策，始终确保本国在技术竞争中的优势地位。虽然当时美国与苏联有着严重的分歧与冲突，造成了世界长期的不安宁，但由于两个"超级大国"各方面实力相当，不分伯仲，谁也不敢轻易先挑起战争动用武力，当时两大军事集团皆储备了大量核武器，一旦战争后果将是毁灭性的，而且世界各国人民经历过两次世界大战的磨难后，渴望过上和平的日子，都不希望再有战争。所以双方都尽力避免世界范围的大型战争的爆发，主要通过局部争端、外交竞争、科技和军事装备竞赛等方式对抗，经历了一次次的冲突和缓和，双方虽相互遏制但不动武力，也即"冷战"。

具体来看，冷战期间，为了遏制另一个"超级大国"——苏联以实现自己称霸世界，美国从政治、经济、军事三方面齐发力，对苏联进行孤立和打击。20世纪50年代，美国推行"杜鲁门主义""马歇尔计划"，从1948年4月到1952年6月，美国共拨款131.5亿美元②，其中九成是赠与，剩下一成为贷款。美

---

① 《1947年3月12日美苏"冷战"正式开始》，凤凰网历史，见 http://news.ifeng.com/a/20130312/23003973_0.shtml，2013年3月12日。

② 王绳祖：《国际关系史》（第七卷），世界知识出版社1995年版，第33页。

国表面上为帮别国挽救危机或提供经济援助,实则为压制共产主义的发展,进而从政治和经济上取得西欧的控制主导权,并通过建立北大西洋公约这一纯军事组织,牢牢地把控西欧,稳定自己在欧洲的霸主地位,可以说这一时期,美国在这场全球霸权之争中有更大的战略优势。苏联从 20 世纪 50 年代后期开始转变斯大林的对美防御方针,彼时赫鲁晓夫执掌大权,推行同美和平争夺霸权的政策,希望缓和冷战之后美苏僵硬的关系,以实现强强联合共分天下,一时间美苏关系有所缓和。1962 年苏联向古巴运送导弹又引发美苏战争危机,最终这场危机以苏联被迫撤走导弹结尾。20 世纪 60 年代末,美国面临国内外两难局面,朝鲜战争、越南战争削弱了美国的实力,在资本主义世界中的地位相对有所下降。第三世界的抵触越来越强烈,而且苏联力量越来越充沛,一度占有较大优势,处于战略攻势,对美国造成了很大压力。因此到了 70 年代,美国积极调整战略,稳住阵脚守中有攻。两国首脑频繁互访和进行限制武器的谈判缓和了美苏关系。反而是苏联陷入了困境,苏联试图在军事上控制中国,自然遭到强烈反抗,中苏关系恶化。① 美国又同印度、伊拉克等国家签订"友好合作条约"并对第三世界进行军火输出服务,力图扩大自己的势力范围,苏联成为第三世界反对霸权主义火力集中的靶子。最根本的是,80 年代苏联国内的政治危机和社会严重的停滞使苏联陷入深深的困境之中。

1989 年苏联政治经济社会陷入混乱,给美国提供了再次主导的机会。美国提出新的对苏政策,从遏制转为"友善合作",美苏关系急剧转变。美国积极与苏联友好相处,并向苏联宣传"自由化"思想,鼓励戈尔巴乔夫改变苏联的社会制度,逐渐蚕食了苏联共产主义的信仰,加重了苏联国内的政治危机。1989 年美苏两国领袖宣布冷战结束,戈尔巴乔夫甚至因结束冷战获得了诺贝尔和平奖。② 1991 年 7 月苏联成员的几个国家自己宣布不再承认苏联③,苏联的政治危机难以挽回,终至解体④,一个强大的苏联再也不

---

① 《20 世纪美苏争霸:争锋相对 无时无刻》,凤凰网,2009 年 8 月 13 日,见 http://news.ifeng.com/history/special/sulian1977/200908/0813_7734_1301234.shtml。

② 王亚明:《战后东欧民族主义与东欧剧变》,《社会主义研究》2005 年第 4 期。

③ 董拜南:《独联体的建立及其内部矛盾》,《苏联研究》1992 年第 1 期。

④ 若列斯·麦德维杰夫、冯雷:《走向自我崩溃的道路》,《国际共运史研究》1992 年第 1 期。

存在了,美国难逢对手,两极格局结束,从此美国成为世界上唯一的"超级大国"。

（二）美国国际主导性进一步增强

美国参与、主导的区域性国际经济组织给美国提供广泛参与他国事务的桥梁,美国的国际主导性进一步加强。苏联解体两极格局瓦解以后,美国一跃成为世界头号资本主义强国。冷战期间,面对两极格局对峙局面,亚、非、拉发展中国家组成不结盟运动,第三世界逐步发展壮大。20 世纪 40 年代到 70 年代,拉美国家的民族主义情绪高涨,大力建立和发展本国工业以代替进口,是实行进口替代战略的"黄金期"。美国的经济势力很难渗透进去。80 年代以来,欧盟(前身是欧共体)经济实力日益壮大,亚洲的日本经济也急剧膨胀。在冷战结束后,世界形势的发展对美国出现了一些不利态势,美国已不可能再像以前那样单枪匹马地与对手进行竞争。为加强对拉美国家的经济渗透并使其在美国设置的框架下运作,为维持其世界霸权,美国积极参与各种经济组织寻求合作,开始卷入各国事务。除了世界贸易组织、国际货币基金组织和世界银行以外,美国还积极参与各种区域性国际经济组织,如北美自由贸易区、亚太经合组织等,世界主导地位不断加强。

以北美自由贸易区为例,1992 年 8 月 12 日美国、加拿大和墨西哥三国就《北美自由贸易协定》达成一致意见并于 12 月正式签署协定,北美自由贸易区宣布成立,三个会员国彼此必须遵守协定规定的原则和规则,如国民待遇、最惠国待遇及程序上的透明化等来实现其宗旨,借以消除贸易障碍。但是尚未推广到整个美洲地区。一般而言,第二次世界大战后出现的区域经济组织,其成员国一般是经济水平相近的国家。例如,欧盟在东扩以前由发达国家组成,其社会制度、经济发展水平等都比较接近,大多数国家共同推动欧盟的前进,没有一个国家能起绝对的主导作用。与之相反,北美自由贸易区由发达国家和一个发展中国家(墨西哥)组成,从经济实力、工业化程度和发展水平等任何方面来比较,差距都很大,因此美国处于绝对主导地位。美国既是拉美最大的投资国和出口市场,也是拉美所需资金和技术的主要来源国,所以北美自由贸易区的运行方向与进程在很大程度上体现了美国的意愿,一方面给美国在双边贸易、直接投资、技术转让及第三产业诸领域内提供控制和渗透加拿大和墨西哥的机会,从而在贸易区对内外事务上拥有了绝对的发言权。另一方面,北美自由贸易区又给加拿大和墨西哥提供了难得的进入美国市场的机会,对于促进这两个国家的经济发展具有非常重要的作用,三国联合起来在国际贸易中的地位也随之大为增强。

随后1994年美国提出建立美洲自由贸易区的设想,更加表露其控制整个美洲的野心。美国除与加拿大、墨西哥签有北美自由贸易协定外,2003年6月美国与智利签订了自由贸易协定,已于2004年1月1日起开始实施。并与5个中美洲国家(CAFTA包括哥斯达黎加、萨尔瓦多、危地马拉、洪都拉斯和尼加拉瓜)以及多米尼加和巴拿马签署双边自由贸易协定。美国热衷于建立并参与国际性自由贸易区,巩固了美国的世界经济地位。

不容忽视的是,这一时期第三世界和欧盟悄悄地在成长,未来将成为能与美国和北美自由贸易区相对抗的力量。1991年12月,欧洲共同体马斯特里赫特首脑会议通过《欧洲联盟条约》,通称《马斯特里赫特条约》。1993年11月1日,《马斯特里赫特条约》正式生效,欧盟正式诞生。这一时期欧盟尚不足以与美国抗衡,但欧盟成立后,经济快速发展,数据显示1995年至2000年间经济增速达3%,国内生产总值由1997年的1.9万美元提升到1999年的2.06万美元。[①] 而且冷战期间,反抗美国霸权主义的声音越来越强化,与欧盟一样,第三世界逐步成长起来,美国在外部环境中也面临着挑战。

世界上有很多国家都曾繁荣过又衰落了,但美国在确立霸权后很长一段时间内都引领着世界各个领域的风向。深入研究美国霸权维系与强化的历程,我们可以发现,在其霸权强国的背后,是其国内政治、经济基础、军事力量、文化优势、技术与人才优势与外部环境条件共同交织发挥作用的结果。而且美国霸权的确立与维持并不是一帆风顺的,外部敌对势力的虎视眈眈,内部经济的危机起伏,对美国的发展设置了一个又一个的拦路虎,但美国不断增强内部实力,并机敏地抓住外界的机会,凭借美国人民乐观勇于创新的民族精神,

---

① 《欧洲联盟》,搜狐网,2004年5月3日,见 https://news.shhu.com/2004/05/03/69/news22026931.shtml。

一次又一次地挺过难关,这就是20世纪美国霸权得以维持的原因。具体来看,第二次世界大战以后美国文化优势得以延续,文化开放性进一步增强,为美国霸权的维持注入内在活力。这一时期美国的技术创新的突飞猛进和人力资本的进一步积累,推动了经济的增长和军事力量的强化,使美国保持世界顶尖技术、经济与军事优势。在经济方面,美国凭借三大经济组织巩固和强化了世界经济霸权,虽经历了严重的滞胀局面但里根政府的改革成功将美国拉出了困境,"新经济"的兴起又将美国的经济推上了新高度,里根执政时期,美国华尔街异常繁荣,世界金融中心的地位进一步得到强化。而军事力量的强化无疑是赋予美国维持霸权一根"定海神针",拳头的硬度给美国推行霸权主义以坚硬的后盾。幸运的是,战后美国面临的外部机遇多于挑战。机遇的背后同样是绝对实力的支撑,实力与幸运,内部支撑与外部机遇相辅相成,共同推动了美国霸权的维持与强化。值得注意的是,20世纪90年代外部局势悄然发生变化,反对美国霸权主义的声音越来越强烈,欧盟的迅速成长将不可避免地影响美国的经济市场与国际主导地位,显露出霸权被削弱的趋势。

第三节　霸权屡受冲击

一、政治局势争端显现

先是"反恐战争"给国内的政治局势带来动荡。2001年9月11日在美国纽约世界贸易中心发生了一起震惊世界的恐怖袭击事件——"911"事件,这是发生在美国本土的最严重的恐怖袭击行动,对美国各方面造成了非常严重的伤害。据统计,遇难者总数高达2996人。① 联合国发表报告称此次恐怖袭击对美国造成的经济损失达2000亿美元,相当于当年生产总值的2%。② 更

① 《911恐怖袭击事件:美国人永远的伤痛》,新浪网军事,见 http://mil.news.sina.com.cn/2006-09-08/1633396552.html,2006年9月8日。
② 《联合国报告称911令美国经济损失2000亿美元》,中国新闻网,见 http://www.chinanews.com/2001-11-16/26/139178.html,2001年11月16日。

有研究指出此次事件对全球经济所造成的损害甚至达到 1 万亿美元左右。① 此次事件对美国民众造成的心理影响极为深远,即便是 5 年以后,《纽约时报》和哥伦比亚广播公司联合进行的民意调查显示,仍然有超过 2/3(69%)的纽约人"非常担心"当地还会再发生恐怖攻击,只比 2001 年 10 月的 74% 低了 5 个百分点。② 其中,近 1/3 的纽约人说他们每天都会想到"911"事件,四成的受访者则说他们还是觉得很不安。在全国调查中超过一半的人认为政府在这次应对恐怖袭击中做得还不够。经过 5 年时间,许多的伤痛与后遗症依然挥之不去。美国民众对经济及政治上的安全感均被严重削弱。

而近年来美国政治局势出现不稳定因素。自 2016 年美国总统大选以来,美国的政治局面不断产生争端。2018 年中期选举结束后,英国《经济学人》杂志用这样一个封面标题来概括当前的美国,"The mid terms produce a divided government for divided country"③,言下之意就是"分裂的美利坚"。而美国的政党极化现象也十分严重④,在不同党派之间更是剑拔弩张,难分难解。而美国国内政治局势的争端不断,其负面影响也必将会蔓延至其他领域。

二、技术领域受到冲击

随着科技的发展与时代的进步,科技的竞争越来越激烈,美国也面临着新的技术压力和多极化挑战,国际政治格局发生巨大变化。冷战结束后,美国加快推进单边主义,积极寻求技术动力。2008 年金融危机以来,美国推行了出口管控改革的同时提出了"制造业回归"与"再工业化",大力推进本国技术创新,以继续维护其技术领先优势,维系其霸权。尤其是对待中国,技术管控更是严苛。而伴随着信息时代的到来,科技的竞争也呈现出新的态势,互联网、

① 王勇:《美安邦保险作出结论:"911 事件"全球经济损失一万亿》,人民网,见 http://www.people.com.cn/GB/guoji/23/91/20010919/564106.html,2001 年 9 月 19 日。

② 老任:《911 恐怖袭击事件:美国人永远的伤痛》,新浪网军事,见 http://mil.news.sina.com.cn/2006-09-08/1633396552.html,2006 年 9 月 8 日。

③ "The Mid Terms Produce a Divided Government for Divided Country", *The Economist*, November 10,2018.

④ 程亚文:《经济全球化、利益疏离与政治撕裂——当代世界经济政治的新转折》,《外交评论》(外交学院学报)2019 年第 6 期。

大数据和人工智能等高科技领域成为新的技术竞争重点,尤其是随着中国的崛起,美国担心中国在高新技术领域的竞争。中国高新技术的代表性企业华为是全球最大的通信设备制造商,大力投资研发芯片,不仅5G技术稳步推进,而且电子产品和汽车等技术研发活动需要定位技术的支撑。根据《日本经济新闻》统计数据显示,中国北斗卫星导航系统快速成长,在数量上已经超过美国全球定位系统(GPS),截至2019年6月,中国北斗卫星导航系统已经投入使用35颗卫星,美国则是31颗。此外,俄罗斯有24颗定位卫星,欧盟有22颗。中国在定位数据业务领域的主动权日益加强,美国在技术领域受到日益加大的制衡。

面对来自国际的技术挑战,美国显得有些"幼稚"。自2018年开始美国挑起针对中国的贸易摩擦,自2019年5月开始,美国又实施了一系列打压举措,2019年5月16日美国商务部工业与安全局(BIS)将华为及其68家关联企业列入出口管制"实体清单";8月美国宣布禁止华为技术公司、中兴通讯股份有限公司及其任何子公司或附属公司生产的视频监控和电信设备①,等等,试图阻碍中国的信息科技的发展进程。美国作为互联网曾经的创造者与主导者,气急败坏遏制别国技术进步、称霸世界、监视全球的野心越来越彰显其"小家子气"。

三、经济遭遇危机

进入21世纪,世纪格局发生转变,发达国家与新兴经济体之间的关系逐渐从单向支配转向双向依赖,美国的霸权根基似乎有些松动。一是发达国家陷入危机。在新自由主义思潮的影响下,美国等部分发达国家对金融监管放松,各界媒体吹嘘华尔街纸醉金迷的生活,导致虚拟经济扩张,最终爆发了2008年金融危机。危机后的八年中,全球经济增长持续低迷,发达经济体长期低增长、低通胀,私人需求持续不振。② 二是新兴经济体的崛起,通过积极在经济全球化中抓住机遇迎接挑战,近年来经济实力有很大提升,在全球贸易

---

① 曹伟:《从兰德智库研究报告看美国政治战》,《中国信息安全》2019年第10期。
② 王飞:《变革全球经济治理:新兴经济体的角色》,《学术探索》2018年第10期。

及金融中的参与力度和话语权越来越大;而且新兴经济体始终反对美国霸权主义,对国际规则改革的诉求越来越强烈,对全球经济治理体系完善的贡献也越来越大,威胁了美国的地位。三是美国的逆"全球化"行为,对全球经济环境造成恶劣影响,引起国际上的不满。

(一) 次贷危机冲击"新经济"

在新经济的繁荣发展过程中,人们乐观地认为"新经济"和股民可以承受新经济发展到最后给整个世界的经济系统带来的问题,但事实告诉我们,经济危机是难以预料和避免的。2008 年爆发的次贷危机成为新经济发展的分叉点。

早在 2007 年 4 月,美国第二大次级房贷公司——新世纪金融公司的破产就暴露了次级抵押债券的风险;从 2007 年 8 月开始,美联储作出反应,向金融体系注入流动性以增加市场信心,美国股市也得以在高位维持,形势看来似乎不是很坏。然而,2008 年 8 月,美国房贷两大巨头——房利美和房地美股价暴跌,持有"两房"债券的金融机构大面积亏损。美国次贷风险星火终成燎原之势,引爆国际金融大危机。

世界各国的专家对美国次贷危机爆发的原因仍未达成共识,主要可归集为以下几个方面。其一是市场论。一些专家学者从微观角度出发,分析美国次贷危机的根源是由于美国居民的过度消费导致的贷款债务持续增长;或是由于实体经济与虚拟经济相背离,当两者背离的程度相当严重时,就有可能出现巨额财政赤字、外贸赤字和通货膨胀,甚至是金融危机和经济危机。又或是金融过度创新造成了资产价格螺旋上升和泡沫积聚,加速了资产泡沫的破灭,使美国爆发了这场次贷危机。[①] 其二是制度说。持这类观点的学者认为这场次贷危机产生的制度原因在于美国高度自由、过度竞争的经济制度和金融体系。美国对金融控股公司分支机构和房贷公司缺乏监管,美国金融监管部门的不负责行为助长了此场次贷危机。其三是政策说。将次贷危机归因于美国宽松的国内经济政策。

---

① 谢宝峰、刘金林:《美国次贷危机对我国房地产市场风险控制的启示》,《改革与战略》2019 年第 5 期。

次贷危机带来了严重的后果,美式资本主义神话破灭。美国原本在全球颇具竞争力的行业包括金融业、房地产业、汽车业等均遭受重创,一时间许多大型金融机构都濒临破产,为企业和家庭提供融资需求的资本市场几近冻结,失业率大幅攀升,消费者和投资者对美国经济多维体系稳定性信心短期内不断崩塌。美国作为世界上唯一的超级大国,其次贷危机的爆发瞬间就影响了全世界的金融中心以及一些周边国家,其范围也远远不仅仅是次贷危机方面,而是蔓延到整个金融行业,甚至引发了社会政治等一系列危机。尽管美国经常项目赤字一直在下降,但其仍占 GDP 约 6%,因消费的产品远多于其生产的产品,美国人仍是世界其他地区最大的需求来源之一,其需求的急剧下降极大地影响了其他地区的经济,一度造成世界各国的恐慌。

由次贷危机引发的金融危机爆发后,美国因采用合理救助政策而快速复苏。一方面,美联储在次贷危机期间使用的非常规货币政策主要有:向存款机构的准备金付息,进行利率承诺管理通货膨胀预期,通过购买资产保证资产负债表结构。总体来看,美联储采取非常规货币政策的主要目的是影响市场利率的预期,疏通被堵塞的货币传导渠道,发挥货币政策应有的效果。另一方面,美国实施强制性财政政策。次贷危机升级后,美国财政部和美联储紧急制订了 7000 亿美元救助法案,包括三个部分:第一部分是《2008 年经济稳定紧急法案》,内容包括问题资产的救助计划和存款保险调整计划;第二部分是《2008 年能源改进和延长法案》,包括为有关能源和燃料的生产和能源节约提供税收优惠;第三部分是税收豁免和最低税负期限延长计划,主要内容是为期10 年总规模 1505 亿美元的减税计划。7000 亿美元救助计划核心是针对不良资产进行收购以及为不良贷款提供保险,帮助住房所有者摆脱困境。减税计划大部分针对中产阶级和企业,为可再生能源提供 170 亿美元的税收优惠,为2000 万受到替代性最低税冲击的纳税人提供一年税收优惠延期,并且降低了薪酬税和消费税税率以提高民众的实际收入。美国金融危机中货币政策和财政政策的使用产生了积极效果,包括阻止银行机构的倒闭、有效向市场传递信号稳定通货膨胀、通过利率承诺保证稳定的利率预期,适当的量化宽松政策向市场投放足够流动性,刺激了美国实体经济的复苏,等等。在危机得到控制后,美国积极进行经济结构调整,发展以创新为目标的新产业,引导经济走向复苏。

但金融危机之后世界经济步入了"新平庸时代",美国经济失衡,中国经济发展的脚步明显放缓。根据国际货币基金组织(IMF)的数据,美国经济在历经 2008—2009 年的负增长之后,2010—2016 年实际 GDP 增速在 2%左右,直至 2017 年新政府使出浑身解数,经济有了一些起色,但是并未出现经济周期中应有的高涨。其他西方国家的增长率较美国逊色,只在 1.5%左右徘徊。① 美国在次贷危机之后国际大国地位仍然牢固,但其经济增长却谈不上繁荣。我们应当看到,当虚拟经济的收益率高于实体经济,当一个市场需要泡沫来支撑,经济危机必然会加速来临,缺乏实体经济的保障,危机带来的冲击更强,更难以被化解。

(二) 新兴经济体的崛起挑战美国霸权

关于新兴经济体,目前国际上尚未形成准确的定义,本书认为新兴经济体的定义是一种相对概念,随着国际形势的变化而转变。英国《经济学家》将新兴经济体分成两个梯队。第一梯队为中国、巴西、印度和俄罗斯、南非,也称"金砖国家";第二梯队包括墨西哥、韩国、埃及、马来西亚等"新钻"国家。② 从世界发展进程来看,在霸权的推行中武力征服手段逐渐弱化,更多的是在经济方面决胜天下。有的学者指出:"没有战场但有市场,没有武装士兵却有高科技专家,因此,我们应当高度重视这场'后冷战的战争'。"③美国在经济中的主导地位弱化,将是其霸权主义的一大阻碍。

一方面,美国认为,新兴经济体经济增长迅速间接对其构成了威胁。进入 21 世纪,特别是金融危机爆发之后,世界经济力量的对比向有利于新兴经济体的方向转变。面对金融危机,新兴经济体的复苏比发达经济体更强劲,而且以西方为中心的全球经济治理机制难以完善应对经济危机,新兴经济体的经济崛起在很大程度上促进了全球经济治理机制的完善。④ 随着 2009 年二十

---

① 江涌:《国际金融危机十周年的反思与启示》,《现代国际关系》2018 年第 9 期。
② 《新兴经济体》,中国经济网,见 http://intl.ce.cn/zhuan ti/data/xxjjt/sj/201103/28/t20110328_1472702.shtml,2011 年 3 月 28 日。
③ 倪世雄:《当代西方国际关系理论》,复旦大学出版社 2004 年版,第 409 页。
④ 吕军:《从新兴经济体的经济崛起探析全球经济治理机制的演进》,《中国集体经济》2018 年第 19 期。

国集团匹兹堡峰会的召开,发展中国家对国际货币基金组织的份额和投票权得到很大提升①,真正意义上的全球经济治理正式拉开了帷幕。金融危机爆发后,G20峰会和金砖国家合作机制成为新兴经济体在全球经济治理中积极发生的平台。以中国为代表的新兴经济体在国际经济政策协调中能够享有更公平的话语权。

就2008年金融危机以后的新兴经济体来说,主要是以中国、印度为代表的发展中国家,尤其是"金砖五国"(中国、印度、巴西、俄罗斯、南非),相较于美国等国家经济发展缓慢的情况,这些国家经济实力突飞猛进,后发之势难以阻挡。与美国崛起的政治经济学逻辑一样,新兴经济的崛起也包括了政治经济技术等各方面实力的提升,但关键是其经济崛起,经济的快速增长带动了其他领域的不断发展,并对全球经济发展作出越来越大的贡献。根据IMF公布的数据显示,2007年发达经济体经济增长仅2.7%,而新兴和发展中经济体经济增长8%,中国GDP总量突破2万亿美元,达世界第四名②;2015年新兴经济体占全球GDP的比重为57.6%③。而且美国国际投资经理人安东尼·范·阿格塔米尔在其著作《世界是新的:新兴市场崛起与争锋的世纪》中也指出世界重心正在向新兴经济体转移,是个不可逆的趋势④。不难发现,在发达国家的经济陷入疲软之时,新兴经济体对世界经济的增长起到了重要的拉动作用。

另一方面,美国认为,逐渐壮大起来的新兴经济体队伍为保障本国权益维护国际经济、政治秩序,向以美国为首的发达经济体提出更多正义的诉求,直接挑战了美国的霸权权威。自20世纪90年代开始,包括巴西、印度、中国在内的新兴经济体经济实力全面提升,成为贸易领域反霸权进程中的主要领导

---

①　张新平、杨荣国:《试论新兴国家的崛起与国际体系的转型》,《中国浦东干部学院学报》2015年第2期。

②　杨子岩:《新兴经济体力量凸显》,《人民日报》(海外版)2008年11月1日。

③　此数据根据国际货币基金组织官方网站《世界经济展望数据库》2020年4月版中各国及各经济体GDP数据计算所得,2015年新兴市场和发展中国家基于国家GDP的购买力平价(PPP)估值的国内生产总值为656984.66亿美元,全球的GDP为1141369.79亿美元。

④　[美]安东尼·范·阿格塔米尔:《世界是新的,新兴市场崛起与争锋的世纪》,蒋永军译,东方出版社2007年版,第5页。

者。这些新兴发展中国家借助全球自由贸易体系自身的不断扩张得以进入这个政治决策体系中心,他们并不反对自由贸易,而是要进行合理的诉求,坚定地捍卫自己应有的利益和权利,要求平等的主权以及受到充分的认可和尊重,反对美国制定规则却凌驾于规则之上的霸权。而且各国都已意识到以美元为中心的国际货币体系存在严重的缺陷,纷纷呼应改革国际货币体系,创造一种与主权国家脱钩的长期稳定的国际储备货币,并要求规范国际资本流动管理等①。在这个过程中,美国和欧盟认为印度、巴西和中国这三大规模的新兴经济体的实力应该从发展中国家分离出来,一直试图限制三个发展中国家再享受发展中国家的一些"特殊待遇",而这三个国家坚决反对美国在发展中国家内部"搞分裂"的企图,为防御共同的强大的威胁结合在一起共同应对来自发达国家对发展中国家分而治之的策略。② 发展中国家的集体诉求使美国在贸易体系中的地位受到挑战,全球贸易谈判的攻守形势发生转换,对发达国家主导的国际规则造成威胁,美国所奉行的单边主义、称霸世界的企图受到日益加大的阻力。

基于新兴经济体的表现越来越出色,国际上越来越多的人相信新兴经济体将是未来稳定世界经济的一股主体力量。虽然后来新兴经济体的经济增速放缓,并且这些国家尚未有足够的能力引领全球金融治理,同时发达经济体的自我修复能力使他们的经济逐渐走向复苏。但经过金融危机的冲击,新兴经济体的金融体制逐渐完善,抵御外界风险的能力加强,在全球经济体系中占据的地位越来越大,而且新兴经济体之间不断加强合作扶持,各国对发达国家的依赖日益减小,今后新兴经济体仍将展现出无穷的潜力。高盛全球经济研究主管奥尼尔对新兴经济体寄予了厚望,他认为新兴经济体强大的内需足以完全抵消美国国内消费需求的大幅下降。③ 而其他国家对美国经济的依赖性,正是美国维系霸权的关键因素,未来国际格局如何转变还是一场充满不确定

---

① 王飞:《变革全球经济治理:新兴经济体的角色》,《学术探索》2018年第10期。
② 张昕:《反霸权还是超越霸权? ——世界贸易谈判中的新兴经济体》,《文化纵横》2019年第4期。
③ [英]吉姆·奥尼尔:《金砖四国不应缺席全球经济决策》,《海外经济评论》2007年第6期。

性的大国力量博弈。

（三）美国"逆全球化"阻碍全球经济进步

2018年以来，美国采取"逆全球化"行为以应对其在全球扩张中遇到的新情况、新问题，特朗普政府以"美国优先"的原则频频发起对中国的贸易摩擦，任意"退群"。2018年3月特朗普宣布对中国大幅度提高关税并限制中国企业对美投资，除了对其主要对手国发起贸易摩擦以外，美国还任性地对其盟友加拿大、墨西哥等加征关税，引起多方不满。① 而且特朗普上任以来，美国已经退出《跨太平洋伙伴关系协定》(TPP)，应对气候变化的《巴黎协定》、《全球移民协议》和"伊朗核协议"等多个国际协议和联合国际组织②，等等。美国的"逆全球化"行为背后有政治、经济等多方面的原因，但根本原因在于经济。一方面，美国有意恢复一些实体经济，2008年金融危机以后，美国人意识到了金融过盛带来的经济增长具有泡沫易碎性，希望重拾本土制造业，尤其是高端制造业，以解决经济空心化并讨好美国民众，缓解因失业、贫富差距造成的国内矛盾。另一方面，随着美国盟友及"对手国"的实力越来越强大，在特朗普政府看来，通过对世界经济贸易体系和规则"重新洗牌"，先发制人，是维持"美国优先"的重要手段。因此，美国虽然曾是经济全球化的倡导者与主导者，美元霸权存续和利益最大化的基石是全球经济一体化，以及与之相伴的全球性产业分工。美国也曾经通过控制石油价格成功地"击垮苏联"，利用资源价格成本成功地压制了中国民营资本实力③，等等。但现在美国逆全球化情绪高涨且短期内不会改变，美国变成了经济全球化的阻碍者。

然而，美国的逆全球化带来的更多是负面影响。首先，在世界经济整体下行的大环境下，美国的"逆全球化"严重地影响了全球经济的复苏与增长，美国任性"退群"恶化了经济交流环境，阻碍了世界经济增速，影响国际贸易体系。尤其是美国贸易保护主义引起了其贸易伙伴的强烈反对或反

---

① 廖小明：《美国"逆全球化"行为的资本逻辑及其影响》，《当代世界》2019年第6期。
② 李玉素：《又退群！美国退出〈巴黎协定〉，被批不顾人类未来》，中国新闻网，见 http://www.chinanews.com/gj/2019/11-05/8998791.shtml，2019年11月5日。
③ 钮文新：《美国为何不惜血本也要维护美元霸权?》，《中国经济周刊》2018年第14期。

击,受到了多方谴责,引起"公愤"。很多发达国家积极采取行动应对美国的"逆全球化"行为,如 2018 年日本与欧盟签订了《欧日经济伙伴关系协定》并积极寻求与中国合作。许多新兴国家之间也加强双边贸易谈判和合作,共同倡导完善全球治理,呼吁更加公平、开放的经济全球化,抵制贸易保护主义。

四、军事霸权受到制衡

美国在军事上仍然保持最大优势,但其军事霸权也或多或少受到一些冲击。一方面,美国自身军事实力受损。[1] "911"恐怖袭击后美国锁定本·拉登为头号嫌疑犯,开始对阿富汗塔利班当局军事目标和伊斯兰极端主义分子拉登的卡达训练营进行军事打击。[2] 美国先后发动了阿富汗战争和伊拉克战争,美国的军事实力再一次遭受到了严重打击。这两场战争出动了美军总计 20 多万的兵力和几千架的战斗机,导致美国国防开支大大增加,军费开支等创造了政府财政赤字的最高纪录,据美国国会研究所计算,在未经通货膨胀率和国债利率调整的前提下,美国总共支出了 1.4 万亿美元军费。国家还背负了大量外债,仅利息就达几千亿美元[3]。此外,两场战争中美军伤亡的不断增加和超长的战争周期也使美国蒙受巨大损失。

另一方面,国际军事同盟对美国信任危机加剧,联盟的凝聚力减弱,影响美国霸权地位的维持。对于中小国家来说,联盟不仅仅意味着被强大的霸权国家多方辖制,还意味着可以"搭便车"享受一些好处。但近年来美国背离了更多的国际联盟,单方面宣布退出各种国际协议如《中导条约》,还建立"太空司令部"将太空军事化等[4],亲手破坏了自己的国际伙伴关系。而且 21 世纪以来美国相对实力下滑,尤其是伴随着以中国为代表的新兴经济体国家的迅

---

[1] 鲁勤智:《西沉日:论美国的相对衰落趋势》,世界知识出版社 2013 年版,第 145—146 页。

[2] 《布什发表讲话宣布对阿富汗发动军事进攻》,中国新闻网,见 http://www.Chinanews.com/2001-10-08/26/128311/html,2001 年 10 月 8 日。

[3] 罗琪:《911 经济损失与花费超 2.6 万亿美元:美国赔了?》,中国网,见 http://www.china.com.cn/international/txt/2011-05/17/content_22580445_2.htm,2011 年 5 月 17 日。

[4] 马浩歌:《北约推进太空军事化普京:将加速研发先进武器》,新京报网,见 http://www.bjnews.com.cn/world/2019/11/23/653316.html,2019 年 11 月 23 日。

速崛起,联盟国家对美国安全保障的信心下降,甚至是担忧。由于美国政策变动而对地区安全带来风险,并使自己的利益受到损害。2019年下半年的亚太盟友相继拒绝其在境内部署中程导弹的事件就是最好的证明。自20世纪90年起澳大利亚就在亚太地区积极推动多边组织的构建,其认识到尽管美国可以作为其安全保障,但由于澳大利亚自身条件有限,不能只把希望寄托于美国而不寻求新的伙伴合作[1];近年来日本更是迫切希望在国际和联盟中争取更大话语权,力争其政治大国地位;等等。由此美国的一些军事联盟根基被削弱,损害了美国在其盟国中的主导地位。[2]

五、外部环境面临考验——主导地位弱化

当前全球治理体系和国际秩序变革正在加速推进,各国相互联系和依存日益加深,第三世界力量逐步壮大,国际力量对比更趋平衡,美国的主导地位弱化,霸权受到制衡。

具体来看,一是在拉丁美洲,它的权威处于一个多世纪以来的最低点,美国长期奉行霸权主义的全球战略,虽然把拉美视为"后院",但它干涉拉美国家内政、扶持军事独裁统治、侵犯别国主权的行径遭到拉美国家的反对,进入21世纪以来,拉美国家希望走上独立自主的道路,但面对拉美经济迅速发展的势头,美国支持其经济的同时又进行打压,力图将其稳稳把控在手中,力保其"后院"的地位,导致拉美经济不断循环往复,在迷茫期和迅速增长期又动荡徘徊。二是在亚太地区,美国影响在逐渐下降。由于美国"911"事件及其后的伊拉克战争,美国于2009年提出"重返亚太"战略。三是在欧洲,欧盟与美国是既合作又竞争的关系,欧盟地区经济迅速发展,正在一步一步减少美国的控制力,成为与北美自由贸易区抗衡的强大力量。欧盟的经济总量由1993年的约6.7万亿美元增长到2002年的9.82763万亿美元[3],2019年已经上升

---

① 肖洋:《一个"中等强国"的战略空间拓展——"印一太战略弧"视阈下的澳大利亚安全重构》,《太平洋学报》2014年第1期。

② 孙云飞:《霸权衰落下的责任转移:特朗普执政后的亚太同盟体系》,《世界经济与政治论坛》2017年第5期。

③ 数据来源于《世界经济展望数据库》2020年4月版,国际货币基金组织官方网站,见https://www.imf.org/external/pubs/ftlneo/2020/01/weodata/index.aspx。

到 18.41 万亿美元(含英国)。欧盟自身的强大使它有了更强的制定世界经济规则的能力,而且欧盟也是全球最不发达国家最大出口市场和最大援助者,多边贸易体系的倡导者和主要领导力量,其对外技术交流与发展合作政策相对宽容,这对世界其他地区的经济发展特别是包括中国在内的发展中国家至关重要。四是在非洲,中国通过友好的经济援助与合作以及绝不进行殖民扩张的和平精神,带动了非洲经济的发展,赢得了非洲人的信任,中国的影响力正在逐步上升。就这样,美国目前的外部环境中的挑战越来越多,主导地位逐渐弱化。

本章小结

看世界大国千百年的兴衰史,任何一个大国的霸权都未能长久。无论是繁极一时的罗马帝国和"日不落"大英帝国,又或是葡萄牙、荷兰等国家,都只是短暂掌控世界便又匆匆退出世界领导者的舞台,而美国并非如此。通过对美国各个阶段的发展研究来看,在推动一个国家崛起的短暂时点上,并非各因素都同时发挥作用,在不同的发展阶段,由不同的主力推动。但长期来看,政治条件、文化优势、技术与人才、经济基础、军事力量与外部条件任何一个基础要素作用不充分都会导致霸权被动摇。

在美国崛起与霸权确立的路径来看,美国是个实力与运气并存的大国。先是国内科学的政治体制给美国营造了安稳的政治环境,三权分立却又相互制衡,保障了美国人民的民主。而后美国又通过雅尔塔会议谋取政治红利,确立国际政治强权。这一时期美国的技术与人力优势也为美国的崛起注入内生动力,推动了经济与军事技术的发展。美国的自然资源优势推动了农业的发展,为经济霸权的确立做好准备;内战进一步扫清资本主义经济发展的障碍,统一大市场;第一次世界大战期间美国宣扬"和平"政策远离主战场,损失较小,并通过提供军事物资大发战争财,积累雄厚的资金,经济实力迅猛增长,成为世界经济的主导者,更为日后科技创新和人才培养备下物质支撑;20 世纪30 年代末美国遭遇严重的经济危机,罗斯福实行新政,力挽狂澜,及时止损;1944 年西方主要国家确立布雷顿森林体系——以美元为核心的国际货币体系,各国只有通过美元才能同黄金发生关系,在以美元为核心的金融霸权保障下,美国世界霸权地位无可撼动。除此以外,美国凭借强大的武装力量打败了对手国,在第二次世界大战中成为军事强国;早期美国相对稳定的环境也为美国的崛起和霸权确立创造了条件。

在美国继续维持其霸权的历程中,更多的是其技术和人才资本的进一步积累、经济霸权的巩固和军事力量的强化在发挥作用。战后美国高新技术发展迅猛,成为世界技术领域的主宰者与领先者,并凭借着两次世界大战期间积累的资金投资教育,培养与吸收大量人才,技术与人才的互促作用,共同为美国经济实力的提升作贡献。战后美国通过三大世界经济组织掌控绝对投票权与话语权,将世界经济发展方向牢牢掌握在自己手中,经济霸权得以巩固。随后20世纪60年代末和70年代,美国经济陷入"滞胀"困境,高失业率和低经济增长率并存,经济进入衰退期,美国及时调整宏观经济政策,里根政府的一系列改革再一次将美国从逆境中拉出来,而且里根执政期间,华尔街进入一段相当繁荣的时期,金融界的创新曾出不穷,美国通过一体化金融市场、维持以美元为核心的货币体系强化了其世界金融霸权;并且在技术实力与人才积累的共同作用下,20世纪90年代在美国率先兴起了"新经济",国民经济迅速增长,美国经济迎来新高度。第二次世界大战后美苏的争霸以苏联解体告终,美国成为世界上最强大的国家,军事实力就是美国的依仗。美国不仅国内综合实力增强,还善于抓住外部机遇,在苏联解体后美国并未止步于此,反而加强了国际参与度,在各领域的主导性进一步增强。当然,任何领域都离不开美国文化的作用,无论是科技创新热潮还是战胜经济危机摆脱"滞胀"困境,都体现了美国文化的特征:开放性、包容性与进取性。即便到现在,美国经历了一次次的危机与挑战,也没有像日本、德国一样在危机中沉沦,仍在各方面都占据着极大的优势,其复苏能力不容小觑。

但长远来看,若要实现一个国家的长长久久蓬勃发展,脱离了任何一个因素都无法实现。自然条件是美国崛起与霸权确立的基础,金融霸权是美国霸权的核心,军事霸权是美国霸权的基石,技术和人力优势为美元霸权的维持提供动力,外部环境也能对美国的霸权起着推动或阻碍作用,美国霸权受到的冲击正是有力的证明。进入21世纪以来,美国霸权持续受到冲击,无法维持其在每一个领域的霸权地位。首先,美国的政治局势争端现象频现,恐怖袭击活动给美国的信心造成了重创,近年来政治局势不稳定因素增加,科学的政治体制受到质疑。美国的技术、军事实力领先地位和经济霸权也受到动摇,这是由于新兴经济体国家的经济崛起、技术和军事实力增强,国际环境反抗霸权主义与美国"逆全球化"行为的呼声越来越强烈,对美国霸权维持造成巨大的阻力;欧盟快速发展也可以与之抗衡让美国日益感受到威胁与挑战。再加上反恐战争的消耗与 2008 年次贷危机对美国造成了沉重的伤害,美国的霸权防护罩不断受到冲击。如若美国将来不能牢牢保持其在各领域的绝对优势,那美国长久维持霸权地位的企图终将成为空想。

参考文献

白春礼：《改革开放四十年，中国科技创新的发展之路》，《中国科技奖励》2018 年第 12 期。

白永秀：《重新划分所有制结构，促进非公有制经济发展》，《经济问题》1997 年第 6 期。

白永秀：《计划市场经济论》，《人文杂志》1989 年第 1 期。

白永秀、任保平：《中国市场经济理论与实践》，高等教育出版社 2011 年版。

蔡一鸣：《近代史上荷兰崛起的经济学解释》，《石家庄铁道学院学报》（社会科学版）2009 年第 3 期。

曹伟：《从兰德智库研究报告看美国政治战》，《中国信息安全》2019 年第 10 期。

陈炳才等：《中国改革开放四十年：经验与启示》，《武汉金融》2018 年第 10 期。

陈海宏等：《他山之石：美国军事力量的发展与改革》，《军事历史》2016 年第 2 期。

陈虹：《论美国权利法案及其变迁》，《大观周刊》2011 年第 9 期。

陈积敏：《正确认识"一带一路"》，《商业观察》2018 年第 7 期。

陈军平：《试论二战苏德战争初期德国胜利的军事原因》，《当代经理人》2006 年第 2 期。

陈伟军：《社会思潮传播与核心价值引领》，人民出版社 2015 年版。

陈晓晨、徐以升：《美国大转向：美国如何迈向下一个十年》，中国经济出版社 2014 年版。

陈晓律:《君权变化的政治含义——英国近代政治转型的观念基础》,《南京大学学报》(哲学·人文科学·社会科学)2018 年第 2 期。

陈晓律等:《海洋意识与英国的发展》,《历史教学问题》2016 年第 1 期。

程汉大:《英国政治制度史》,中国社会科学出版社 1995 年版。

程琳惠:《英国都铎王朝时期文化赞助研究》,硕士学位论文,西华师范大学历史系,2019 年。

成协祥、佘群芝:《国别地区经济》,中国财政经济出版社 2005 年版。

程亚文:《经济全球化、利益疏离与政治撕裂——当代世界经济政治的新转折》,《外交评论》(外交学院学报)2019 年第 6 期。

崔健:《雅尔塔会议中盟国间的斗争与利益分配》,《知识经济》2009 年第 9 期。

《〈大国崛起〉连载之一荷兰:小国大业》,《商界(中国商业评论)》2007 年第 2 期。

戴逸:《18 世纪的中国与世界·农业卷》,辽海出版社 1999 年版。

邓浩:《经济一体化与幼稚工业的保护——论李斯特保护幼稚工业学说及其现实意义》,《金融经济》2008 年第 2 期。

《邓小平文选》第二卷,人民出版社 1994 年版。

《邓小平文选》第三卷,人民出版社 1993 年版。

丁溪:《美国经济》,中国商务出版社 2006 年版。

董拜南:《独联体的建立及其内部矛盾》,《苏联研究》1992 年第 1 期。

董毅、顾莹:《德国"双元制"职业教育模式的经验与借鉴》,《科技经济市场》2019 年第 8 期。

董正华:《"联省共和"与 17 世纪荷兰的崛起》,《科学与现代化》2007 年第 4 期。

对外经济贸易大学:《中国自贸区战略——周边是首要》,对外经济贸易大学出版社 2010 年版。

樊纲:《中国经济特区研究:昨天和明天的理论与实践》,中国经济出版社 2008 年版。

范亚娜:《负面清单在我国自贸区的发展及问题研究》,硕士学位论文,华东政法大学法学系,2018年。

方晓:《金融的力量——荷兰的崛起与衰落(上)》,《金融博览(财富)》2018年第8期。

方晓:《金融的力量——荷兰的崛起与衰落(下)》,《金融博览(财富)》2018年第9期。

费正清:《剑桥中国晚清史》,中国社会科学出版社2007年版。

冯国根:《邓小平社会主义市场经济思想探源》,东北师范大学政治学系论文,2011年。

封永平:《大国崛起困境的超越:认同建构与变迁》,中国社会科学出版社2009年版。

富伟炜:《我国自由贸易试验区金融创新监管法律问题研究》,硕士学位论文,天津大学法学系,2018年。

高德步、王钰:《世界经济史》,中国人民大学出版社2001年版。

高兰:《明治天皇权力的虚像与实像——近代日本立宪君主制的形成对明治天皇权力双重影像的影响》,《复旦学报》(社会科学版)2019年第6期。

高茜等主编:《世界经济贸易地理》,中国人民大学出版社2013年版。

顾宁:《美国文化与现代化》,辽海出版社2000年版。

顾乡:《一战缘起与两个德国强人》,《第一财经日报》2018年2月14日。

广东省文史研究馆:《鸦片战争史料选译》,中华书局1983年版。

郭丰秋:《审判查理一世与英国君权观的变革》,中国社会科学出版社2015年版。

国晖:《发展型国家的经济奇迹——论20世纪六七十年代的日本》,《时代金融》2016年第9期。

郭艳:《改革不停顿,开放不止步》,《资源再生》2018年第12期。

何建章:《论社会主义国有制与市场经济的兼容性》,《经济研究》1993年第3期。

何京:《美国农业机械化的发展及对我国的启示》,《湖南农机》2003年第5期。

何立峰:《加强政策沟通做好四个对接共同开创"一带一路"建设新局面——在"一带一路"国际合作高峰论坛"政策沟通"平行主题会议上的发言》,《中国经贸导刊》2017年第15期。

何勇钦:《中国经济特区的回顾与展望》,硕士学位论文,长江大学哲学系,2012年。

洪明:《财富与国家健康的一个历史注脚——17—18世纪荷兰共和国衰落的新思考》,《科学对社会的影响》2007年第4期。

侯灿:《我国社会主义市场经济形成与发展研究》,硕士学位论文,哈尔滨工程大学法学系,2017年。

胡锦涛:《高举中国特色社会主义伟大旗帜 为夺取全面建设小康社会新胜利而奋斗》,人民出版社2007年版。

胡莉:《博弈与妥协:"光荣革命"确立议会主权过程探析》,《史学月刊》2019年第9期。

胡培兆:《有计划商品经济一元论》,《光明日报》1985年3月3日。

胡智慧、王溯:《"科技立国"战略与"诺贝尔奖计划"——日本建设世界科技强国之路》,《中国科学院院刊》2018年第5期。

黄平、倪峰主编:《美国问题研究报告》,社会科学文献出版社2012年版。

黄新华:《中国经济体制改革的制度分析》,中国文史出版社2005年版。

黄勋拔:《当代广东简史》,当代中国出版社2005年版。

计秋枫:《近代前期英国崛起的历史逻辑》,《中国社会科学》2013年第9期。

贾春峰:《著名学者论社会主义市场经济》,人民出版社1993年版。

姜德福:《英国工业革命时期的道德问题——读恩格斯〈英国工人阶级状况〉》,《贵州社会科学》2017年第11期。

江涌:《国际金融危机十周年的反思与启示》,《现代国际关系》2018年第9期。

江泽民:《论有中国特色社会主义》,中央文献出版社2002年版。

《江泽民文选》(第1卷),人民出版社2006年版。

金春明:《中华人民共和国简史:1949—2004》,中共党史出版社2004

年版。

科学网:《"新科技革命与雄安的未来"高端论坛召开》,《科技传播》2017年第9版。

孔寒冰等:《雅尔塔怎样影响着东西方的命运——雅尔塔会议七十年后的思考》,《世界知识》2015年第4期。

李伯惟:《邓小平经济特区思想研究》,硕士学位论文,吉林大学法学系,2012年。

李翀:《以市场能够换技术吗?——我国提高科学技术水平的路径分析》,《经济社会体制比较》2014年第5期。

李富森:《论德国第二次工业革命的成就与特点》,《临沂大学学报》2012年第3期。

李富森:《试论德国成为第二次工业革命中心之原因》,《沧州师范学院学报》2013年第1期。

李钢:《新中国70年经济体制变革的统一逻辑》,《首都经济贸易大学学报》2020年第1期。

李辉、于钦凯:《人力资本积累在战后日本经济追赶中的驱动作用及其启示》,《现代日本经济》2004年第6期。

李金城:《普法战争的起因及影响分析》,《现代商贸工业》2019年第9期。

李金明:《明朝中琉封贡关系论析》,《福建论坛》(人文社会科学版)2008年第1期。

李利梅:《深圳经济特区:发展成就、经验启示与前景展望》,硕士学位论文,华中师范大学法学系,2007年。

李明敏:《18世纪荷兰商业帝国衰落的原因探析》,《黑龙江史志》2014年第11期。

李明传:《美国技术创新的历史考察》,武汉大学出版社2013年版。

李其荣:《开放·包容·进取——美国文化的优势》,《学术界》2005年第4期。

李庆辉、张玉平:《甲午战争前的日本军事改革》,《大连城市历史文化研究》2017 年第 1 期。

李文博:《邓小平经济改革思想研究》,硕士学位论文,东北石油大学法学系,2016 年。

李晓、丁一兵:《亚洲的超越》,当代中国出版社 2006 年版。

李亚员:《当代中国社会思潮:谱系、特点与趋势》,《江汉论坛》2018 年第 2 期。

李义平:《来自市场经济的繁荣:论中国经济之发展》,生活·读书·新知三联书店 2007 年版。

李勇、陈艳艳:《论马克思恩格斯解读英国内战的四个维度》,《井冈山大学学报》(社会科学版)2018 年第 2 期。

李元明:《拿破仑评传》,中国社会科学出版社 1984 年版。

李云帆:《英镑国际化背后的海洋霸权》,《福建论坛》(社科教育版)2011 年第 10 期。

联办财经研究院课题组:《军民融合科技创新体系研究之一制约我国科技创新发展的特殊因素》,《中国对外贸易》2019 年第 9 期。

梁艳丽:《中国经济体制从计划向市场的转变分析》,硕士学位论文,山东师范大学法学系,2008 年。

廖小明:《美国"逆全球化"行为的资本逻辑及其影响》,《当代世界》2019 年第 6 期。

《列宁全集》第 23 卷,人民出版社 2017 年版。

林婕:《冷战后北约东扩与美欧关系》,博士学位论文,武汉大学历史系,2005 年。

林尚立:《经济特区与中国政治发展》,重庆出版社 2005 年版。

林毅夫:《李约瑟之谜、韦伯疑问和中国的奇迹——自宋以来的长期经济发展》,《北京大学学报》(哲学社会科学版)2007 年第 4 期。

林祖基:《邓小平与深圳经济特区》,海天出版社 2008 年版。

刘德幸:《浅谈德国工业革命》,《四川外语学院学报》1989 年第 1 期。

刘国光:《关于社会主义市场经济的几个问题》,《经济研究》1992 年第 10 期。

刘吉:《碰撞三十年:改革开放十次思想观念交锋实录》,江苏人民出版社2008年版。

刘景华:《近代荷兰经济兴衰演变的全景图——评介〈商品经济与荷兰近代化〉》,《世界历史》1991年第4期。

刘娜:《工业革命时期德国政府在铁路建设中的作用》,《新西部》2018年第4期。

刘如仕:《论邓小平经济特区思想》,硕士学位论文,喀什大学法学系,2016年。

刘端芳:《德国军国主义传统的形成》,《牡丹江教育学院学报》2008年第3期。

刘旭东:《教育进步:日本贵族教育—平民教育—义务教育的历史演化》,《河北联合大学学报》(社会科学版)2014年第6期。

刘以林:《中华学生百科全书·家园地球》,北京燕山出版社1996年版。

柳正龙:《霸权的"铁爪"——美国航母技术扫描》,《军事文摘》2017年第13期。

刘植荣:《透视17世纪荷兰的崛起与衰落》,《新金融观察》2013年2月4日。

路风:《走向自主创新:寻求中国力量的源泉》,中国人民大学出版社2019年版。

路风、蔡莹莹:《中国经济转型和产业升级挑战政府能力》,《国际经济评论》2010年第5期。

鲁勤智:《西沉日:论美国的相对衰落趋势》,世界知识出版社2013年版。

卢太宏:《日本家用电器工业的发展》,《赣江经济》1982年第2期。

卢文忠:《改革开放以来我国社会文化思潮的演进逻辑与历史效应》,《理论导刊》2018年第12期。

路遇、滕泽之:《中国人口通史》(下),山东人民出版社2002年版。

罗海平、钟坚:《邓小平经济特区思想研究》,鹭江出版社2009年版。

罗坚毅等:《中国对世界经济增长贡献率的研究——基于1996—2016年数据分析》,《经济学家》2017年第12期。

吕军:《从新兴经济体的经济崛起探析全球经济治理机制的演进》,《中国集体经济》2018 年第 19 期。

马洪:《关于经济管理体制改革的几个问题》,《经济研究》1981 年第 7 期。

马洪:《关于社会主义制度下我国商品经济的再探索》,《经济研究》1984 年第 12 期。

《马克思恩格斯全集》第 23 卷,人民出版社 1972 年版。

《马克思恩格斯全集》第 46 卷(下),人民出版社 1980 年版。

《马克思恩格斯选集》第 2 卷,人民出版社 1995 年版。

马瑞映、杨松:《工业革命时期英国棉纺织产业的体系化创新》,《中国社会科学》2018 年第 8 期。

梅孜:《美国国家安全战略报告汇编》,时事出版社 1996 年版。

纳麒:《走向复兴的探索:中国特色社会主义道路的理论框架》,中国社会科学出版社 2009 年版。

倪世雄:《当代西方国际关系理论》,复旦大学出版社 2009 年版。

聂庆平、蔡笑:《金融创新、金融力量与大国崛起——基于荷兰、英国和美国的分析》,《财贸经济》2008 年第 5 期。

宁凡:《区域经济的发展与近代欧洲经济格局的演变》,《南京师范大学学报》(社会科学版)2012 年第 5 期。

宁杰:《邓小平经济特区理论与厦门特区建设实践研究》,硕士学位论文,集美大学法学系,2011 年。

钮文新:《美国为何不惜血本也要维护美元霸权?》,《中国经济周刊》2018 年第 14 期。

欧阳丹:《试论 17 世纪英国社会对牛顿科学发现的影响》,《首都师范大学学报》(社会科学版)2010 年第 1 期。

潘凯恩:《一战百年:德国是如何错失战略机遇期的?》,《社会观察》2014 年第 4 期。

逢锦聚:《计划经济、商品经济和有计划的商品经济》,《南开经济研究》1985 年第 1 期。

钱芳华:《改革开放 40 年来英国工业革命影响研究述评》,《淮南师范学院学报》2019 年第 1 期。

乔丽萍:《普法战争对法德两国经济发展的影响》,《山西大同大学学报》(社会科学版)2011 年第 6 期。

乔榛:《中国经济增长原动力新探》,《学习与探索》2006 年第 1 期。

秦川:《世界全史》,中国国际广播出版社 2008 年版。

秦明瑞:《论德国的政治文化》,《北大政治学评论》2018 年第 2 期。

邱申萍:《在美国的外国学生》,《美国大观》1998 年第 11 期。

邱妍:《浅析海洋与荷兰崛起》,《商》2015 年第 24 期。

曲升:《从海洋自由到海洋霸权:威尔逊海洋政策构想的转变》,《世界历史》2017 年第 3 期。

人民教育出版社历史室:《世界近代现代史》,人民教育出版社 2000 年版。

撒莉、徐子桐:《劳动力价格对技术革命的影响分析——以英国工业革命时期棉纺织业、采煤业为例》,《中国物价》2019 年第 6 期。

《三十年前石岩推开全国"三来一补"工业大门》,《南方论刊》2008 年第 11 期。

桑百川、王全火:《中国市场经济理论研究》,对外经济贸易大学出版社 2001 年版。

史桂芳:《日本的"大国"战略与第一次世界大战前后的对外扩张》,《军事历史研究》2014 年第 4 期。

《十一届三中全会以来重要文献选读》,人民出版社 1987 年版。

宋慧国:《近代荷兰贸易霸权的兴衰》,《黑龙江教育学院学报》2008 年第 8 期。

宋涛等:《大国崛起的地缘政治战略演化——以美国为例》,《地理研究》2017 年第 2 期。

宋新宁、田野:《国际政治经济学概论》,中国人民大学出版社 2015 年版。

宋玉华:《美国新经济研究——经济范式转型与制度演化》,人民出版社 2002 年版。

苏静:《我国自贸区外资准入负面清单制度研究》,硕士学位论文,河南大学法学系,2018 年。

苏艳平:《我国社会主义市场经济理论的形成和发展》,硕士学位论文,齐鲁工业大学法学系,2014 年。

孙宝珊:《试论大英帝国的衰落》,《中国民航学院学报》1990 年第 4 期。

孙立新:《海洋战略与德占胶州湾》,《北京师范大学学报》(社会科学版)2010 年第 3 期。

孙绍红:《日本军国主义的历史脉络》,《西安政治学院学报》2015 年第 4 期。

孙云飞:《霸权衰落下的责任转移:特朗普执政后的亚太同盟体系》,《世界经济与政治论坛》2017 年第 5 期。

《孙中山全集》第 9 卷,中华书局 1981 年版。

唐晋主编:《大国崛起》,人民出版社 2006 年版。

田纪云:《改革开放的伟大实践:纪念改革开放三十周年》,新华出版社 2008 年版。

万明:《白银货币化视角下的明代赋役改革(上)》,《史学经纬》2007 年第 5 期。

王德恒:《中国(上海)自由贸易试验区建设研究》,硕士学位论文,华东师范大学法学系,2018 年。

王飞:《变革全球经济治理:新兴经济体的角色》,《学术探索》2018 年第 10 期。

王关义:《中国五大经济特区可持续发展战略研究》,博士学位论文,西北农林科技大学管理系,2003 年。

王加丰等:《强国之鉴》,人民出版社 2007 年版。

王稼琪:《上海自由贸易试验区贸易便利化问题研究》,硕士学位论文,西北大学经济系,2018 年。

王建:《第二次世界大战与英帝国的衰落》,硕士学位论文,西北师范大学历史系,2012 年。

王馗、高天惠:《政治风险、双边关系与中国对外直接投资——基于"一带一路"沿线国家的实证研究》,《合肥工业大学学报》(社会科学版)2019 年第 1 期。

王琳、刘端芳:《浅谈德国军国主义传统的演变》,《科技信息(科学教研)》2007 年第 3 期。

王绳祖:《国际关系史》(第七卷),世界知识出版社 1995 年版。

汪曙申:《试论十七世纪荷兰海权的崛起与对台湾的侵占》,《台湾研究》2011 年第 5 期。

王素琴:《日本纺织技术发展史》,《棉纺织技术》1983 年第 5 期。

王鑫:《社会主义与市场经济的关系再研究》,博士学位论文,上海社会科学院法学系,2018 年。

王亚明:《战后东欧民族主义与东欧剧变》,《社会主义研究》2005 年第 4 期。

王义桅:《论"一带一路"的历史超越与传承》,《人民论坛·学术前沿》2015 年第 9 期。

王逸舟:《西方国际政治学:历史与理论》,中国社会科学出版社 2007 年版。

王宇:《向市场经济过渡的实质、道路及成本》,《经济研究》1993 年第 5 期。

王正毅:《世界体系与国家兴衰》,北京大学出版社 2006 年版。

王志、王晓峰:《日本封建武士教育及其特征》,《南昌航空大学学报》(社会科学版)2017 年第 2 期。

魏杰、张宇:《市场经济与公有制体制改革》,《经济研究》1993 年第 3 期。

卫群、朱晓平:《17 至 18 世纪荷兰经济兴衰原因分析》,《法制与社会》2008 年第 17 期。

卫兴华:《社会主义商品经济存在的原因》,《经济研究》1984 年第 6 期。

韦之南:《中国自贸区高标准贸易投资体系构建研究》,硕士学位论文,四川外国语大学管理系,2018 年。

文贯中:《中国的疆域变化与走出农本社会社会的冲动——李约瑟之谜的经济地理学解析》,《经济学》(季刊)2005 年第 1 期。

温俊萍：《经济史视野中的大国崛起——基于荷兰、英国和美国的经验》，《史林》2008 年第 4 期。

翁潇潇：《我国自贸区自由贸易账户法律制度研究》，硕士学位论文，西北大学法学系，2019 年。

吴长春：《荷兰商业帝国的兴衰》，《历史教学》1989 年第 4 期。

吴洪玲：《探析近代专利制度起源于英国的原因》，《济南职业学院学报》2007 年第 1 期。

吴敬琏：《当代中国经济改革》，上海远东出版社 2004 年版。

武拉平等编著：《宏观经济学案例集》，中国人民大学出版社 2013 年版。

吴启金：《日本汽车工业发展历程》，《中国机电工业》2003 年第 6 期。

吴齐林：《社会主义市场经济导论》，东南大学出版社 2002 年版。

肖洋：《一个"中等强国"的战略空间拓展——"印—太战略弧"视阈下的澳大利亚安全重构》，《太平洋学报》2014 年第 1 期。

肖宗志、刘大芳：《改革开放以来民族精神弘扬的制度化建构》，《北方民族大学学报》2009 年第 2 期。

谢宝峰、刘金林：《美国次贷危机对我国房地产市场风险控制的启示》，《改革与战略》2019 年第 5 期。

邢来顺：《论德国殖民帝国的创立》，《华中师范大学学报》（哲学社会科学版）1996 年第 3 期。

熊秉元等：《李约瑟之谜——拿证据来？》，《浙江大学学报》（人文社会科学版）2018 年第 1 期。

熊志勇、谷玉红：《试析美国问鼎世界时的实力》，《外交评论》（外交学院学报）2015 年第 3 期。

徐刚：《辛亥百年祭》，作家出版社 2011 年版。

徐海燕：《走向全球化的北大西洋公约组织》，《当代世界》2007 年第 3 期。

徐洛中：《新经济时代企业如何迎接 WTO 的挑战》，《中国远洋航务公告》2001 年第 7 期。

许新三：《邓小平社会主义市场经济理论再解读》，经济管理出版社 2004

年版。

徐正杰:《社会主义计划经济到市场经济的演进逻辑》,硕士学位论文,曲阜师范大学法学系,2014年。

薛暮桥:《关于社会主义市场经济问题》,《经济研究》1992年第10期。

严红卫:《历史悠久的德国教育》,《国际人才交流》2004年第7期。

杨兵、何跃:《汽车——拉动日本经济的第一引擎》,《辽宁经济》2014年第12期。

杨大勇:《16—17世纪荷兰的崛起与资本市场》,《史学理论研究》2016年第1期。

杨颖:《浅析日本终身雇佣制的优势与弊端》,《东方企业文化》2007年第7期。

杨子强等主编:《远离信用"黑名单"——征信知识读本》,山东人民出版社2014年版。

杨子岩:《新兴经济体力量凸显》,《人民日报海外版》2008年第8版。

姚洋:《高水平陷阱——李约瑟之谜再考察》,《经济研究》2003年第1期。

叶雷:《忠孝伦理:日本道德教化的展开与创新机制的内化》,《常州工学院学报》(社科版)2006年第2期。

叶自成:《对外开放与中国的现代化》,北京大学出版社1997年版。

尹金:《两种君主立宪制》,《中学历史教学参考》1997年第4期。

于光远:《社会主义商品经济体制是新经济体制的基础和中心》,《经济研究》1988年第1期。

郁汉冲、董国超主编:《历史百科》,中国经济出版社2013年版。

袁曙宏:《改革开放大潮中的全面依法治国壮丽诗篇》,《中国司法》2018年第12期。

苑爽:《一战后协约国处理德国裁军问题的政策》,《历史教学问题》2016年第3期。

苑爽:《一战期间德国军事专制的建立及其解体》,《知与行》2015年第4期。

袁洋:《论普鲁士军事改革 1858—1871》,硕士学位论文,华中师范大学历史系,2013 年。

袁悦幸:《试论 19 世纪煤炭成为英国工业革命主要燃料的原因》,《神州》2014 年第 12 期。

翟文奇:《第二次世界大战期间英国军事建设探要》,《齐齐哈尔大学学报》(哲学社会科学版)2005 年第 6 期。

张爱茹:《邓小平与重大历史事件》,中国文史出版社 2011 年版。

张丽、李姣婷:《政党制度与政治稳定的关系分析——以德国和泰国的政党制度为例》,《传承》2014 年第 3 期。

张立驰:《改革开放以来党的人才思想发展研究》,安徽大学出版社 2011 年版。

张名轩:《日本明治维新与资本主义的发展》,《中国新通信》2019 年第 11 期。

张南:《英国工业革命中专利法的演进及其对我国的启示》,《当代法学》2019 年第 6 期。

张容:《〈大宪章〉与君主立宪制的关系》,《中学历史教学参考》2019 年第 10 期。

张瑞敏:《日本好战的特性从何而来?》,《解放军报》2017 年第 6 期。

张淑贤等:《关于 17、18 世纪荷兰经济兴衰的几点历史反思》,《松辽学刊》(社会科学版)1995 年第 1 期。

张顺洪等:《大英帝国的瓦解》,社会科学文献出版社 1997 年版。

张薇:《日本谋求政治大国地位的成因》,《思想理论教育导刊》2002 年第 4 期。

张文妮:《从莎士比亚看英国文艺复兴特点——浅谈莎士比亚剧作及演出形式与文艺复兴的联系》,《戏剧之家》2019 年第 19 期。

张昕:《反霸权还是超越霸权?——世界贸易谈判中的新兴经济体》,《文化纵横》2019 年第 4 期。

张新平、杨荣国:《试论新兴国家的崛起与国际体系的转型》,《中国浦东干部学院学报》2015 年第 2 期。

张亚静:《中国共产党社会主义市场经济理论的历史演进与创新研究》,硕士学位论文,燕山大学,2015年。

张银杰:《市场经济理论与市场经济体制改革新论:社会主义市场经济理论疑难问题探索》,上海财经大学出版社2012年版。

张宇:《中国模式:改革开放三十年以来的中国经济》,中国经济出版社2008年版。

张宇浩:《"军事革命"与英国内战中的保守性军事策略(1642—1645)》,硕士学位论文,南京大学历史系,2018年。

张振兴、陈俊:《荷兰衰落的经济历史原因》,《知识经济》2007年第12期。

张钟朴:《〈马克思恩格斯全集〉中文第2版第42卷前言》,《马克思主义与现实》2016年第5期。

赵恺著、宋毅主编:《海洋帝国荷兰——海上马车夫的海权兴亡:1568—1814》,华中科技大学出版社2018年版。

赵胜文:《中国特色社会主义经济特区建设研究》,博士学位论文,东北师范大学法学系,2015年。

赵晓雷:《外国经济史》,东北财经大学出版社2018年版。

赵亚奎、汪川:《技术抵制:理解"李约瑟之谜"的一个新视角》,《当代经济研究》2012年第1期。

赵勇、张飞:《论习近平新时代中国特色社会主义思想的世界向度》,《探索》2019年第2期。

赵玉华:《中国社会主义对外开放思想发展研究》,博士学位论文,兰州大学法学系,2019年。

郑慧:《回顾与展望:改革开放以来的中国政治学与政治发展》,中国社会科学出版社2009年版。

郑启荣:《改革开放以来的中国外交:1978—2008》,世界知识出版社2008年版。

中共中央宣传部:《习近平新时代中国特色社会主义思想三十讲》,学习出版社2018年版。

中国共产党第十二届中央委员会第三次全体会议：《中共中央关于经济体制改革的决定》，《经济体制改革》1984 年第 5 期。

周忠庆：《嘉庆年间白莲教在汉水流域的反清斗争》，《汉中师范学院学报》(社会科学版)2001 年第 1 期。

朱太辉、魏加宁：《美国里根政府改革的策略和战略值得借鉴》，《经济纵横》2014 年第 6 期。

庄国土：《论郑和下西洋对中国海外开拓事业的破坏——兼论朝贡制度的虚假性》，《厦门大学学报》(哲学社会科学版)2005 年第 3 期。

邹诗鹏：《三十年社会与文化思潮》，复旦大学出版社 2012 年版。

邹薇：《文艺复兴时期英国史学特点探析》，《史学理论研究》2019 年第 4 期。

[德]弗里德里希·李斯特：《政治经济学的国民体系》，陈万熙译，商务印书馆 1997 年版。

[德]弗里德里希·李斯特：《政治经济学的自然体系》，杨春学译，商务印书馆 1997 年版。

[德]赫伯特·格隆德曼等：《德意志史》第一卷(下册)，张载扬等译，商务印书馆 1999 年版。

[法]布罗代尔：《十五至十八世纪的物质文明、经济和资本主义第三卷》，生活·读书·新知三联书店 1993 年版。

[法]乔治·杜比主编：《法国史》(中卷)，吕一民等译，商务印书馆 2010 年版。

[荷]佛克马、格里曾豪特：《欧洲视野中的荷兰文化：1650—2000 年：阐释历史》，王浩等译，广西师范大学出版社 2007 年版。

[荷]马尔滕·波拉：《黄金时代的荷兰共和国》，中国社会科学出版社 2013 年版。

[美]阿拉斯泰尔·伊恩·约翰斯顿、罗伯特·罗斯主编：《与中国接触——应对一个崛起的大国》，新华出版社 2001 年版。

[美]艾伦·格林斯潘、阿德里安·伍尔德里奇：《繁荣与衰退》，束宇译，中信出版集团 2019 年版。

［美］安东尼·范·阿格塔米尔：《世界是新的，新兴市场崛起与争锋的世纪》，东方出版社 1997 年版。

［美］保罗·肯尼迪：《大国的兴衰》（下），中信出版社 2013 年版。

［美］保罗·肯尼迪：《大国的兴衰》，国际文化出版公司 2006 年版。

［美］保罗·肯尼迪：《大国的兴衰》，王保存等译，求实出版社 1988 年版。

［美］保罗·斯威齐：《资本主义发展论》，陈观烈、秦亚男译，商务印书馆 2000 年版。

［美］查尔斯·金德尔伯格：《1929—1939 年世界经济萧条》，上海译文出版社 1986 年版。

［美］福克讷：《美国经济史》（上卷），王锟译，商务印书馆 2018 年版。

［美］亨利·基辛格：《大外交》，顾淑馨、林添贵译，海南出版社 2012 年版。

［美］加里·M.沃尔顿、休·罗考夫：《美国经济史》，王钰等译，中国人民大学出版社 2018 年版。

［美］罗伯特·吉尔平：《世界政治中的战争与变革》，北京大学出版社 2005 年版。

［美］马克·T.胡克：《荷兰史》，东方出版中心 2009 年版。

［美］美杰瑞德·戴尔蒙德：《枪炮病菌与钢铁：人类诸社会的命运》，上海译文出版社 2000 年版。

［美］帕拉格·康纳著：《超级版图》，崔传刚、周大昕译，中信出版社 2016 年版。

［美］索尔·伯纳德·科恩：《地缘政治学：国际关系的地理学》，严春松译，上海社会科学院出版社 2011 年版。

［美］伊曼纽尔·沃勒斯坦：《现代世界体系：16 世纪的资本主义农业和欧洲世界经济体的起源》，高等教育出版社 1998 年版。

［美］约翰·米尔斯海默：《大国政治的悲剧》，上海人民出版社 2003 年版。

［美］约瑟夫·奈：《美国世纪结束了吗》，邵杜罔译，北京联合出版公司 2016 年版。

[日]户苅义次:《日本农业技术的演变》,李璋模译,《黑龙江农业科学》1980 年第 6 期。

[苏]若列斯·麦德维杰夫:《走向自我崩溃的道路》,冯雷译,《国际共运史研究》1992 年第 1 期。

[意]巴尔齐尼:《难以对付的欧洲人》,唐雪葆等译,三联书店 1987 年版。

[英]安格斯·麦迪森:《世界经济千年史》,北京大学出版社 2003 版。

[英]戴维·桑德斯:《失去一个帝国,寻找一个角色》,世界知识出版社 1954 年版。

[英]杜德:《英国和英帝国危机》,苏仲彦等译,世界知识出版社 1954 年版。

[英]吉姆·奥尼尔:《金砖四国不应缺席全球经济决策》,《海外经济评论》2007 年第 6 期。

[英]李约瑟:《中国科学技术史》,科学出版社 1990 年版。

[英]马丁·怀特:《权力政治》,世界知识出版社 2004 年版。

[英]史培克:《英国简史》,上海外语教育出版社 2006 年版。

[英]托因比:《欧洲的重组》,劳景素译,上海译文出版社 1995 年版。

[英]亚当·斯密:《国民财富的性质和原因的研究》,郭大力、王亚南译,商务印书馆 2014 年版。

[英]约翰·伊特韦尔:《新帕尔格雷夫经济学大辞典(中译本)》,经济科学出版社 1992 年版。

Allen, Cranbrook H., *Great Britain and the United States: A History of Angio-american Relations*(1783-1952), New York: St.Martin's, 1955.

Amsden A., *The Rise of "the Rest": Challenges to the West from Late-Industrializing Economics*, New York: Oxford University Press, 2001.

Chilcote H.R., "Dependency: A Critical Synthesis of the Literature", *Latin American Perspectives*, No.1, Vol.1, 1974.

Cipolla M.C., *The Fontana Economic History of Europe*, New York: Collins/Fontana, 1976.

Combes P., etc, "The Productivity Advantages of Large Markets: Distinguishing Agglomeration from Firm Selection", *Discussion Paper of Center for Economic Policy Research*, 2007.

Desmet K., Parente S., "Bigger Is Better: Market Size, De－mand Elasticity and Innovation", *International Economic Review*, No.2, Vol.51, 2010.

Du Boff R. B., "U. S. Hegemony: Continuing Decline, Enduring Danger", *Monthly Review*, No.7, Vol.55, December 2003.

Elvin M., *The Pattern of the Chinese Past*, Stanford University Press, 1973.

Gao X., *Technological capability catching Up*, Pub－ lished PhD Dissertation, MIT, 2003.

Gill I., Kharas H., "An East Asian Renaissance: Ideas for Economic Growth", *World Bank Publications*, No.2, Vol.22, 2007.

Huntington E., *Civilization and Climate*, Third Edition, New Haven: Yale University Press, 1924.

Huntington S.P., *The Clash of Civilizations and the Remaking of World Order*, New York: Simon and Schuster, 1996.

Keohane R., "The Theory of Hegemonic Stability and Changes in International Regimes, 1967－1977", *in Ole Holsti ed.*, Change in the International System, Boulder, CO: Westview Press, 1980.

Kim L., Nelson R., "Introduction", in *Technology, Learning and innovation: Experiences of Newly Industrializing Economies*, Kim L., Nelson R., Cambridge University Press, 2000.

Kindleberger C.P., Symposium in Honor of Hans J.Morgenthau, "Dominance and Leadership in the International Economy: Exploitation, Public Goods, and Free Rides", *International Studies Quarterly*, No.25, Vol.2, 1981.

Kransner S., "Structural Causes and Regime Consequences: Regimes as Intervening Variables", *in Stephen Kransner ed.*, *International Regimes*, Ithaca and London: Cornell University Press, 1983.

Krugman P., "Scale Economies, Product Differentiationand the Pattern of Trade", *American Economic Review*, No.5, Vol.70, 1980.

Lewis W. A. , "Economic Development with Unlimited Supplies of Labour", *The Manchester School* , No.2 , Vol.22 ,1954.

Nye J. , *Soft Power: The Means to Success in World Politics* , New York: Public Affairs ,2004.

Rewar M. , ed , A discourse on the commonweal of this realm of England , attributed to sir , Thomas Smith Charlottesville ,1969.

Ryan , Rutkowski , "China Maintains Its Allure for Foreign Firms" , *China's Foreign Trade* , No.5 ,2014.

United Stated Bureau of the Census , *Historical Statistics of the United Stated* , *Colonial Times to* 1970 , Washington ,1975.

Zakaria F. , "The Future of American Power: How America Can Survive the Rise of the Rest" , *Foreign Affairs* , No.3 , Vol.87 ,2008.

后　记

在专著交付初稿的时候,窗外已是和风徐徐,绿草茵茵。但我们不会忘记从寒气逼人的严冬一路走来的艰辛。当前,新冠肺炎疫情像一只黑天鹅,盘旋在世界各国的头上。人们期望各国守望相助、共克时艰,期望早日恢复世界经济的正常秩序,共同推动世界经济的稳定繁荣。

然而,恐慌焦虑者有之、单边贸易保护主义者有之、新货币金融依赖者有之,更有甚者,推诿挑衅。

回顾国际贸易的发展史,就是一部保护贸易和自由贸易交替的斗争史。重商主义;绝对成本论、相对成本论代表的自由贸易论;汉密尔顿和李斯特的保护贸易理论;19世纪末20世纪初直到第二次世界大战的保护贸易;第二次世界大战之后冷战割裂及局部自由贸易;冷战结束之后世界进入全球化和自由贸易时期。在保护贸易和自由贸易的交替中,各国绝对实力特别是相对实力发生变化,是世界格局和秩序变迁的根本原因。近十年来,新兴经济体强劲成长,必然会影响到冷战结束后"一超多强"的世界经济格局和秩序。在国际贸易领域表现为在全球化的大趋势下,部分经济体保护贸易抬头,贸易壁垒频现。当前的新冠肺炎疫情将会加剧世界经济的不确定性,也必然会对世界格局和秩序带来长久而深刻的影响。在这样的背景下,我们要谋生存、谋发展,就必须既要目光长远,又要脚踏实地,脚踏实地地积累国家实力。

在专著的出版过程中,人民出版社的编辑老师及其同人从初稿到定稿,文字校对、数据核对、封面设计等每个环节都一丝不苟、认真细致,态度热情周到,对他们专业的工作精神深表感佩!

在外部环境巨大的不确定中,在世界格局和秩序的变迁中,个体是微小的。然而,正是每个人在自己的岗位上守土有责、守土尽责,才是我们这个社会进步的力量源泉。愿"黑天鹅"早点飞过,愿世界美好和乐。谨以此书献给每一个兢兢业业的劳动者,献给每一个为了更好明天而努力奋斗的人!

邱　蓉

2020 年 3 月 17 日于花溪大学城

责任编辑:张　燕

封面设计:胡欣欣

责任校对:周晓东

图书在版编目(CIP)数据

世界格局与西方主要国家的发展逻辑/邱蓉,何律琴 著. —北京:人民出版社,
　2020.11

ISBN 978－7－01－022549－4

Ⅰ.①世…　Ⅱ.①邱…　②何…　Ⅲ.①国际形势-研究　Ⅳ.①D5

中国版本图书馆 CIP 数据核字(2020)第 195039 号

世界格局与西方主要国家的发展逻辑

SHIJIE GEJU YU XIFANG ZHUYAO GUOJIA DE FAZHAN LUOJI

邱　蓉　何律琴　著

人民出版社 出版发行

(100706　北京市东城区隆福寺街 99 号)

北京虎彩文化传播有限公司印刷　新华书店经销

2020 年 11 月第 1 版　2020 年 11 月北京第 1 次印刷

开本:710 毫米×1000 毫米 1/16　印张:14

字数:220 千字

ISBN 978－7－01－022549－4　定价:49.00 元

邮购地址 100706　北京市东城区隆福寺街 99 号

人民东方图书销售中心　电话 (010)65250042　65289539